So hungry

Gerda van Erkel
ist in Belgien bekannt als Autorin von Romanen,
Hörspielen und Kurzgeschichten. Viele Anre-
gungen für ihre Texte bekommt sie bei ihrer
Arbeit als Jugendtherapeutin.
Bei aare Sauerländer ist zuletzt ihr Jugendroman
Ohne dich bin ich nur halb erschienen.

Gerda van Erkel

Geschichte einer Magersucht

Aus dem Niederländischen
von Verena Kiefer

Die Übersetzung dieses Buches wurde durch den Flämischen Literaturfonds (*Vlaams Fonds voor de Letteren* – *www.vfl.de*) gefördert.

© 2002 Gerda van Erkel and Davidsfonds Uitgeverij NV, Blijde-Inkomststraat 79–81, 3000 Leuven, Belgium

Die deutsche Bibliothek verzeichnet diese Publikation in der Deutschen Nationalbibliografie; detaillierte bibliografische Daten sind im Internet über http://dnb.ddb.de abrufbar.

© der deutschsprachigen Ausgabe
2005 Patmos Verlag GmbH & Co. KG
Sauerländer Verlag, Düsseldorf
Alle Rechte vorbehalten.
Umschlaggestaltung: Kerstin Schürmann, formlabor, Hamburg
Druck und Verarbeitung: Bercker, Kevelaer
ISBN 3-7941-7035-0
www.patmos.de

»Menschen weinen, wenn sie Kummer oder
große Schmerzen haben.«
»Eigentlich tun sie das ein Leben lang, oder?«
»Ja. Aber wir behalten auch ein Leben lang die
Fähigkeit zu lachen. Gäbe es weder Kummer
noch Schmerzen, wüsste man das Glück nicht
richtig zu schätzen.«
»Und weshalb weinst du jetzt?«
»Ich weine nicht.«
»Doch.«
»Über das, was verloren ist, Timmy, oder verlo-
ren scheint.«

Aus: *Dwars liggen* (*Sich quer legen*) von Hilde Dillen

1

»Es war ein Unfall,
aber diese Esel glauben mir nicht.«

Der Psychiater antwortet weder mit Ja noch Nein, und sein Blick lässt nicht erkennen, ob er mir glaubt. Er hat seinen Stift beiseite gelegt und sieht mich mit seinen Schweinsäuglein an, die Ellbogen auf den Schreibtisch gestützt, die Fingerspitzen unter dem Kinn gegeneinander gelegt. Sein Blick ist stechend. Von Anfang an habe ich ihn nicht gemocht. Er hat ein aufgeschwemmtes Gesicht, und sein noch nasses Haar klebt am Kopf. Es ist in breiten Bahnen von rechts nach links gekämmt, um die kahlen Stellen zu kaschieren. Ein weibisches Ekelpaket, denke ich. Und dann noch dieser lila Seidenschal im offenen Hemdkragen.

Ich bin froh, dass ich nicht im Bademantel gekommen bin. Der Pfleger sagte zwar, das sei kein Problem, aber ich habe mir trotzdem schnell Jeans und T-Shirt übergestreift. Ich bin nicht krank. Vielleicht werde ich es noch, das Wasser war eiskalt. Es kam mir so vor, als hätte ich eine halbe Ewigkeit darin gelegen.

Doktor Collard versucht, einen unauffälligen Blick auf seine Armbanduhr zu werfen. Sie ist groß und wahrscheinlich aus achtzehnkarätigem Gold, genau wie der Ring mit dem schwarzen Stein an seinem kleinen Finger. Durch das Fenster hinter seinem Rücken sehe ich die Autobahn am Horizont. Der Verkehr ist wieder zum Erliegen gekommen. Wo Jasper wohl war? Schon in Biarritz?

Ich musste diesem Therapeutenfuzzi einfach von ihm erzählen.

Er fragte immer weiter. Schließlich bin ich damit herausgeplatzt. Ja, ich bin in Jasper verliebt. Nein, er nicht in mich, sondern in Margreet.

»Und wer ist Margreet?«, fragte er. »Hasst du sie?«

Nein, du blöder Scheißkerl! Sie ist meine Freundin. Mehr noch ... Ich will so sein wie sie. Sie ist so ... na ja, hübsch und gut und ... einfach alles. Aber sie ist weggelaufen ... Nein, ich will nicht sagen, warum, darum nicht ... Und jetzt ist Jasper hinter ihr her und ich ...

»Bring deinen Satz zu Ende«, sagte der Typ, aber ich dachte ja gar nicht daran. Das mache ich nie. Oder zumindest fast nie. Einen Punkt setzen ist so endgültig wie der Tod. Nichts fühlen, nichts fühlen. Aber Schlucken tut weh.

»Es ist fünf vor zehn«, sage ich zu Collard, nicht ohne Schadenfreude, als ich ihn dabei erwische, wie er heimlich noch einmal auf seine Uhr schaut, aber er lässt sich nicht aus der Fassung bringen.

»Was willst du damit sagen?«, fragt er.

»Nichts, nur so. Es ist fünf vor zehn. *Dix heures moins cinq. Five minutes to ten.*«

»Willst du hier weg, Evelien?«

Auf dumme Fragen gebe ich keine Antwort.

An der Scheibe klebt Taubenscheiße, und es regnet. Ja, ich will weg. Mit Jasper weg in den Süden. Zu Margreet. Sie sagen, dass ich es darum probiert habe, aus Liebeskummer, aber verdammt, es war wirklich ein Unfall.

»Wie lange fährst du schon Fahrrad?«

Warum fragt er nicht, wie lange ich schon schnupfe? Oder anschaffe oder klaue? Lieber Himmel, ich bin doch keine Verbrecherin. »Zählt mein Dreirad mit? Mit einer Hand, zwei- oder freihändig?«

Er ignoriert den spöttischen Ton. »Und dieser Weg, wie oft fährst du ihn?«

»Zweimal täglich. Aber was soll das? Ich sagte doch schon, dass ich in Gedanken war. Ich bekam einen Mordsschreck, als plötzlich etwas vor meinem Rad den Weg kreuzte. Ein Kaninchen oder eine Ratte, was weiß ich. Ich rutschte von den Pedalen, und bevor ich wusste, wie mir geschah, donnerte ich schon die Böschung runter. Es ist steil dort, allein kam ich nicht ans Ufer. Verdammt, ich habe mich abgerackert, um da hochzuklettern!«

Wenn ich wirklich Selbstmord begehen wollte, würde ich mir bestimmt eine andere Methode aussuchen, etwas, das schneller geht. Ich kann zu gut schwimmen. Ich verschweige ihm, dass ich ab und zu daran gedacht habe, aber das war, bevor ich Jasper kannte, nicht jetzt, und ganz bestimmt nicht wegen ihm und Margreet. Sie sind die einzigen Freunde, die ich habe.

Ich hoffe, dass er sie findet. Dass sie mit ihm zurückkommt.

»Deine Zeit ist um«, sagt Collard. »Wir reden morgen weiter.«

Das werden wir nicht. Denn ich bleibe nicht hier.

Die Tür fällt hinter mir ins Schloss, und ich wische meine Hand mit dem Abdruck seiner klebrigen Finger hastig an meiner Jeans ab. Ekel, denke ich. Arroganter Sack. Ich mache eine Faust, meine Nägel presse ich ins Fleisch. Wenn ich schlucke, tut mein Hals weh. Ich war schon auf dem Weg nach oben, zu meinem Zimmer, aber dann überlege ich es mir und nehme den Aufzug in die Eingangshalle. Der Laden macht gerade auf. Die Inhaberin stellt die Blumeneimer raus, abscheuliche vorfabrizierte Sträuße, die in mir den Wunsch wecken, farbenblind zu sein, und riesige Luftballons in Herzform. Ein einziger Stich, denke ich. Ein Stich reicht.

Ich kaufe eine Schachtel *tictac*, nur zwei Kalorien pro Pfefferminz, und die neue *Flair* mit »fünfzig sonnigen Frisuren«.

Wenn ich den Mut hätte, ließe ich mich wie Margreet kahl scheren, obwohl … Bei mir sähe es bestimmt nicht sexy aus. Nicht, dass sie es deswegen getan hätte, lieber Himmel, eben gerade nicht.

Ich will *schon* hübsch sein. Und auch wenn ich jetzt dünn bin – sie behaupten sogar, ich hätte Magersucht – es wirkt nicht. Die Jungs übersehen mich immer noch. Es sei denn, sie wollen mich piesacken, wie Dominik, mein beschissener Stiefbruder. Jasper nicht, das stimmt. Er wünschte, er hätte eine Schwester wie mich, sagt er immer. Eine Schwester, tja. Seine Schmetterlinge umschwärmen Margreet.

Sie ist kahl, weil ihr Vater seine Finger nicht bei sich behalten konnte. Sie dachte: Wenn ich wie ein Junge aussehe, lässt er mich vielleicht in Ruhe. Aber es hielt ihn nicht davon ab, und sie ist weggelaufen. Das würde ich auch tun. Lieber, als in den Kanal zu springen. Wenn ich etwas gelernt habe, dann, dass man seine eigene Haut retten muss. Ohne besonderen Anlass breche ich in Tränen aus.

Ich muss mich nach dem Namen des Schiffers erkundigen, der mich gerettet hat. Gestern war ich so durcheinander, dass ich mich noch nicht einmal an sein Gesicht erinnere. Ich hatte alle Versuche, ans Ufer zu klettern, aufgegeben. Ich war erschöpft und mein Körper war inzwischen so durchgefroren, dass mir jede Bewegung wie ein Messer in den Leib schnitt. Ich beschloss, mich einfach vom Wasser treiben zu lassen, aber das war kaum noch möglich mit zehn Tonnen nasser Kleidung am Körper. Mir wurde schwummrig, ich konnte nur mit Gewalt die Augen offen halten. Ich wusste, dass dies der Anfang vom Ende wäre, und zwang mich zum Weiterdenken. Ich versuchte, mir Texte der Songs aus den *Top 20* in Erinnerung zu rufen. Als das nicht funktionierte, geriet ich wirklich in Panik. Seltsamerweise fielen mir aber alle Kinderlieder von früher wieder ein und meine Mutter, die sie mir vorsang. Ihr Gesicht war deutlicher als ein Foto, ich meinte sogar, sie zu riechen. Ich wurde ruhiger. Kämpfen war nicht mehr nötig. Ich ging auf meine Mutter zu und wunderte mich, dass ich nicht schon längst auf diese Idee gekommen war.

Sie haben mich in ein Viererzimmer gesteckt, zu einer Marokkanerin, einer mindestens achtzigjährigen Frau und einem Mädchen, das gerade in den Operationssaal gefahren wurde, um sich die Mandeln herausnehmen zu lassen. Ich ziehe den Vorhang um mein Bett zu: Reden ist wirklich das Letzte, was ich jetzt will. Ich muss ein paar Dinge auf die Reihe bringen. Ich bin schon öfter erschrocken, wenn mir ein Kaninchen vors Fahrrad lief, aber man brettert nicht jeden Tag in einen Kanal. Vielleicht wollte ich ja doch sterben, ohne es zu wissen. Das hat mir der Psycho-Typ unterstellt. Ach, Unsinn. Das Kaninchen oder die Ratte konnten das doch nicht riechen! Wie heißt das wieder, wenn man allein durch seinen Willen Dinge in Bewegung setzt? Telekinese.
Wenn es so leicht wäre, würde ich Jasper augenblicklich zurückholen. Jasper und Margreet. Ja, Margreet vermisse ich auch, selbst wenn das niemand glaubt. Andere wären eifersüchtig, aber ich vermisse sie eher. Ich wäre gern mitgegangen, um sie zu suchen.

Gestern in Plansjee war es das einzige Gesprächsthema. Für einen Augenblick war es so, als würde Jasper wieder ganz dazugehören, auch wenn er in letzter Zeit nur noch einmal pro Woche kam und bald gar nicht mehr. Im Mai wird er achtzehn. Da muss man allein mit dem Leben zurechtkommen.
Wir hätten ihm gern zum Abschied am Bahnhof nachgewinkt, aber das wollte er nicht. Selbst mich wollte er nicht da-

beihaben. Immerhin nahm er unsere Briefe und Karis Zeichnung mit und natürlich die Plüschmaus, die wir gemeinsam für Margreet gekauft hatten, auch wenn sie Fido nie ersetzen kann, ihre weiße Maus. Wenn ihr Alter die Maus nicht zerquetscht hätte, wäre sie noch hier. Tut mir Leid, aber so jemanden kann ich nicht ihren Vater nennen. Manchmal, wenn ich daran denke, werde ich so wütend, dass ich ihm das Genick brechen könnte.

Wir vermuten, dass sie nach Biarritz wollte. Dort arbeitet Tims Vater auf einem Baggerboot. Arbeitete, denn inzwischen hatte er dort einen Unfall gehabt, aber damals war sie schon unterwegs. Tim ist einer von uns, aus Plansjee. Er hat ihr schon einmal geholfen, also hoffte sie vielleicht ... Das denken wir jedenfalls. Wo sollte sie sonst hin? Es gab niemanden. Ihre Mutter kam nicht in Frage, diese Transuse – das weiß ich von Jasper, denn Margreet selbst sagte nie ein böses Wort über sie. Margreet musste sich zu Tode erschrocken haben, als sie hörte, dass Tims Vater in den Schiffsraum gefallen war. Tim sagt zwar, dass er durchkommt, aber wenn er nie mehr zur See fahren kann, wird er vielleicht daran sterben. Davor hat Tim Angst.

»Dann bin ich Waise«, sagte er.

Ich darf gar nicht daran denken, dass nach meiner Mutter auch noch mein Vater sterben könnte. Selbst wenn er lahm und taub und blind wäre oder so durchgeknallt wie der Vater von Jasper, das wäre immer noch besser als ... Wenn alle weggehen, vielleicht würde ich es dann doch tun, mit voller Absicht. In den Kanal springen, meine ich.

Aber Jasper hat versprochen, dass er zurückkommt. Bevor die Osterferien vorbei sind. Mit oder ohne Margreet.

»Was machst du denn«, hatte ich ihn gefragt, »wenn sie nicht mit dir zurückwill?«

»Dann werde ich Zeit brauchen, Evelien.«

keine Schuhe. Zum x-ten Mal hatten wir die Stadt danach abgesucht. Es mussten gelbe sein, wie die Knöpfe an meiner Bluse. Entweder waren sie zu kanarienvogelmäßig oder zu safranfarben, der Absatz zu hoch oder zu niedrig, oder sie ähnelten den Pantöffelchen von Aschenbrödel mit Glitzerzeug und kitschiger Spange. Zehn Minuten vor Ladenschluss fanden wir sie. Sie waren perfekt, aber meine Größe war nicht mehr da, und ich musste mich entscheiden zwischen einer halben Nummer zu klein oder zu groß.

»Du wächst schnell«, beschloss meine Mutter. »Und du wirst sehen, wenn du erst mal deine Periode hast, geht es noch schneller.«

Die Verkäuferin brachte eine Einlegesohle. Da war es schon ein bisschen besser, aber als ich über den roten Läufer ging, schlappten die Schuhe noch.

»Einen Wattebausch in die Schuhspitze stecken«, empfahl die Verkäuferin. Sie war ungeduldig, sie wollte nach Hause. Und ich hatte auch die Nase voll. Meine Mutter bezahlte. Es waren furchtbar teure Schuhe, aber sie meinte, ich ginge nur einmal zur Firmung und ich könnte ja noch hineinwachsen, also hätte ich sicher eine Weile etwas davon. Sie lachte und kniff mich in die Wange.

»Und jetzt schnell nach Hause«, sagte sie, während wir ins Auto stiegen, »bevor ich vor Hunger sterbe. Ich sehe schon Sternchen.«

Hatte sie deshalb die rote Ampel übersehen? Sie schwatzte über tausenderlei Dinge, die sie noch vor dem Fest erledigen musste.

»Bis dahin wird es sich wohl ausgeregnet haben«, hoffte sie.

Es goss schon seit Tagen.

»Was meinst du, Evi, soll ich es wagen, meine Haare kastanienfarben zu tönen?«

Sie war blond, hatte noch kein einziges graues Haar. Ich wollte Nein sagen, ich hatte Angst, es könnte sie so verändern, dass sie nicht mehr wie meine Mutter aussehen würde.

Der Lastwagen war schneller als meine Antwort. *Betonarbeiten* stand auf der Kabine. In violetten Buchstaben.

Ein Karren rattert durch den Flur. Vor jedem Zimmer bleibt er einen Moment stehen. Eine Krankenschwester kommt herein. Sie geht zum Bett der Marokkanerin, um ihr Blut abzunehmen, und scheucht alle Familienmitglieder hinaus. Sie protestieren, und die Frau jammert vor Angst, aber die Krankenschwester trägt ihre Uniform wie ein General. Himmel, so ein Aufstand wegen einer Kleinigkeit.

Meine Mutter antwortete nicht, als ich sie rief. Es war noch nicht einmal Zeit zum Schreien gewesen. Das Auto war durch den Aufprall von der Fahrbahn geraten und auf meiner Seite in der Böschung an einem Baum zum Stehen gekommen. Die Tür war eingedrückt und klemmte. Der Baum stand im Weg. Ich wusste, dass es eine Platane war, ich erkannte es an der abgeblätterten Rinde, das hatten wir gerade in der Schule gelernt. Es sind absurde Gedanken, die einem in diesem Moment durch den Kopf spuken. Meine rechte Schulter tat weh, und ich hatte das Gefühl, ich müsse brechen. Wieder rief ich meine Mutter. Sie lehnte schwer gegen mich, ihr Kopf lag unter meinem Kinn. Ich konnte ihr Gesicht nicht sehen. Sie gab weder Antwort noch bewegte sie sich. Wenn ich kotzen müsste, würde alles über sie laufen. Blondes Haar oder kastanienfarben? An ihrer Seite hatte die Kabine des Lastwagens das Fenster zertrümmert. Ein Stück verzogene Stoßstange ragte ins Innere. Blond oder Kastanie? Auch die Windschutzscheibe war in tausend Splitter zersprungen. Ich konnte meinen Kopf nicht mehr drehen. Von der Außenwelt drangen nur Stimmen herein und, Ewigkeiten später, die Sirenen. Den Brandgeruch, der in der Luft hing, als sie sie herausschnitten, vergesse ich nie.

Die Marokkanerin ist endlich still. Die Krankenschwester steht nun am Bett der alten Frau, die leise stöhnt. Ich höre heraus, dass man ihr eine Brust amputiert hat und dass der Katheter, der dazu dient, die Wundflüssigkeit abzuleiten, ausgewechselt werden muss, er klemmt.

»Beißen Sie kurz die Zähne zusammen«, sagt die Krankenschwester zu ihr.

Ich bin an jenem Sonntag gefirmt worden, eine Schulter im Verband und die rechte Hälfte meines Gesichts voller Schürfwunden. Ich gab mir größte Mühe, nicht zu weinen; die Wunden würden so nur noch mehr brennen. Aber mein Vater weinte. Er hatte gesagt, ich müsse meine schwarzen Schuhe anziehen. Die neuen, die auf der Rückbank gelegen hatten, waren zerbeult und verschmutzt. Es sah verboten aus. Meine Mutter hätte mich niemals so zur Kirche geschickt. Kaum war ich drinnen, streifte ich die Schuhe ab. Auf meinen weißen Socken ging ich nach vorn. Alle starrten mich an, und das Geflüster machte mich schon jetzt mitleidig zum Kind ohne Mutter, auch wenn sie noch über der Erde lag, in einem gruseligen Tiefkühlfach im Krankenhaus. Wir gingen nach der Messe dorthin, aber ich erkannte sie fast nicht. Blond oder Kastanie, dachte ich wieder. Es sind für immer ihre letzten Worte. Danach gingen mein Vater, meine Großeltern und ich in einem Restaurant etwas essen. Das Fest war abgeblasen worden. Die Geschenke habe ich abends in den Mülleimer geworfen.

Nur die gelben Schuhe habe ich aufbewahrt. Sie liegen ganz unten in meinem Schrank. Niemand weiß etwas davon, noch nicht einmal Jasper oder Margreet. Ab und zu hole ich sie heraus und schaue sie an. Passen tun sie schon lange nicht mehr. Ich hasse sie. Sie waren unverzeihlich teuer.

»So«, sagt die Krankenschwester, »und wie geht es dir?«
Mich schaudert vor ihrem munteren Ton.
»Ich will nach Hause«, antworte ich spröde.
»Darüber entscheidet der Arzt.«
»Ich bin nicht krank. Nur ein wenig Halsschmerzen ... Und
mein Kopf ...«
»Darum geht es nicht, Evelien ...« Sie lächelt, als würde sie
mich bei einer Lüge ertappen. Auch sie denkt, ich hätte es getan, denke ich plötzlich. Es ist lausig. Ich schweige. Wenn mir
sowieso keiner glaubt ...
Sie misst meinen Blutdruck, der normal ist, und gibt mir ein
Thermometer, das ich mir unter die Achsel klemme. 37,9° C.
Ich bekomme ein Aspirin und gieße Wasser aus der Flasche
auf meinem Nachttisch in ein Glas. Plötzlich fühle ich mich
sehr müde. Die Krankenschwester geht weg, und ich schließe
die Augen, aber Schlafen ist nicht drin. Die Besucher der Marokkanerin sind wieder hereingekommen. Das Zimmer summt
wie ein Bienenstock. Aber sie sind schon lieb zueinander.

Der Karren mit dem Mittagessen wird hereingefahren. Die
alte Frau und die Marokkanerin essen im Bett, ich setze mich
allein an den Tisch. Das andere Mädchen ist gerade aus dem
Operationssaal zurück. Sie schläft hinter dem Vorhang. Ihre
Mutter ist inzwischen auch da. Sie strickt neben dem Bett, ich
höre die Nadeln klappern – so regelmäßig wie ein Herz,
denke ich.
Jaspers Großmutter strickt auch. Ich habe ihm versprochen, ab
und zu bei ihr vorbeizugehen, solange er weg ist, vielleicht
mache ich das morgen wirklich. Ich schaue gern ihre Hände
an. Sie haben Ruhe gefunden zwischen Kämpfen und Hinneh-
men, aber als ich das einmal Beten nannte, winkte sie ab. Sie
sagte: »Gott müsste ein Mensch guten Willens sein.«
Es gibt Suppe von undefinierbar grüner Farbe und danach

gekochten Fisch mit Püree und Soße, dazu vier Blättchen Feldsalat. Die Kartoffeln und die Soße rühre ich nicht an. Die Schokoladenmousse tausche ich mit der alten Frau gegen ihren Joghurt. Sie darf keinen Zucker essen, aber wenn man fast neunzig ist, interessiert man sich weniger für ein langes als für ein leckeres Leben. Sie zeigt mir die Narben von ihrer Operation. Ich erschrecke vor der amputierten Brust nicht halb so viel wie vor der ausgeleierten Haut. Ihr Bauch sieht aus wie eine große verschrumpelte Birne.

Blond oder Kastanie? Mein Vater hat am Tag meiner Firmung die ganze Zeit geweint, aber zwei Jahre später war er schon mit dieser Schlampe zusammen. Er hat nicht einmal ein neues Bett gekauft. Das war schlimmer als alles andere: dass sich Rita Mams Bett unter den Nagel gerissen hat. In diesem Bett wurde ich gemacht. Es ist, als hätte ich meinen Platz verloren, meine Existenz.

Bis zur Besuchszeit verstecke ich mich in der *Flair*. Am liebsten wäre ich schon gegangen, ohne auf sie zu warten, aber ich habe kein Fahrrad mehr. Gleich kann Rita darüber meckern. Es wird wieder mal meine Schuld sein. Das war es auch, als mir das vorige Rad geklaut wurde, aber du lieber Himmel, sie klauen einem die Fahrräder hier vor der Nase weg, mit Schloss und allem ab in den Kleintransporter. Dieses hier war vom Trödelmarkt. Ich weiß noch, dass Chuck mich auslachte, als ich es im Tageszentrum erzählte. »Klau dir doch eins zurück«, sagte er, »das mache ich auch.« Aber als es neulich so weit war, verlangte Lukas, einer unserer Betreuer, dass er es dem Besitzer zurück- oder bei der Polizei abgeben solle. Lukas ist so ehrlich wie eine Messerschneide, auch wenn sie in seine eigenen Finger schneiden würde. Vielleicht kann ich nachher nach Plansjee. Lukas wird mir bestimmt glauben.

Ich hoffe, dass mein Pa allein kommt, ohne Rita. Er muss dann allerdings den Laden dicht machen, und ob er das für mich tut … Er könnte sich auch ruhig ein bisschen beeilen, es ist schon Viertel nach zwei.

Das Mädchen, dem sie die Mandeln entfernt haben, ist wach geworden. Sie muss Blut erbrechen. Eine Krankenschwester kommt, und die Mutter rennt mit einem Waschlappen zwischen Bett und Wasserhahn hin und her.

Bei der alten Frau sitzt ein grauhaariger Mann in einer grünen Jägerjoppe. Er zieht sie nicht aus, obwohl man hier vor Hitze fast ohnmächtig wird. Er spricht auch nicht mit ihr, er liest Zeitung. Am Bett der Marokkanerin herrscht Feststimmung. Die ganze Familie sitzt dort, schnatternd und knabbernd, das Bett beladen mit Geschenken. Nur ich bin allein. Es ist halb drei. Fünf Minuten später kommt der Schiffer herein. Jetzt, da ich ihn sehe, erkenne ich ihn: Jeans, dicker grauer Pullover mit Zopfmuster, marineblaue Mütze, die er ans Fußende meines Bettes legt. Er lächelt, zeigt dabei eine Zahnlücke und weiß nicht, wohin mit den Händen.

»Ich habe keine Ahnung von Blumen«, entschuldigt er sich.

»Wir können unten einen Kaffee trinken.« Er hat blaue Augen unter buschigen Brauen, ein verwittertes Gesicht, Walrossschnurrbart.

Ich ziehe mir Socken und Schuhe an. »Eigentlich müsste ich Sie einladen«, sage ich, »aber ich habe kein Geld. Ich kenne noch nicht einmal Ihren Namen.«

»De Baere. Piet.«

»Ich dachte, Sie seien schon längst wieder weitergefahren, Schiffer bleiben doch nie lange an Land?«

»Ich warte auf eine Ladung. Es ist nicht viel zu tun.« Er lacht und zeigt auf die Flair. »Dann kann meine Frau auch mal zum Friseur. Du hast dich wieder ganz erholt?«

Wir gehen durch den Flur zum Aufzug. Kein Vater zu sehen.

»Nur ein bisschen erkältet«, sage ich. Das Aspirin hat geholfen. Mein Kopf hämmert nicht mehr so, nur Schlucken tut
weiterhin weh. »Ich hoffe, dass Sie nicht krank werden.«
»Ach, so ein alter Seebär kann schon was vertragen. Andern-
falls gibt es einen steifen Grog, der tötet alle Mikroben.«
Wir trinken Kaffee. Piet meint, ich müsse auch Kuchen bestellen, aber das wimmle ich ab. Er nimmt ein Stück Mandel-
kuchen.
Die Cafeteria ist gerammelt voll. Die Luft ist schwer von Ziga-
rettenrauch, einfach ekelhaft. Im Radio singt Helmut Lotti
African Blues. Es flimmert bis in meine Hüften. Margreet hat mir
das Tanzen beigebracht. Nein, nicht beigebracht, wegen ihr
traute ich mich. Wir beide, wenn niemand es sah. Ich fand sie
schön, aber das glaubte sie nicht. »Du bist verrückt«, sagte ich
dann. Und sie: »Nicht verrückter als du.«
Ich rühre schon viel zu lang in meinem Kaffee. Piet leckt die
letzten Krümel aus seinem Schnurrbart, dann wischt er sich
den Mund mit seiner Serviette ab.
»Wie ist es passiert?«, fragt er geradeheraus.
Ich erzähle es ihm – auch, dass sie mir zu Hause nicht glauben.
»Warum sollten sie nicht?«, fragt er. »Hast du denn einen
Grund?«
»Bestimmt hat jeder mal Grund dazu. Aber man kann sich
aussuchen, ob man es tut oder nicht. Vielleicht glauben sie
mir nicht, weil sie sich schuldig fühlen. Als hätten sie es
irgendwie erwartet, verstehen Sie?«
Sie verdienen es. Wenn ich Selbstmord begehen würde, wäre
es auch ihre Schuld. Aber ich will nicht sagen, warum. Er
bleibt mein Vater.
Piet zupft an seinem Schnurrbart. »Ich weiß es nicht. Ich habe
keine Ahnung von solchen Sachen.«
»Ich kenne jemanden, einen Jungen aus meiner Klasse, dessen

Vater auf einem Baggerboot in Biarritz arbeitet. Er hat einen Unfall gehabt.«

Ich sage: *aus meiner Klasse*. Eine Notlüge. Man wird es leid, jedes Mal aufs Neue erklären zu müssen, was ein Tageszentrum ist. Dass man nach der Schule ein paar Stunden nach Plansjee muss, weil es zu Hause rundgeht. Sie denken dann gleich, man käme aus einer Prolofamilie. Manchmal ist das auch so, denn nicht alle landen gleich gut.

»Ist es schlimm?«

»Vielleicht bleibt er gelähmt.«

Piet nickt wortlos. Erst einige Zeit später fragt er, ob dieser Junge aus meiner Klasse mein Freund sei. Ich lächle.

»Nein, so nicht«, sage ich.

So lange kenne ich Tim noch nicht, obwohl ich denke, dass man ihm vertrauen kann. Außerdem ist er ein Einzelgänger, und ich selbst ziehe – zog – fast immer mit Jasper und Margreet herum. Trotzdem kann man nicht gerade sagen, dass Tim auf Zehenspitzen in Plansjee gelandet ist. Er kam mit seiner Tante dorthin – ein größeres Scheusal muss man erst mal finden, obwohl sie auch zu bedauern ist – und mit seinem Vater. Der musste noch in derselben Nacht für Biarritz einschiffen. Tims Mutter ist an Aids gestorben, aber sie hatte ihre Familie schon lange vorher verlassen. Sie lebte nur fürs Ballett. Tim verstand das. Er hasst sie nicht. Aber er und seine Tante sind wie Dynamit an einer Lunte. Sie blieben zum Essen bei uns. Es war so ein Abend, an dem alles drunter und drüber geht: gegen die Zeit anrennen, vor allem gegen die Betreuer, denn wir sind froh um jedes Gruppengespräch weniger, und Margreet, die es mal wieder wahnsinnig schwer hatte mit sich selbst. Sie hackte ihre Birne in tausend Stücke und wünschte von ganzem Herzen, es sei ihr Vater. Sie kommt nicht gegen ihn an. Tims Vater machte eine Bemerkung darüber, ich weiß nicht mehr, was, aber er traf in jedem Fall den Nagel auf den

Kopf. Margreet legte ihr Messer hin und sah ihn an. »Kämpfen Sie mit mir«, sagte sie. Er verstand, was sie wollte, und Lukas fand es in Ordnung. Der Kampf ging los. Wir alle wussten, dass das Wort »Dreckskerl«, das sie brüllte, ihrem Vater galt. Dass er es war, den sie zusammenschlagen wollte. Ich weiß so gut, was sie mit diesem Wort meinte. Später weinte sie um alles, was ihr im Leben gefehlt hat. Tims Vater wiegte sie. Und wir wurden still.

Nun ist sie also zu ihm gefahren, das nehmen wir jedenfalls an.

Habe ich zu lange geschwiegen? Piet rutscht auf seinem Stuhl hin und her.

»Wann darfst du nach Hause?«, fragt er.

Ich zucke die Schultern. Es ist schon nach vier, und sie sind noch nicht da. Ich kann auf sie warten, bis ich schwarz werde. Ich schiebe meine leere Kaffeetasse zurück.

»Also, wenn es für Sie in Ordnung ist«, sage ich, »würden Sie mich mitnehmen?«

2

Piet gehört nicht zu den Leuten, die viele Fragen stellen. Ich glaube, er hält mich für erwachsen genug, meine eigenen Entscheidungen zu treffen. Als er siebzehn war, so erzählte er in der Cafeteria, stand er am Ruder des elterlichen Lastkahns. Von einem Tag auf den anderen: Sein Vater hatte einen Schlaganfall erlitten. Man tut, was man muss. Das Schiff war für die Familie Zuhause und Broterwerb. Als er es zum ersten Mal durch die Schleuse lotsen musste, hat er sich vor Nervosität übergeben, später nie wieder.

Auf dem Flur ist keine Krankenschwester zu sehen. Die alte

Frau schläft, sie atmet schnarchend durch die Nase. Dem Mädchen und ihrer Mutter lächele ich zu. Der Marokkanerin sind wir beim Telefonautomaten begegnet. Ich nehme meine Tasche und Piet seine Mütze. Ich beeile mich, habe Angst, noch meinen Vater zu treffen. Soll er sich doch totsuchen nach mir.

»Bus, Straßenbahn oder Taxi?«, fragt Piet. Er lacht, als er mein Erstaunen bemerkt. »Mein Kahn passt nicht auf den Parkplatz.«

»Wir können ruhig zu Fuß gehen«, sage ich und grinse.

»Soll ich deine Tasche tragen?«

»So schwer ist sie nicht.«

Aber er nimmt mir die Tasche trotzdem aus der Hand, und wenn ich nicht die Zähne zusammenbeißen würde, müsste ich deswegen schlichtweg heulen. Es ist schon ewig lange her, dass sich jemand um mich gekümmert hat.

Die Sonnenstrahlen tasten die Straße ab, aber richtig warm ist es noch nicht. In einem Vorgarten zittern ein paar welke Tulpen im Wind. Ein Vogel verschwindet unter der Regenrinne eines Hauses. Bestimmt hat er dort sein Nest oder baut noch daran. Früher verlieh auch mir das Wort »Zuhause« Flügel. Das Glas Orangensaft, das jeden Tag um Viertel nach vier auf mich wartete, frisch gepresst, mit Frischhaltefolie abgedeckt wegen der Vitamine, und mit einem Trinkhalm. Und Mams, die alles verstand, sogar das, was ich bei mir selbst nicht kapierte.

»Ein Glück, dass Sie mich gesehen haben«, sagte ich zu Piet.

»Das war meine Frau. Sie entdeckte dich zuerst.«

»Egal, wer es war. Ich hätte tot sein können.« Ein Schauder überläuft mich. Erst jetzt wird es mir richtig bewusst. Ich will noch lange nicht sterben. Ich muss erst noch glücklich sein, denn dazu wurde ich geboren. Diesen Satz hat meine Mutter auf die Karte zu meiner Taufe drucken lassen. Unter das Bild von meinen Zwergensocken, die zwischen ihren und denen von Paps auf der Wäscheleine hängten. Ein Märchen. Es war einmal ... Vergangenheit.

»Warten Sie«, sage ich zu Piet. »Hier nach rechts.«

»Warst du am Träumen?«

»Ein bisschen schon.«

Er lacht nichts ahnend. Das ist gut so.

Dort hinten liegt Plansjee. Ich zähle die Fahrräder, die an der Fassade lehnen.

Jasper zählt auch, aber nicht mehr so oft wie früher. Wie viele Würfelstücke in der Zuckerdose sind und so was. Er tut es aus Angst. Wenn er die Dinge zählt, hat er sie in der Hand. Dann fühlt er sich weniger machtlos. So wie ich es mit den Kalorien mache. Ich weiß, was er meint.

Aber die Fahrräder zähle ich nur, um zu wissen, wer da ist. Ich kann es oft nicht richtig zeigen, aber ich mag die Leute dort gern. Auch wenn Dave und Chuck sich manchmal bescheuert aufführen, genau wie Kari und Dominik ...

Früher wollte ich immer einen Bruder haben. Ich wünschte mir einen vom Nikolaus und zum Geburtstag oder einfach so. Meine Eltern wollten schon. Sie strengten sich sogar an.

»Haben Sie Kinder?«, frage ich Piet.

Er schüttelt den Kopf. »Dann müssten sie ins Internat«, sagt er. »Das wollte ich nicht.«

Oder ihr müsst an Land leben, denke ich. Ist es denn wichtig, auf einem Schiff zu arbeiten? Schiff, Ballett oder ein Zeitungsladen – es scheint immer etwas Wichtigeres im Leben zu geben als Kinder. Ich kicke ein Papierchen vor mir her.

»Ein Internat ist schrecklich«, sagt Piet. »Ich habe keine Ahnung, wie oft ich weggelaufen bin, immer, wenn ich eine Gelegenheit fand ... Das letzte Mal eine Woche vor dem ersten

Schlaganfall meines Vaters. Und dann musste ich auf einmal zu Hause bleiben.« Er presst die Lippen aufeinander. Denkt er jetzt, das sei seine Strafe? Nach einigem Zögern und einer Stille, die zu lange dauert, stelle ich die Frage laut.

»Ich hätte nicht beten sollen, dass ich nach Hause kann«, antwortet er steif. »Das war den Preis nicht wert.«

Ich senke den Kopf. Der Schlaganfall war nicht deine Schuld, will ich sagen. Der Tod meiner Mutter ist auch nicht meine Schuld. Mein Kopf weiß das, aber mein Bauch ... Ich brauchte Schuhe ...

Wir erreichen Plansjee, und ich bleibe stehen.

»Hier wohnst du?«, fragt er etwas erstaunt.

»Nein, aber ich bin trotzdem jeden Tag hier. Nach der Schule oder jetzt, in den Ferien.«

»Ach, ich verstehe, eine Art Jugendclub.«

Ich nicke, denn Plansjee ist so kompliziert zu erklären. Was habe ich davon, wenn er weiß, dass ich von der Jugendfürsorge hierher geschickt worden bin und die anderen vom Jugendrichter? Einen Dreck habe ich davon. Gerade, als ich mir überlege, ob ich ihn mit hereinbitten soll, reicht er mir meine Tasche.

»Dann verabschieden wir uns am besten hier, oder?«

»Ja, das ist vielleicht am besten. Danke, Sie wissen schon«, ich lache, »auch fürs Mitnehmen.«

»Ach, ab und zu muss ein Mensch auch üben, an Land zurechtzukommen. Noch drei Jahre, dann geh ich in Rente.«

»Dank auch an Ihre Frau. Vielleicht sehen wir uns mal wieder. Ich radle jeden Tag am Kanal entlang.«

»Unser Kahn heißt *Das blaue Pferd.*

»Seltsamer Name für einen Lastkahn.«

»An dem Tag, als meine Eltern ihn kauften, kam ich mit einem Bild aus der Schule. Das haben sie mir erzählt, denn ich selbst konnte mich nicht mehr daran erinnern. Das Motiv war blau, und als meine Mutter fragte, was es darstellen sollte, sagte ich ›Ein Pferd‹. Deshalb haben sie das Schiff so genannt.«

»Ich werde Ausschau danach halten«, verspreche ich.

»Tu das. Und nach Kaninchen und Ratten auf dem Radweg.«

Ich zögere einen Augenblick, ob ich mich wohl traue, aber dann gebe ich ihm einen schnellen Kuss auf seine stoppelige Wange und gehe ins Haus, ohne mich noch einmal umzuschauen. Meine Tasche lasse ich unter der Garderobe stehen.

Und jetzt? Erst mal zum Klo, das ist der einzige Ort, an dem sie einen hier in Ruhe lassen. Sie werden gleich alles von mir wissen wollen. Hilfe! Selbst wenn man weiß, was los ist und was man will, sitzt man als Jugendliche doch am kürzeren Hebel. Zuhören soll man. Solange man die Füße unter den Tisch der Eltern stellt. Den Spruch werde ich meinem Vater nie verzeihen, und wenn er sich tausendmal entschuldigt. Wenn er so denkt, hätte er mich besser nicht machen sollen.

Oben im Musikzimmer dröhnen die Bässe. Wahrscheinlich Dave, der sich mal wieder verbarrikadiert. Jeder von uns hat so seine Mauer um sich herum aufgebaut. Bei Dave ist es die Musik. Ganz selten entsteht ein Riss, durch den man hineinspähen kann, so wie neulich, als er diese langsame Nummer für seine Band, *The Black Stars*, geschrieben hat. *I'll love you till February turns into summer* … In solchen Momenten hab ich ihn schon gern, aber ich sage es nicht. Man kann es sich einfach nicht erlauben, offen zu sein.

Soll ich nach Hause gehen? Wo zum Teufel ist mein Zuhause? Manchmal denke ich, ich sollte besser weglaufen, so wie Margreet, aber nur wenn Jasper mich dann auch sucht, sonst hat es keinen Sinn. Wenn man nicht vermisst wird, meine ich. Jasper behauptet, für Margreet sei es etwas anderes gewesen. Sie wollte wirklich weg und nie zurückzukommen. Weg für immer. Zu Hause ist sonst wo, etwas, das sie sucht, nicht hinter sich, sondern irgendwo vor sich. Ich würde zurückschauen. Ob mein Pa nicht vielleicht doch winken würde. Früher, als ich klein war, breitete er die Arme aus, und ich rannte. Manchmal schneller, als meine Beine es konnten. Dann fiel ich hin, und er gab mir tausend Küsse.

Ich ziehe ab und nutze den Lärm, um mir die Nase zu schnäuzen. Dann lege ich vor dem Spiegel mein Alles-in-Ordnung-Gesicht an, hole tief Luft und reiße die Tür auf.

Auf der Veranda ist niemand, aber ich winke Tinne einen Gruß zu. Sie steht nebenan in der Küche und brät Zwiebeln. Es gibt ein Gericht mit Hackfleisch, ich kann es riechen.

»Nicht lachen«, droht sie und zeigt auf ihre Augen, die vom Weinen rot und von verlaufenem Lidschatten umrandet sind.

»Es hilft schon, wenn du ein scharfes Messer nimmst«, sage ich.

»Das werde ich dann auf meinen Wunschzettel setzen, wenn irgendwann einmal Geld dafür übrig ist ... Und sonst? Ein bisschen vom Schrecken erholt?«

Ich zucke mit den Schultern. Dass sie einem hier nicht glauben, das ist das Miese.

»Man kann eine Zwiebel auch in einer Plastiktüte schneiden«, sage ich. »Aber wenn Reynders das sieht, gibt's null Punkte.«

Reynders ist unser Praxislehrer in der Hotelfachschule.

Tinne grinst, und ich gehe weiter ins Durchgangszimmer, wo sich alle zusammendrängen. Margreet und Jasper fehlen. Und Tim ist im Krankenhaus bei seinem Vater. Dave spielt oben noch immer ohne Publikum. Kari bemalt ausgeblasene Eier für Ostern, die Zungenspitze zwischen den Lippen. Neben ihr sitzt Peewee mal wieder auf Juckpulver. Er ist hyperaktiv oder so ähnlich. Mir wird schon beim Zusehen schwindelig. Er und Dominik, mein lieber Stiefbruder, spielen *Stratego*. Chuck ist in eine Motorradzeitschrift vertieft, und Ciel zankt sich mit Lukas herum, weil sie am Donnerstag im Musikzimmer mit Staubwischen dran ist. Sie hat eine Stauballergie, aber das ist wahrscheinlich bloß eine Ausrede. Meiner Ansicht nach hat sie vor allem Angst vor abgebrochenen Fingernägeln.

»Je öfter du putzt, desto weniger Staub liegt dort«, sagt Lukas. »Dann kriegst du auch keine allergischen Anfälle.«

Ciel murrt noch ein bisschen herum, aber er winkt sie ungeduldig zur Seite und wendet sich dann mir zu.

»Evelien, du kommst wie gerufen.« Offenbar ist die Kacke am Dampfen. »Kommst du mit nach vorn?«

In dem Moment läuft Peewees Major beim Strategiespiel auf eine Bombe von Dominik.

»Verdammt!« Er springt hoch, genau gegen Karis Arm.

Vor lauter Schreck zerdrückt sie ihr Ei und fängt prompt an zu heulen. Chuck blickt von seiner Zeitschrift auf. Er ist ihr Schutzengel.

»Was ist los, Reiskackerin?« In letzter Zeit versucht er, sie nicht mehr so zu nennen, aber manchmal rutscht es ihm doch raus. »'tchuldigung.« Er zwickt sie in die Wange.

Ihre Litanei folgt zwischen den Schluchzern.

»Ich werde dir ein neues Ei ausblasen«, bietet Peewee zerknirscht an, aber davon will Lukas nichts wissen.

»Ich habe genug Omelett für einen ganzen Monat gegessen!«

Kari heult noch einen Ton lauter. Als Peewee sie trösten will, schubst sie ihn weg.

»Okay, dann eben nicht«, sagt der und zuckt die Achseln. »Ich habe es nicht absichtlich getan.«

»Da bin ich mir nicht so sicher«, bohrt Chuck. »So plump wie du wird noch nicht mal ein Elefant geboren.«

»Dann bist du wohl die berühmte Ausnahme? Bauer!«

Ciel seufzt und schiebt ihren Stuhl zurück.

»Kindergarten! Ich weiß wirklich nicht, was ich hier mache.«
Ehrlich gesagt frage ich mich das auch. Ohne Jasper und Margreet kann ich mich genauso gut statt hier auch zu Hause in die Scheiße setzen.

Lukas pflückt Chuck und Peewee auseinander, die herumbalgen.

»Wenn ihr kämpfen wollt, von mir aus, aber dann im Garten.«

»Nicht mit einer Rotznase«, sagt Chuck. Er greift nach seiner Zeitschrift. »Ich setz mich jetzt aufs Klo zum Lesen. Immer dieses Gefasel!«

Lukas fährt sich müde durch seinen Stoppelschnitt. Dominik hat das Gerangel genutzt, um herauszufinden, wo Peewee seine Fahne aufgestellt hat. Wenn er die ergattert, gewinnt er.

»Komm schon, wir spielen weiter«, sagt er ungeduldig.
Aber Peewee hat keine Lust mehr. »Du spielst falsch.«
»Das ist ja typisch! Du lügst!«
»Es stimmt, ich hab's gesehen«, sage ich.

Peewee macht sich aus dem Staub und Dominik fegt wütend die Spielfiguren vom Brett. Sie fallen klappernd auf den Boden.

»Wärst du bloß wirklich ertrunken«, schnauzt er mich an.
»Ich hasse dich.«
»Ganz schön tapfer.«

Ich klopfe ihm dreimal auf die Schulter und gehe weiter ins Vorderzimmer. Hinter meinem Rücken höre ich noch, wie Lukas Dominik einen Anschiss verpasst, aber das interessiert mich nicht. Ich kann Dominik auch nicht leiden.

Ich stelle mich ans Fenster. Das tun wir hier alle gern, besonders Jasper. Durch ihn ist es mir erst bewusst geworden. Wir sind alle Zuschauer. Das Leben findet immer auf der anderen Seite statt. Das Schaufenster drüben beim Konditor ist schwarz vor lauter Schokoladeneiern. Einen Augenblick überkommt mich die Lust, mich zum Platzen voll zu fressen. Und dann zu kotzen. Ich weiß, dass ich mich danach schämen würde, aber die Wut wäre weg. Ich bin traurig, denke ich, ich könnte sowieso kaum schlucken. Aber vielleicht werde ich auch bloß krank. Meine Stirn fühlt sich warm an.

Lukas kommt rein, ich mache mich auf alles gefasst.

»Was machst du hier?«, fragt er. »Dein Vater hat vom Krankenhaus aus angerufen. Er hat alles auf den Kopf gestellt, um dich zu finden.«

»Ich dachte, er käme nicht mehr.«

»Na und? Ist das ein Grund, einfach wegzulaufen?«

Ich zucke mit den Schultern und wickle eine Haarsträhne um meinen Finger. Ein Bus donnert durch die Straße.

»Setz dich«, fordert Lukas. »Ich hasse es, gegen deinen Rücken anzureden.«

»Ich habe nichts zu sagen.«

»Setz dich.«

Ich seufze und tue, was er verlangt. Mit dem Fingernagel ziehe ich Streifen über den Cordbezug der Couch. So hinterlasse ich wenigstens eine Spur. Margreet kritzelt Zeichnungen an den Rand ihrer Hefte. Jasper hat sein Tagebuch. Als wollten wir unsere Existenz festhalten, schwarz auf weiß. Ich bin, ich bin nicht.

»Wenn du schweigst, machst du es bloß schwieriger«, philosophiert Lukas.

Schleim, Schleim, Schleim. Sozialarbeitergeschwätz.

Kratzer.

Ich.

Wer?

Die.

Die Dicke. Die Tussi. Die, die, die.

»Was machst du?«, will er wissen.

»Nichts.«

Lukas sieht alles.

»Du schneidest dich.«

»Wenn du es doch weißt, warum fragst du dann? Ich schneide meine Finger ab. Jetzt klar?«

»Wenn die Frau des Schiffers nicht mit dem Finger auf dich gewiesen hätte, wärst du ertrunken.«

»Ach, ja!« Ich schlage mir mit der Hand gegen die Stirn. »Dumm von mir. Dann eben alle Finger außer einem, okay?«

»Wie bist du im Wasser gelandet?«

Er ignoriert meinen spöttischen Ton, tappt nicht in die Falle. Ich erstatte Bericht. Kurz. Kühl. Als ginge es nicht um mich.

»Glaubst du mir?«, frage ich, als ich fertig bin.

»Wenn du lügst, betrügst du nicht mich, sondern nur dich selbst.«

»Verdammt, Lukas, danach habe ich nicht gefragt. Ich will wissen, ob du mir glaubst.«

»Ich glaube dir.«

»Du kannst mir doch weismachen, was du willst.«

Hinter der doppelten Tür ist das Klirren von Tellern und Besteck zu hören. Chuck wird fluchen. Ich wäre heute drangewesen, beim Tischdecken zu helfen.

»Ich muss helfen«, sage ich, um meinem Betreuer zu entkommen.

»Du kannst nachher den Abwasch machen. Und jetzt ruf zu Hause an, entschuldige dich und sag, dass du hier bist.«

»Sie werden mich wohl kaum vermissen.«

»Kein Kommentar. Anrufen.«

Ich mache, was er verlangt, aber ich habe einen Kloß im Hals. Rita nimmt den Hörer ab. Sie ist stinksauer. Ich lasse die Standpauke über mich ergehen. Als sie fertig ist, lege ich ohne ein weiteres Wort auf. Lukas sieht mich stirnrunzelnd an.

»Was hattest du erwartet?«, frage ich spottend. »Diese Zicke wird erst Ruhe geben, wenn sie mich aus dem Haus gejagt hat. Dabei ist sie der Eindringling. Sie und ihr dämlicher Sohn.«

Bevor Lukas antworten kann, laufe ich aus dem Zimmer. Was hat dieses Gequatsche überhaupt für einen Sinn? Es ändert sich ja doch nichts. In der Küche pfeift mich Chuck an. Ob ich nicht früher hätte kommen können. Ich wäre lieber ganz weggeblieben. Vielleicht wäre es überhaupt besser, wenn ich gar nicht mehr wäre. Ertrunken. Alle würden sich glücklicher fühlen, und ich wäre von meinem Elend erlöst. Es tut so weh, ohne Jasper zu sein. So schrecklich weh. Verdammte Scheiße.

Ich zwänge mich an Chuck vorbei zur Tür hinaus in den Flur, aber da weiß ich schon nicht mehr, wohin ich jetzt soll. Außer auf dem Klo kann man sich in diesem Haus nirgends verstecken, es sei denn mit dem Gesicht zwischen den Jacken an der Garderobe. Oben dröhnen noch immer die Bässe. Ich balle die Fäuste. Jasper, verdammt, Jasper. Schritte, shit. Warum lassen sie einen hier nie in Ruhe.

»Geh weg«, schnauze ich, »lass mich allein.«

Es ist Chuck, der mir gefolgt ist.

»Blöde Tussi!«, schimpft er, aber es klingt, als würde er zur Aufmunterung mit seinen mickrigen Pflänzchen reden. »Nachher um sieben nehme ich dich auf meinem Moped mit. Kein Aber, du hörst, was ich sage.«

So geht das in Plansjee. Wir tun so, als könnten wir einander zerfleischen und manchmal ist das auch wirklich so. Aber wenn es darauf ankommt, sind wir ein Herz und eine Seele.

Ich habe einen Löffel Suppe gegessen und mit dem Rest herumgetrödelt, in der Hoffnung, es möge nicht auffallen, dass ich zu wenig gegessen habe. Wenn ich noch mehr abnehme, muss ich ins Krankenhaus. Dort zwingen sie einen zum Essen. Macht man es nicht, bekommt man eine Infusion. Wer weiß, wie dick man dann wird. Und dort kann ich noch nicht einmal kotzen, um das Zeug wieder loszuwerden. Heute kriege ich wirklich keinen Bissen runter. Es tut immer mehr weh, und husten muss ich jetzt auch.

Ich habe den Abwasch erledigt – allein, denn so weit geht Chucks Liebe dann doch nicht. Jeder leistet seinen Teil, so bleiben wir die besten Freunde. Die letzte halbe Stunde stecken wir allesamt die Nase in Comics, nur Dominik nicht. Er ist süchtig nach Computerspielen und will seinen Rekord im Kingkong-Bananenklau brechen. Wären es echte, würde er sie aufessen. Dominik ist ein Vielfraß.

Ich zittere, mir ist gleichzeitig warm und kalt.

Maya hat es bemerkt und fühlt meine Stirn. »Du hast Fieber«, stellt sie fest. »Ruf zu Hause an und sag, dass sie dich abholen sollen.«

Ich lache höhnisch. »Die werden sich bestimmt beeilen. Sie sind ja noch nicht einmal ins Krankenhaus gekommen.«

»Sorry, Evelien, kleine Korrektur. Sie sind sehr wohl gekommen, aber nicht gerade in dem Moment, als du es wolltest.«

Ich schweige. Lukas ist heute wieder ganz schön knurrig.

Chuck kommt mir zu Hilfe. »Ich bringe sie hin.«

»Auf dem Moped? Du bist verrückt! Das schreit ja geradezu nach einer Lungenentzündung.«

»Und wenn schon? Es sind doch sowieso alle davon überzeugt, dass ich sterben wollte. Beim zweiten Mal klappt es vielleicht.«

Ich weiß, dass diese Bemerkung bösartig ist. Maya meint es nur gut. Aber obwohl ich mich schäme, kann ich es nicht lassen. Ich will ihr weh tun. Ihr. Irgendjemandem. Egal wem. Nur so schneidet man sich den Schmerz aus dem eigenen Leib, so habe ich das immer gemacht. Alle hüteten sich vor meiner scharfen Zunge. Bis mich Margreet entwaffnete und Jasper mich weich klopfte, weich wie wollene Fäustlinge.

Ich blicke auf, weil es auf einmal so still ist. Alle starren mich an. Offensichtlich habe ich eine Faust gemacht, obwohl mir Tränen in den Augen stehen.

»Ruf an!«, sagt Maya.

»Und wenn sie nicht kommen wollen?«

»Dann hattest du wenigstens den Mumm zu fragen.«

Chuck wirft seine buschigen Afrolocken in den Nacken und lacht. »Bullshit! Dann hast du Scheißeltern. So what? Davor graust uns doch schon lange nicht mehr.«

Ich stehe auf, wende ihm absichtlich den Rücken zu.

Mir wohl, denke ich, mir wohl. Solange man noch hofft, so lange ist man ein einziges Nervenbündel. Das bin ich jedes Mal, wenn ich nur ihre Namen nenne. Besonders den meines Vaters. Mama ist ja nicht mehr da. Und Rita kann von mir aus tot umfallen.

3

Dominik tritt mit voller Wucht gegen den rechten Vorderreifen des Autos. Mein Vater will ihn nicht mitnehmen, er muss mit dem Fahrrad nach Hause radeln.

»Warum kann ich mein Fahrrad nicht hier stehen lassen und morgen mit dem Bus kommen?«, startet er noch einen Versuch.

»Hier, an der Hauswand? Es dort stehen lassen? Dann kannst du ja gleich ein Schild mit KLAU MICH dranhängen. Das wievielte wäre es dann?«

Nächster Tritt gegen den Vorderreifen.

»Hör auf damit!«

Dominik verzieht zynisch das Gesicht. »Wenigstens schmeiße ich mein Rad nicht in den Kanal!«

35

Ich beuge mich zum Fenster. Wenn ich dran käme, würde ich es runterkurbeln und Dominik ins Gesicht spucken. Es glänzt vor Gemeinheit.

»Nicht geschmissen, Blödmann! Ich bin reingefallen, aus Versehen.«

Ich würde gern schimpfen, aber es kommt nur ein heiseres Flüstern aus meiner Kehle. Dominik lacht sich kaputt. Ich hasse ihn, Himmel, ja, ich hasse ihn. Mein Vater drückt mich in den Sitz und startet das Auto.

Zum Glück ist er rangegangen, als ich anrief, und nicht Rita.

»Warum hast du nicht gewartet?«, fragte er. »Ich meine heute Nachmittag im Krankenhaus.«

»Ich wurde verrückt dort.«

»Deine Stimme klingt so seltsam.«

»Ich bin krank.«

»Oh, Evi.«

Aber jetzt sieht er wieder aus wie ein Panzer. Er sagt nichts, die Lippen zusammengepresst, den Blick auf die Straße gerichtet und ab und zu kurz in den Rückspiegel. Hupt wütend bei jedem Idioten auf der Straße. Ich seufze und schließe die Augen. Ich bin müde. Nein, denke ich, ich bin es so leid, das alles. Vielleicht hatte dieser Psycho ja doch Recht, und ich wusste es bloß noch nicht. Mein Kopf hämmert.

»Das war eine Hundsgemeinheit«, sagt mein Vater. »Ich sperre extra für dich den Laden zu und was dann? Ich komme ins Krankenhaus, und du bist verschwunden. Niemand weiß etwas. Kannst du dir vorstellen, wie ich dastand? So einen Kopf vor Scham! Was sollen die nur von uns denken . . .«

»Haben sie denn nicht vielleicht Recht?«

»Och, Evi . . .«

»Wenn das deine einzige Sorge ist«, sage ich. Ich kann nicht verhindern, dass meine Stimme vor Ärger weinerlich wird.

Mein Vater seufzt und streicht sich die Haare zurück. Er wird schon grau an den Schläfen.

»Es ist für niemanden leicht«, sagt er, weicher jetzt und müde.

Früher hatte ich in solchen Augenblicken Mitleid mit ihm, aber das bringt ja auch nichts. Übrigens hat er sich für sein neues Leben entschieden, er und Rita, nicht ich.

»Ganz schön abgedroschen«, spotte ich.

Stille. Hupen. Er fährt aggressiv. Ich bekomme Angst, muss an Mama denken, an den Unfall. Das passiert mir oft. Unter meiner Haut weine ich. Endlich sind wir zu Hause – so nennt man es zumindest. Ein Dach über dem Kopf, aber schon lange keine schützende Hand mehr. Ich steige aus.

»Sieh zu, dass du reinkommst«, sagt mein Vater. »Ich hole deine Tasche aus dem Kofferraum«.

Ich fühle mich zu elend, um mich zu wehren, und gehe sofort nach oben. Im Wohnzimmer hört man den Fernseher. In meinem Zimmer: Stille. Bis auf das Hämmern in meinem Kopf. Aspirin im Badezimmer holen. Ich nehme gleich zwei davon. Zur Toilette gehen. Ich zittere. Glänzende Fieberaugen im Spiegel. Wieder in meinem Zimmer, setze ich mich auf mein Bett und fange an, mich auszuziehen, zu müde, um länger auf den Beinen zu bleiben. Bleischwere Arme. Ich wünschte, ich wäre wieder ein kleines Kind, und Mama wäre da, um mir zu helfen. Arme durch die Ärmel, Liebchen, jetzt dein Kopf, Kuckuck spielen, aber sanft, so sanft. Die Daunendecke über mich gelegt. Umarmt werden. Schließlich schlafe ich ein, an der Nabelschnur des Kummers.

Nicht für lange, leider. Schlagende Türen und gellende Stimmen, es ist wieder so weit. Ich krieche tiefer unter die Decke, um das Gebrüll nicht zu hören, aber sie verlagern ihr Schlachtfeld auf den Flur, poltern die Treppe hinauf. Rita voraus, schnell, auf Absätzen. Mein Vater hinter ihr her, träger, schwerer, er raucht zu viel. Mein Zimmer liegt auf der Frontlinie. Himmel, ich bin krank. Können sie sich nicht ein einziges Mal zusammennehmen? Ich versuche zu rufen, komme aber nicht über ein heiseres Krächzen hinaus.

Rita ist hysterisch. Sie hat ihm sogar schon mal eine runtergehauen, ein paarmal sogar, aber er schlägt nie zurück. Er schlägt keine Frauen, bloß ein einziges Mal ein Loch in die Tür. Er ballt die Fäuste, presst die Fingernägel in die Haut. Das habe ich von ihm. Und manchmal kleben sie aneinander wie zwei verliebte Jugendliche, es ist nicht zu fassen.

Sie zanken sich um Dominik, der mit dem Fahrrad zurückfahren musste. Ich hätte es wissen müssen. Er und ich, die lebenden Schutzschilde. *Mein* Sohn, *meine* Tochter. Oder mit *dein* davor, dann wird es zum Schimpfnamen für alles, was hässlich und vor allem schuldig ist. Meistens bin ich das. Auch jetzt. Ich sei in den Graben gefahren, um die Aufmerksamkeit auf mich zu lenken. Die Leute würden mit den Fingern auf sie zeigen, auf sie, die Stiefmutter. Ich tue das mit Absicht, um sie zu quälen. Um sie rauszuekeln. Und mein Vater sei ein Weichei, lasse sich von mir herumkommandieren. Gut, sie werde gehen. Sie habe die Nase voll. Sie oder ich. Sie heult immer, wenn sie sich nicht durchsetzt. Aus Frustration, nie aus Kummer.

Mein Vater, jetzt ganz zahm. Er hält das Alleinsein nicht aus.

»Rita, bitte ... Evi ist krank ... Ich werde morgen mit ihr reden. Komm, komm mit nach unten. Ich mache dir einen Kaffee ...«

Verräter, denke ich. Du Scheißkerl von einem Vater. Hosenscheißer. Früher sah ich zu dir auf, früher. Bist du denn blind? Sie hat dich zu einem Feigling gemacht. Weißt du denn nicht mehr, wie es war, als Mama noch lebte? Sie gehen langsam die Treppe hinunter, bestimmt hat er den Arm um sie gelegt. Ein

38

Stein ist ihm vom Herzen gefallen, sie bleibt. Ich bin nur ein Stein, ein Kiesel.

Der Arzt kommt. Er verschreibt mir Megapillen und eine Woche zu Hause. Meinem Hals geht es ein bisschen besser, aber ich huste mir die Seele aus dem Leib. »Bronchitis«, sagt er, »an der Grenze zur Lungenentzündung.«
Es ist inzwischen drei Tage her, dass ich im Kanal gelandet bin. Erst hielten sie es nicht für nötig, dass er kam. Rita meinte, es sei eine harmlose Erkältung, aber vorhin hatte ich auf einmal neununddreißig acht Fieber. Mein Vater erschrak. Plötzlich hatten es seine Hände eilig, sie irrten suchend über die Telefontasten. Er verwählte sich dreimal. So ein Heuchler. Als hätte er ihr nicht versprochen, mit mir zu reden. Ich habe beschlossen, meinen Stolz zu wahren. Nicht jetzt, erst wenn es mir besser geht. Ich weiß noch nicht wohin, aber ich werde gehen. Ich weiß mir schon zu helfen.
Vielleicht kann ich bei Jaspers Oma wohnen, das wäre nett. Sie mag mich, und sie wohnt sowieso allein in einem viel zu großen Haus. Genau wie ihre Haut für ihre Knochen zu groß geworden ist. Sie sprach oft übers Loslassen, wenn Jasper und ich nach dem Markt bei ihr zum Kaffee waren. Mensch sein heißt loslassen, das ist die Ruhe, die es zu finden gilt, bevor man stirbt. Aber sie lachte und meinte, das sei auch der Grund, weshalb man schrumpfe, je älter man werde, das mache einen von selbst bescheiden.
Der Arzt will wissen, wie viel ich noch wiege, und ob ich wieder abgenommen habe. Ich lüge, und er runzelt die Stirn. Wenn ich nicht so krank wäre, müsste ich bestimmt auf die Waage.
»Du kennst die Abmachung«, sagt er nur. »Komm nächste Woche, wenn du wieder gesund bist, kurz vorbei.«
Ich verspreche es, habe es aber nicht vor.

Rita ringt die Hände. »Wir machen uns Sorgen um sie«, sagt sie.

Schleim, Schleim. Die Tür ist noch nicht hinter ihm zugefallen, da bin ich wieder das verfluchte Kind, das ihr Schande macht.

Ich schweige. Das Schweigen hat auch eine Stimme: das Echo, das bleibt, später, wenn ich nicht mehr da bin. Hoffentlich ist mein Schweigen dann so laut, dass sie davon taub wird.

Ab und zu wirft mein Vater einen Blick ins Zimmer, wenn keine Kunden im Laden sind, aber ich stelle mich immer schlafend. Auf seine Predigten kann ich verzichten. Außerdem verdient er es, jedes Mal aufs Neue mit bleischweren Gliedern die Treppe hinaufzukommen. Soll er doch bis in die kleinste Faser spüren, dass er mich rausekelt. Sein eigenes Kind. Für diese Zicke.

Sie ist zur Parfümerie gegangen. Heute hat sie Spätschicht. Am Anfang, als sie sich noch einschleimen musste, brachte sie mindestens einmal pro Woche Pröbchen für mich mit. Jetzt geht das angeblich nicht mehr, die sind ausschließlich für die Kunden bestimmt. Wenn ihre Chefin sie erwischt, kann sie sich auf was gefasst machen. Bullshit. Ihre Handtasche ist voller Pröbchen, für ganze Heerscharen von Freundinnen. Ja, ich gebe es zu, ich suche danach und nehme mir, was ich brauchen kann.

Es ist voll im Laden, die Glocke steht nicht still. Die Zeitung. Zigaretten. Eine Straßenbahnkarte. Der *Playboy*, den Dominik heimlich mit nach oben schmuggelt und ihn, wenn er ihn gelesen hat, in Plansjee zum halben Preis an Peewee verschachert.

Telefon. Mein Herz macht einen Satz, jedes Mal, wenn es klingelt. Vielleicht doch Jasper, hoffe ich dann. Er sagte zwar, das Telefonieren sei zu teuer, aber ein einziges Mal? Er sagte auch, zwei Wochen seien keine Ewigkeit. Was weiß er schon davon? Nur jemand, der keine Hoffnung hat und dennoch wartet, weiß, was Ewigkeit ist. »Zum Beispiel Dries«, sagt er dann, »und mein Pa.« Die werden nie mehr gesund. Das stimmt auch. Aber nicht gesund werden ist nicht dasselbe wie tot sein.

Mein Vater hat gewartet, bis er die Toilettenspülung hörte, um noch einmal nach oben zu kommen. Ich hatte mir vorgenommen, mein Gesicht dann zur Wand zu drehen, aber plötzlich bringe ich es nicht mehr übers Herz. Das scheue Klopfen an der Tür, das Lächeln, noch scheuer. Er bewegt sich, als wäre mein Zimmer ein Minenfeld.
»Du hast fest geschlafen«, sagt er zu mir. Er stellt das Tablett mit der Thermoskanne auf meinen Schreibtisch. »Möchtest du Tee? Schwarzen oder Hagebutte? Kakao? Eine Tasse Suppe?«
»Hagebutte ist gut.«
Ich betrachte seinen Rücken. Ich denke daran, wie ich als Kind auf seinen Schultern saß, um einen Umzug auf der Straße zu sehen. Oder einfach, weil ich müde war. Jetzt sind sie gebeugt.
Ich stelle mir vor, wie ich meine Wange noch einmal an seinem Pullover reibe. Ich höre schon sein Erstaunen. Kitzelt das denn nicht, Evi? Weißt du noch, als du klein warst, wie du schreien konntest, wenn … Stimmt, aber das Schreien gehörte dazu, es war Teil des Vergnügens.
Er schraubt den Deckel wieder auf die Thermoskanne, stellt den Becher, den er zu voll eingeschenkt hat, mit zwei Händen auf meinen Nachttisch, dann setzt er sich auf die Bettkante. Einen Moment denke ich, dass er mir über den Kopf streicheln wird. Ich weiß nicht, ob ich das möchte.
»Fühlst du dich schon ein bisschen besser?«
»Ich muss jedenfalls weniger husten.«

»Das ist gut … Evi?« Die Schüchternheit in seinen Augen, er reibt sie mit Daumen und Zeigefinger. »Evi, es war doch wirklich ein Unfall und kein …«

»Sei nicht blöd!« Ich bleibe hart, um nicht selbst loszuheulen. Er seufzt, und ich mache mich auf alles gefasst.

»Du weiß doch, dass ich dich liebe.« Weiß ich das? Manchmal. Manchmal nicht.

»Und dass ich Mama nicht vergessen habe.«

»Trotzdem hast du dir die Erstbeste ins Haus geholt.«

Er schüttelt den Kopf und sagt, dass ich mich täusche.

»Sie ist nicht so, wie du denkst«, sagt er.

»Sie ist so, wie sie tut.«

»Sie hat Angst, Evi. Genau wie du. Vielleicht seid ihr euch viel zu ähnlich, um …«

»Ha!«, wehre ich ab. »Ha!«

Er stockt, krümmt sich zusammen wie eine Schildkröte, die den Hals einzieht. Der Wecker tickt.

»Vergiss deinen Tee nicht«, besinnt er sich zögernd.

Er reicht ihn herüber und schüttelt mit der anderen Hand mein Kissen im Rücken auf, als ich mich hinsetze. Das brauche ich, diese Zärtlichkeit. Aber ich habe Angst, so große Angst. Nachher entscheidet er sich doch wieder für sie. Ich trinke mit kleinen Schlucken, um Zeit zu gewinnen. Gleich läutet die Ladenglocke wieder. Mein Vater zupft an der Daunendecke, wägt seine Worte.

»Ich liebe euch alle beide, Evi. Ich kann auf keine von euch beiden verzichten … Versuch es doch, tu es für mich.«

Für ihn, denke ich, noch nicht einmal für uns. Nicht für mich.

»Und sie?«, schnappe ich zurück. »Sie sagt, dass du dich entscheiden musst.«

Er senkt den Kopf. »Zwing mich nicht«, murmelt er. »Bitte, zwing mich nicht.«

4

Freitag. Fieber habe ich nicht mehr, aber beim Husten löst sich nun Schleim, es rasselt tief in meinen Bronchien. Eigentlich darf ich noch nicht raus, aber was soll's! Hier herrscht doch bloß eisige Stimmung, und nachher feiern wir Ostern in Plansjee.

Ich nehme Ritas Fahrrad. Später wird es deswegen bestimmt wieder Krach geben. Nicht meine Schuld. Wenn sie nicht da ist, kann ich nicht fragen. Sie fährt übrigens fast nie damit. Ich pumpe die Reifen auf.

Dominik ist schon weg. Erst hat er sich im Laden die Taschen mit Süßigkeiten voll gestopft. Ein Anschiss von meinem Vater und Dominiks Stimme, die sich lächerlich überschlug. Die Glastür knallte ins Schloss. Heute Abend wird die Angelegenheit ein Nachspiel haben. Dominik und ich werden wieder gegeneinander ausgetauscht werden, wie Geiseln. Mein Fahrrad gegen seine Süßigkeiten. Man gewöhnt sich nicht daran, aber man ist vorbereitet.

Der Frühling kribbelt, aber die Sonne trügt, es ist frisch. Ich ziehe meinen Schal fester um den Hals und wische mir eine Windträne aus dem Augenwinkel. Dann liegt auf einmal der Kanal vor mir. Ich erschrecke, die Luft weicht aus meinen Lungen. Meine Finger krallen sich um den Lenker. Sei nicht albern, du bist hier schon Hunderte von Malen entlanggefahren! Aber in jedem Busch raschelt eine Ratte und *Das blaue Pferd* ist nirgends zu sehen, der Schiffer wird seine Ladung erhalten haben. Am Ende des Treidelwegs, wo ich absteigen muss, um die Seite zu wechseln, zittern mir die Beine.

Als ich in Plansjee ankomme, stellt sich heraus, dass sie sich zum Schlittschuhlaufen verabredet haben. Da steh ich dann ohne zusätzliche Socken und Handschuhe. Dieses Ekel von Dominik hat nichts gesagt. Er redet sich damit heraus, dass ich sowieso nicht aus dem Haus dürfe.

»Vielleicht ist es aber auch besser für dich, nicht aufs Eis zu gehen«, sagt Maya, »so wie du noch hustest.«

»He, ja, die ganze Zeit Däumchen drehen. Dann bleibe ich lieber hier.«

»Du weißt, dass das nicht erlaubt ist, allein.«

»Hilfe, Maya, ich bin siebzehn!«

Sie tut, als würde sie nichts hören, über feste Regeln wird nicht verhandelt.

»Nimm dir ein paar Comics mit.«

»Die kenne ich alle auswendig.«

»Dann eben nicht. Hat jeder seine Sachen?«

Sie brechen auf, und ich muss mit, ob ich will oder nicht. Ich wäre besser gleich zu Jaspers Oma gegangen. Tim lenkt sein Fahrrad neben meins.

»Schon was von Jasper gehört?«, fragt er.

»Nein, bislang nicht. Wie geht es deinem Vater?«

»Der wird wieder. Die Ärzte sind optimistisch.«

»Und dann fährt er weg.«

»Ich kann doch nicht wollen, dass er gelähmt bleibt, Evi?«

Ich denke an Piet und seinen Vater und schweige. Aber gerecht ist es nicht.

Tim bohrt mir den Finger in die Seite. »Wenn du willst, darfst du meine Handschuhe und die anderen Sachen benutzen«, sagt er. »Schlittschuhlaufen ist sowieso nicht so mein Ding ... Aber lach dann wenigstens mal.«

Sein Blick ist ängstlich, und ich sage: »Okay.«

44

Maya runzelt zwar die Stirn, lässt uns dann aber gewähren. Auf der Eisbahn herrscht viel Gedränge, bestimmt, weil Ferien sind. Viel Jüngere sind da, die alle Naselang hinfallen und vor denen man ständig aufpassen muss. Chuck und Dave nehmen keine Rücksicht. Sie veranstalten ein Wettrennen. Dominik beteiligt sich daran, ist aber schnell ausgeschieden. Selbst schuld, viel zu dick. Er steht am Rand und keucht, fixiert mit seinem Blick Ciel, die in einem Glitzeranzug nach Applaus heischt. Sie ist wirklich gut im Eislaufen, aber was für eine Show! Plötzlich fühle ich mich hoffnungslos verloren. Ich blicke nach oben zur Cafeteria, wo Tim am Fenster sitzt, aber er guckt nicht, ich glaube, er schreibt. Ich zittere. Was mache ich hier auf dem blöden Eis? Jasper hat Schwein. Der geht jetzt bestimmt in der Sonne spazieren, unter Palmen, vielleicht sogar Arm in Arm mit Margreet. Verdammt, ich will nicht sauer sein, aber es drückt mich von innen und will an allen Ecken und Enden aus mir raus.

Neidisch werfe ich einen Blick auf Chuck und Dave. Kopf an Kopf, den Mund halb geöffnet, eine einzige angespannte Sehne. Keiner will dem anderen unterlegen sein. Soll ich mitmachen? Ich kann sie nie schlagen. Aber ich muss doch etwas tun. Zurückschlagen können.

Ich gleite in ihre Richtung, fahre mich warm und schließe mich ihnen an. Chuck sieht sich für einen Augenblick um. Seine Unterlippe kräuselt sich spöttisch. Du? Er sagt etwas zu Dave, ich verstehe nicht, was. Aber sie erhöhen das Tempo noch. Ich habe den Vorteil, dass ich noch frisch bin, wenigstens für einen kurzen Sprint, aber ich habe absolut keine Kondition. Und dann dieser Husten, das Reißen in meiner Brust. Schweiß, die Bilder verschwimmen. Menschen, Werbetafeln, als würde ich daran entlangscheren und den Schlag erwarten. Mama. Aber anhalten, nein. Nicht ums Verrecken. Je anstrengender es wird, desto wütender werde ich.

45

Ein Rauschen in meinen Ohren. Schwindel aus Farbe, aus Klang. Mein Körper, der reißt und reißt. Schwere Beine, ein Arm, der rudert, die Luft wegmäht, die so schwer ist wie Meerwasser, genauso salzig. Ich wische an meinem Mund herum, meinen Augen. Nicht wissend, ob ich schwitze oder weine.

Schwindelig. Einen festen Punkt suchen. Mich auf ihre Waden konzentrieren, die nicht locker lassen. Bin ich das, die so keucht? Es ist die Verzweiflung, die einen so rasend macht.

Und dann der Schlag. Ich spüre, wie ich falle, aber in einem anderen Körper, einem anderen Leben. Stimmen schreien mich an, jemand schüttelt mich an der Schulter. Ich zerfließe, das schmelzende Eis gefrorenen Kummers.

»Rassistin!«

Dunkle Gesichter über mir, hassverzerrt. Ich verstehe es nicht. Noch immer die Hand, die mich rüttelt. Überall Hände.

»Lasst mich in Ruhe.«

Ich will mich in meinen Armen verkriechen wie eine Schnecke in ihrem Haus. Neben mir, in meinem Augenwinkel, wird gekämpft. Ich erkenne Daves Stimme, die »Scheißkerle« schreit, kurz darauf die von Lukas, darüber hinwegdonnernd: »Aufhören, alle zusammen!« Der Mann von der Eisbahn droht, die Polizei zu rufen.

Maya beschwichtigt. »Erst reden«, und dann zu mir: »Was ist passiert?«

»Ich weiß es nicht, wirklich.«

»Sie hat mich mit Absicht über den Haufen gefahren.«

Ein junger Mann, ein Marokkaner.

»Fuck you!«

Das ist Chuck, er packt den Marokkaner am Hemd.

»Lass das!«, befiehlt Lukas.

»Mann! Der sah uns kommen und sprang uns absichtlich in

den Weg. Ich konnte gerade noch ausweichen. Dave auch, aber Evelien …« Sie blickten zu mir.

»Ich habe nichts gesehen«, sage ich. Die Kälte des Eises dringt durch meine Hose. Der marokkanische Junge ist groß, er hat schmale Hüften, aber wahre Stoßstangen von Schultern; keiner, der sich so einfach umfahren lässt. Außerdem bin ich gestürzt. Ob er auch hingefallen ist, weiß ich nicht.

Er spuckt neben mir auf das Eis.

»Du bist uns vor die Füße gefahren«, beschuldigt ihn jetzt auch Dave. »Du wolltest Streit.«

»Das sagst du, Rassist.«

Sie umklammern sich wieder. Lukas greift ein.

»Klappe zu, oder ich stopfe sie euch, ihr habt die Wahl.«

Ich rappele mich auf, klopfe mir die Kleidung ab. Der Rest von Plansjee steht hinter mir, uns gegenüber die Gruppe Marokkaner. Der Eisbahnchef greift nach seinem Handy. Meine Knie zittern.

»Eislaufen oder umziehen«, verlangt Lukas.

Noch einen Moment Protest von beiden Seiten. Ein Mädchen legt ihre Hand auf den Arm des Marokkaners, flüstert ihm etwas zu. Er wehrt sie launisch ab, gibt aber nach. Später folgt sie mir auf die Toilette.

»Er sprang in deine Bahn«, sagte sie, »aber du bist auch wie ein Bulldozer weitergefahren.«

Ich zucke mit den Schultern. Der Spaß am Schlittschuhfahren ist vorbei, und Lukas beschließt, dass wir besser in Plansjee was trinken als in der Cafeteria, das wäre unter den gegebenen Umständen reine Geldverschwendung. *Kühlt euch unterwegs ein bisschen ab.* Die Stimmung ist drückend.

Maya lenkt ihr Fahrrad neben meins und das nicht einfach so.

»Wen wolltest du platt walzen, Evelien?«

Ich seufzte. Immer dieses Gerede.

»Ich weiß es nicht.«

47

»Fang ruhig an. Irgendwas fällt dir immer ein.«
Ich rutsche auf dem Sattel hin und her, mein Steißbein tut
weh. Hinter uns schwatzen Chuck und Dave, sie lachen. »Wir
scheißen auf die Marokkaner.«
Maya dreht sich um … »Ohne Lukas hättest du dir in die
Hosen gemacht«, schimpft sie.
»Die waren in der Überzahl und haben uns provoziert.«
»Ihr seid auf der Eisbahn herumgerast, als gehörte sie euch
allein.«
»Dass sie so denken, versteh ich noch. Aber warum du,
Maya?«
Dave stimmt Chuck zu. »Wir hatten einfach Spaß. Wir wollten
nur mal richtig durchstarten. Na und?«
»Trotzdem. Ihr könnt nicht einfach euer Ding durchziehen.
Auf dem Eis waren kleine Kinder.«
Sie dreht sich wieder zu mir um. Sie erwartet eine Antwort.
»Es steht mir bis hier.« Ich zeige mit dem Finger auf meine
Stirn.
»Was denn?«
Als wüsste sie nicht, was ich meine. Alles ist schon hundert-
mal durchgekaut. Für einen Augenblick überkommt mich die
Versuchung, von Jaspers Oma zu erzählen, aber ich halte mich
zurück. Lieber warten, bis alles in trockenen Tüchern ist, oder
sie legen mir Steine in den Weg, noch bevor ich gefragt habe.
Maya verlangsamt, um ein Mofa aus der anderen Richtung
vorbeizulassen, und schließt dann wieder auf.
»Ich mache mir Sorgen um dich«, sagt sie. »Erst der Kanal
und jetzt das … Warum lachst du?«
»Nichts«, sage ich, »nichts. Ich dachte nur kurz, du würdest
sagen: Erst deine Mutter und dann dein Vater und Rita …«
»Das sind Tatsachen, Evelien. An den Tatsachen lässt sich nichts
ändern, wohl aber an der Art, wie man damit umgeht.«
»Ich oder sie?«

»Du und sie.«

»Du glaubst wohl noch an Märchen!«

»Nein, Evelien, alle müssen wollen.«

»Dann ist es einfach. Sie wollen nicht.«

Wir sind bei Plansjee angekommen, und ich nutze die Gelegenheit, dem Gespräch zu entrinnen – jedenfalls vorläufig, hier hat alles ein Nachspiel. Beim Reingehen kneift mich Chuck kurz in den Arm. Er zwinkert mir zu.

»Du bist klasse gefahren«, sagt er.

»Stimmt, oder?«

Am liebsten würde ich heulen. Und ihn treten. Ach, ich weiß nicht.

Tolle Ostern. Wir spielen Trivial Pursuit, aber Kari schmollt, es sei zu schwierig, Peewee zieht jede Frage ins Lächerliche, Chuck spielt falsch, um an Fragen über Natur zu kommen, und Ciel macht mit, weil Maya und Lukas sie dazu nötigen, aber von oben herab, »so ein kindisches Getue ...«. Es passt ihr nicht, dass Tim mehr Köpfchen hat als sie, als wir alle zusammen. Seit Jasper nicht mehr da ist, steht er unter Beschuss. Hirnfucker! Manchmal sagt er absichtlich etwas Falsches, glaube ich, um uns nicht zu weit voraus zu sein und weiterhin dazuzugehören.

Ich wünschte, ich wäre klüger. Dann ginge ich bestimmt nicht auf die Hotelfachschule. Vielleicht würde ich dann Bücher schreiben. In Büchern steht oft genau, was ich empfinde, besser, als ich es selbst rausbringe. Das bedeutet, dass ich nicht verrückt bin, dass ich nicht die Einzige bin, die so denkt. Jasper meinte, ich lese, um zu vergessen, dass ich allein bin. Und dass er aus demselben Grund in sein Tagebuch schreibt, aber das verstehe ich nicht so richtig.

Ich bin dran, ich habe es nicht gemerkt. Dominik wirft die Würfel vor mich auf den Tisch. Ich erschrecke, und er lacht.

»Ha, sie bewegt sich! Also doch noch nicht vor Liebeskummer gestorben.«

Ich könnte ihm an die Gurgel fahren, aber der Gedanke an das Theater danach hält mich zurück. Das Herz rutscht mir in die Hose. Ich würfele. Eine Drei und eine Sechs. Ich kann auf das Thema »Sport« kommen. Darin bin ich nicht gut, aber ich habe Glück. »Mit welchem Wort gibt man im Tennis an, dass jemand null Punkte hat.«

»Love«, sage ich.

Dominik wiehert, und ich schmeiße den Kram hin. Ich setze mich auf die Veranda und lese. Hinter meinem Rücken entbrennt eine Diskussion: Ist Dominik ein Ekelpaket, oder bin ich blöd? Es interessiert mich nicht, und eine halbe Stunde später wird das Spiel weggepackt, ohne dass es einen Gewinner gibt.

»Ihr enttäuscht mich«, sagt Lukas. »Immer nur aufgeben.«

Ciel äfft ihn nach. »Immer nur predigen.«

»Geh und deck den Kaffeetisch.«

»Schafft ihr es nicht mehr?«

»Du machst mich müde, Ciel. Todmüde. Verschwinde.«

Ich erschrecke, so viel Mutlosigkeit ist gar nicht typisch für Lukas. Er darf uns anschnauzen, aber er darf uns nie satt haben. Er tritt ans Küchenfenster. Der Garten ist voller Farben. Ich gehe zu ihm.

»Lukas?«

Er lächelt zerstreut, und ich schlucke meine Frage runter.

»Entschuldige«, sagt er. »Ich habe ein paar Nächte nicht so gut geschlafen.«

Ich traue mich nicht, ihn zu fragen, ob er Probleme hat, das würde die Welt auf den Kopf stellen. Nicht hier. Hier muss alles normal bleiben, ein sicherer Ort. Er bewegt den Kopf von links nach rechts, der vertraute Knacks in seinem Nacken.

»Ich habe noch nichts von ihm gehört«, sagt er nach einer
Weile. »Du?«
»Nein.«
»Komm, lass uns Kaffee trinken.«

5

Na, was habe ich gesagt? Das Tribunal wartet schon, als wir
nach Hause kommen. *Seine* Süßigkeiten, ihr Fahrrad.
»Für ein paar Bonbons«, spottet Rita. »Das steht in keinem
Verhältnis.«
Mein Vater hebt vorsichtig den Finger: »Und Schokoriegel
und, und, und. Mal 365 Tage.«
»Du hast einen Tag vergessen. Wir haben ein Schaltjahr.«
Er schweigt, und sie lächelt spöttisch.
»Soll mein Fahrrad vielleicht auch noch im Kanal landen?«
Jetzt reicht es wirklich. Wenn mein Vater zu feige ist, um …
»Es war ein Unfall«, schnauze ich. »Und ich habe mir
dein Fahrrad nur ausgeliehen, aber dein lieber Herr Sohn
stiehlt!«
Sie braucht nicht einmal einen Blick auf meinen Vater zu wer-
fen, er krümmt sich schon von selbst.
Aber mich kann er sehr wohl anfallen. »Geh auf dein Zimmer.
Sofort.«
Kusch du nur. Ich bin schon weg. Und bald für länger, als du
denkst. Das wird dir noch Leid tun.

Ich habe gewartet, bis sie schliefen. Erst ging der Fernseher
aus, dann das Gepolter auf der Treppe, im Badezimmer, das
Gepolter im Bett (Versöhnung besiegelt), die Toilette. Jetzt
knarrt das Haus vor Stille. Zur Sicherheit warte ich noch eine

halbe Stunde. Wach bleiben ist kein Problem, dafür sorgt schon die Wut.

Wie kann das nur sein? Wutentbrannt und doch so fröstelnd. Ich nehme an, das kommt, weil ich mit diesem Haus mein Heim verliere. Weggehen ist, als würde man die Nabelschnur durchtrennen; doch kein Arzt übernimmt das für einen, man muss es selbst machen. Meine Beine zittern, aber es gibt kein Zurück. Ich bin komplett angezogen unter meine Daunendecke gekrochen, nachdem ich das Allernötigste in meine Sporttasche gestopft hatte. Die Zeichnungen von Margreet in einem festen Umschlag, damit sie nicht zerknitterten, die Briefumschläge mit den französischen Poststempeln. Auf den Karten Dörfer, an denen Jasper entlang... Ich brauche nur Bruchstücke zu erinnern, und schon fange ich an zu heulen. Warum durfte ich nicht mit ihm gehen? Überall ausgeschlossen. Dort, hier.

Ich schaue mich noch einmal in meinem Zimmer um. Nicht um zu sehen, ob ich etwas vergessen habe. Das meiste muss ich zurücklassen. Ich schaue, um nichts zu vergessen.

Meine Sachen, schließlich habe ich doch noch die Arme voll. Das Licht ausknipsen, die Tür leise hinter mir zuziehen. Hierüber habe ich in den vergangenen Tagen häufig nachgedacht: Ob ich sie vor Wut zuknallen, oder sie weit offen lassen würde, flüchtend, als wüsste ich nicht mehr wie es weitergehen soll. Aber dass es so ruhig vonstatten gehen würde, zumindest scheinbar – innerlich bebe ich.

Die Uhr auf dem Kirchturm zeigt fünf nach halb eins. Es ist wie eine Halluzination: das erleuchtete Zifferblatt in der schwarzgrünen Nacht. Es muss Neumond sein. Ein einziger Stern funkelt zwischen den bizarren Ästen des Baums auf dem Platz vor der Kirche. Es ist eine Linde, ihre Blätter knospen gerade, aber das kann man im Dunkeln nicht sehen. Auf der gegenüberliegenden Seite eine Laterne, sie leuchtet schmutzig orangefarben. Das grelle Neonlicht einer Tankstelle mit Shop. Die letzte geöffnete Kneipe, auf ihrer Tanzfläche ein heruntergekommenes Pärchen, gleich ist jeder wieder in den eigenen vier Wänden.

Ich habe Ritas Fahrrad genommen, gestohlen diesmal. Es klappert über das Kopfsteinpflaster. Nur meine Zähne klappern noch lauter. Der April sorgt immer für Überraschungen, die Kälte packt mich hinter den Rippen. Ich huste zu laut, irgendwo bellt ein aufgeschreckter Hund.

Weiter oben im Park ist es noch dunkler. Ein Mann schlendert hin und her. Einen Augenblick habe ich Angst, aber dann erinnere ich mich an die Gerüchte: Hier sind die Männer Stricher oder Freier. Dennoch trete ich heftiger in die Pedale.

Die Gracht. Ab und zu fährt ein Auto vorbei. Ein Lastwagen mit geöffnetem Fenster, Fetzen von Radioklängen, eine weggeworfene Zigarettenkippe, die kurz aufglüht und dann erlischt. Dann bin ich wieder ganz allein auf der Welt. Ich weiß genau, dass mein Plan verrückt ist. Gleich ist es ein Uhr. Jaspers Oma schläft sicher noch, nichts ahnend. Es gibt niemanden mehr im Haus, über den sie wachen muss. Kann ich ihr das antun? Sie wird erschrecken. Aber zurückgehen täte zu weh. Die Klingel hallt durch das Haus.

Ich warte und fühle mich schuldig, weil jetzt auch ihr bestimmt das Herz im Halse klopft, ihre Hände schweißnass sind. Im ersten Stock wird ein Rollladen hochgezogen, ihre weiße Silhouette erscheint hinter der Scheibe. Sie verschwindet und kommt einen Moment später mit der Brille auf der Nase wieder zurück. Nun erkennt sie mich und macht mir Zeichen, dass sie gleich kommt.

Sie schiebt den Riegel zurück, der Schlüsselbund klirrt. Mit einer Hand hält sie ihren Morgenmantel vor der Brust zusammen.

»Ist etwas mit Jasper?«

»Nein, nein …« Ich lächle. »Keine Nachricht, gute Nachricht.«

Sie hilft mir, das Fahrrad in den Hausflur zu stellen, vorsichtig, denn die Wände sind frisch gestrichen. Ich hänge meine Jacke an die Garderobe, wie jemand, der hofft, dass er bleiben darf. Sie ist schon auf dem Weg in die Küche, für den Tee, der die ersten Wunden heilt. Für sie zwei Stücke Zucker, für mich keins. Sie weiß es, aber mit den Keksen versucht sie es doch – *Süßer Trost* und *Einer kann doch nicht schaden*. Die Heizung hat sie höher gedreht. Jetzt, da ihre Hände etwas tun können, zittern sie weniger. Ihre Wangen bekommen wieder ein bisschen Farbe.

Ich schlürfe den Tee, der zu heiß ist. Ich weiß nicht, wie ich anfangen soll. Sie wartet, die Hände im Schoß. Aber als ich meine Geschichte erzählt habe, sagt sie, dass es nicht geht. Sie hat oft darüber nachgedacht, Jasper ins Haus zu nehmen. Es bricht ihr jedes Mal das Herz, wenn sie sieht, dass er so gebückt geht unter den Sorgen dort … Aber Jasper ist stärker als ihre Tochter. Sie schafft es nicht allein, ohne ihn.

Was ist es denn sonst? Hier ist doch Platz? Ich kann doch …

Nein. Jasper ist ihr Enkel. Sie kann ihn nicht vor den Kopf stoßen. Sie nimmt meine Hand und streichelt sie.

»Aber komm, sooft du willst«, sagt sie. »Versprich mir, dass du das tun wirst.«

Ich verspreche es. Auch, dass ich nicht weglaufe wie Margreet, sondern mit Maya und Lukas reden werde.

»Es gibt Möglichkeiten«, sagt sie.

Ich nicke, aber ich will keine Möglichkeiten. Ich will ein Zuhause.

Wir trinken unseren Tee und lassen die Becher im Spülbecken voll Wasser laufen. Im Wohnzimmer ruft der Kuckuck, zwei Uhr. Ausnahmsweise darf ich über Nacht bleiben, es ist zu gefährlich draußen.

»Darf ich nicht bei Ihnen schlafen?«, frage ich als sie das Gästebett beziehen will. Ich will meine Worte zurückrufen, schäme mich plötzlich, aber sie findet es selbstverständlich. Sie legt sich wie ein Schild hinter meinen Rücken, einen Arm um mich. Ich lasse ihn die ganze Nacht nicht los. Manchmal, ganz vorsichtig, trocknet sie meine Tränen. Und ich erinnere mich daran, dass »Zärtlichkeit« ein anderes Wort für »Mutter« ist.

Morgens, als ich wach werde, ist sie schon beim Bäcker gewesen und hat frische Brötchen geholt: dunkle mit Mohn. Sie weiß, dass ich die am liebsten esse. Und sie hat Eier gekocht. Um ihr einen Gefallen zu tun, esse ich ein ganzes Brötchen. Inzwischen lässt sie mir ein Bad einlaufen, mit einer aufgesparten Lavendelperle, ihr Weihnachtsgeschenk von den Drillingen. Das Badetuch hat sie über die Heizung gelegt.
Auf die vergangene Nacht kommt sie nicht zurück. Als wir mit dem Frühstück fertig sind, sagt sie, dass ich, während sie abräumt, zu Hause anrufen kann, wenn ich möchte. Sie zwingt mich nicht. Ich könnte sie leicht hinters Licht führen, so tun als ob, aber ich kann es nicht. Ihr Glaube an mich ist so natürlich. Dominik nimmt ab, verblüfft. Sie haben mich noch nicht vermisst.
»Ich gehe gleich von hier aus nach Plansjee«, sage ich.
»Aber ... Wie ...«
»Sag es ihnen einfach nur.«
»Evelien?« Die Stimme meines Vaters klingt verärgert. *Was ist denn jetzt schon wieder?*
»Mach dir keine Sorgen«, sage ich.
Himmel, wie ironisch.
»Wirst du jetzt verdammt noch mal sagen, was das soll?«
Dreckskerl, denke ich. Weißt du das denn wirklich nicht? Ich habe Lust aufzulegen, aber was bringt das? Er wird es als

Zeichen der Ohnmacht auslegen, nicht als Strich, den ich ziehe, unter ihn, unter das Zuhause. Unter meine Vergangenheit. Ich fange von vorn an.

»Ich komme nicht mehr zurück«, sage ich.

»Das werden wir ja noch sehen. Ich habe deine Spielchen allmählich satt.«

Spielchen.

»Es muss einmal ein Ende haben mit all den Erpressungen.«

»Sag das deiner Tussi. Die hat schon hundertfünfzig Mal verkündet, sie ginge weg.«

»Sie heißt Rita. Benimm dich.«

»Sie ist noch da.«

»Evi, jetzt hör doch mal zu.«

Zitternd wie Espenlaub lege ich den Hörer auf. Wenn er anfängt zu labern …

Ich gehe in die Küche, nehme ein Handtuch und fange an abzutrocknen, zu wütend, um meine Tränen zu verbergen. Jaspers Oma legt mir eine Hand auf den Arm. Ich brauche nichts zu sagen. Aber als ich nach meinem Bad losziehe in Richtung Plansjee und mein Gepäck vorläufig bei ihr lasse, nenne ich sie Omi, wie Jasper es tut. Sie nimmt es an wie eine Blume.

Einen Augenblick befürchte ich, mein Vater könnte auch nach Plansjee gefahren sein, sogar noch vor mir, und strample mir die Seele aus dem Leib. Erst als ich in der Nähe des Tageszentrums bin und die kahle Fassade ohne den Haufen Fahrräder davor sehe, wird mir bewusst, dass heute Samstag ist und morgen Sonntag. Zwei Tage, an denen ich nirgendwo hinkann. Was jetzt?

Nicht nach Hause zurück, so viel ist sicher. Wenn ich bloß wüsste, wo Lukas wohnt, oder Maya … Vielleicht weiß es Jaspers Mutter. Ich könnte auch eine Zeit lang mit den Drillingen spielen. Vielleicht hat sie Neuigkeiten.

56

Ich fahre auf gut Glück. Klingle. Die Frage brennt mir schon auf der Zunge.

Nach einer Ewigkeit macht Katrien die Tür auf, Dries im Schlepptau. Er ist noch im Schlafanzug und hat sein Lätzchen voll gesabbert. Sobald er mich sieht, fängt er an zu kreischen, ein aufgeregtes Äffchen mit einem viel zu großen Kopf. Er streckt die Arme aus, und ich hebe ihn hoch.

»Ich trage ihn rein«, sage ich.

Er wiegt viel, ist auch schon fast neun.

Ich bekomme ein paar nasse, feste Küsse, beim letzten beißt er mir in die Wange.

»Au!«, sage ich. »Du Schlingel!«

Er lacht auf seine eigene, raue Art, die mir am Anfang immer Gänsehaut verursachte. Ich stelle ihn zwischen seinen Holzautos auf dem Teppich ab, und er fängt sofort mit hochrotem Kopf an zu drücken.

»Braucht er eine frische Windel?«, frage ich Katrien.

»Sie sind alle. Meine Mutter ist einkaufen.«

»Und Stijn?«

»Der ist mitgegangen.«

Katrien setzt sich wieder vor den Fernseher. Sie sieht sich einen Zeichentrickfilm an und knabbert dabei an einer Schokowaffel. Das Einwickelpapier, an dem geschmolzene Schokolade klebt, bleibt auf dem Tisch liegen. Da stehen auch ein paar schmutzige Gläser, eine Tasse mit einem Rest Kaffee, ein leerer Joghurtbecher. Man merkt, dass Jasper nicht zu Hause ist. Ich fange an aufzuräumen, aber in der Küche verlässt mich der Mut. Im Spülbecken stapelt sich Geschirr mit Essensresten, der Herd ist voll angebrannter Spaghettisauce. Hier ist es wieder wie im Irrenhaus zugegangen, aber dieses Wort bedeutet hier Zündstoff. Jaspers Vater ist dort. Und Dries ist mongoloid.

Ich drehe den Warmwasserhahn auf, spritze ein paar Tropfen Spülmittel ins Becken und bitte Katrien abzutrocknen.

57

»Muss das sein? Es ist gerade spannend.«

»Du kannst gleich weitergucken. Und es wäre doch eine nette Überraschung für deine Mutter, sie wird sich freuen.« Hätte ich meine bloß noch.

Katrien lächelt ungläubig, kommt aber dann doch, Dries hinter ihr her, halb kriechend, halb rollend. Ich gebe ihm ein Handtuch und ein paar Teelöffel. Er strahlt.

»Siehst du, es macht ihm Spaß.«

»Er ist verrückt, und er stinkt.«

Ich sage lieber nichts mehr. Katrien meint es nicht so, nicht wirklich. Sie schaltet das Radio ein und dreht voll auf, als ein Hit kommt. Sie brüllt den Text in englischem Kauderwelsch mit, ich mache die Bassgitarre wie Dave in Plansjee. Mit einer Pfanne in den Händen und einem Hüftschwung, die Augen zugekniffen, die Saiten in meinem Bauch, die Schwingung. Katriens Hüften, hölzern, eben wie die eines Kindes. Sie will ihre Hüfte gegen meine schwingen wie sie es vielleicht in einem Clip im Fernsehen gesehen hat, aber sie landet irgendwo an meinem Hintern. Dries macht so viel Lärm wie ein fünfteiliges Drumset samt Synthesizer. Er wirft die Löffel in die Luft.

»Frechdachs!«, schimpfe ich mit einem Schaumfinger. Auch Katrien steckt mit den Händen im Schaum. Die Flocken fliegen fröhlich herum.

Dann kommt ihre Mutter herein, vier Supermarkttüten vor dicken Beinen, die Frisur zersaust, strähnig. Stijn folgt mit einem Riesenlutscher, den er ihr wahrscheinlich mit viel Nörgeln abgeluchst hat. Herausfordernd rausgestreckte rote Zunge.

Sie stellt das Radio ab, gibt Katrien eine Ohrfeige.

»Euch kann man keinen Moment den Rücken zudrehen«, sagt sie. »Noch keine fünf Minuten.«

Wegen der paar Tropfen auf dem Fußboden. Ich hätte auch gleich aufgewischt.

Kein Wort über den Abwasch, der so gut wie fertig ist. Zu mir schon gar nichts, noch nicht einmal guten Tag. Es wird sicher meine Schuld sein, so wie sonst die von Jasper. *Du als der Älteste.*

Ich nehme die Windelpackung und Dries mit ins Badezimmer. Als wir wieder nach unten kommen, sitzt Katrien wieder vor dem Fernseher, verschanzt hinter einem Kissen. Sie schmollt. Ich habe es ihr verbockt. Ihre Mutter hat miserable Laune. Stijn klebt mit irgendeinem Spiel am Computer. Ich bin überflüssig. Ob es Neuigkeiten von Jasper gibt, wage ich nicht mehr zu fragen, aber als ich aufbrechen will, sagt Jaspers Mutter es von sich aus: »Nichts. Dieser Junge denkt an niemanden. Ob du hier unruhig herumsitzt oder nicht.«

Sie sagt *du*, aber sie meint *ich*.

Erst als ich draußen stehe und mein Fahrrad aufschließe, wird mir klar, dass ich nicht nach der Telefonnummer von Maya oder Lukas gefragt habe. Ein Gefühl der Verlorenheit überfällt mich. Wenn man nicht mehr zurückkann, aber auch sonst nirgendwohin – schließlich fahre ich zum Einkaufszentrum, aber was soll ich da? Ich habe knapp drei Euro in der Tasche. Und auch wenn Gucken nichts kostet, erregt es doch Neid auf jene, die mehr haben – wie Katrien und Dries vorhin gerne Stijns Lutscher gehabt hätten.

Ich probiere Schals an und teste Parfüms, staune im Schmuckgeschäft. Zwei Euro für ein paar Ohrringe, das ist fast nichts. Ich halte sie mir vor dem Spiegel an die Ohren. Die Verkäuferin lässt mich nicht aus den Augen. Vielleicht hätte ich sie sonst doch geklaut, denke ich. Die Vorstellung schockt mich, so bin ich nicht. Es ist ihre Schuld, dass ich überhaupt daran gedacht habe.

Ich weiß nicht, was ich mit dem Rest der Zeit anfangen soll. Ich könnte zur Frittenbude gehen, zu Margreets Mutter.

Vielleicht weiß sie, wo Lukas oder Maya wohnen. Aber ich habe Angst, dass ihr Bullenbeißer von Mann auch da ist. Es sieht so aus, als wolle sie sich von ihm scheiden lassen, das wird ihn noch aggressiver machen. Wenn ich an den Ex von Rita denke … Mitten in der Nacht hat er vor unserem Haus randaliert. Hat gezetert und getobt, sie sei eine Hure. Er hatte natürlich Recht, aber diese Drohungen … Er rief, dass er sie und meinen Vater umbringen würde, er würde uns alle abknallen. Oder das Haus anzünden, während wir schliefen. Solche Sachen hört man sonst nur in den Nachrichten.

Ich traue mich nicht zu Margreet nach Hause. Wenn ich an all die Stunden denke, die noch folgen, morgen ist Sonntag, das bedeutet noch ein Jahrhundert Unsicherheit. Also gehe ich doch.

Ich bin noch nie zuvor dort gewesen. Jasper schon mehrfach. Bis ihn dieser Schuft rausgeworfen hat und noch am selben Abend Fidos Genick gebrochen hat. Am nächsten Morgen war Margreet weg.

Ich radle ein paarmal vorbei, um die Lage zu peilen. Ihn sehe ich nicht. Vielleicht ist er unterwegs, er ist Lastwagenfahrer. Ob ihre Mutter wirklich so fett und schlampig ist? Es scheint, dass Margreets Vater deswegen an seiner Tochter herumfummelt. Als ob das ein Grund wäre.

Die Frittenbude hat viel Kundschaft, vielleicht, weil sie gerade aufgemacht hat, es ist Viertel nach fünf. Die Frau steht hinter der Theke. Ihre rosafarbene Nylonschürze kenne ich aus Jaspers Erzählungen. Manchmal lacht sie, vielleicht, weil ein Kunde etwas Witziges erzählt, aber meistens steht sie mit dem Rücken zur Straße und frittiert.

Ich drehe um, lehne mein Fahrrad gegen die Hausfassade und schließe es ab. Der Geruch von Fritten verursacht mir sofort wieder dieses wehe Gefühl im Bauch, von dem ich schon

lange nicht mehr weiß, ob es Hunger oder Übelkeit ist. Der
Arzt sagt, das kommt von der Magersucht, aber ich bin doch
auch nicht dünner als hunderttausend andere.

»Schau in den Spiegel«, sagt er. Er zeigt mir Gewichtstabellen
und macht einen Punkt unter die normale Kurve. »Da bist
du.«

So viel wiegen zu müssen, wie er angibt, ist lächerlich. Absto-
ßend.

Margreets Mutter schüttet die Fritten in ein Abtropfsieb. Keine
einzige fällt daneben.

»Möchten Sie Salz drauf?« Sie packt die Fritten geschickt ein
und sticht mit einer Gabel Löcher ins Papier. »Guten Appe-
tit.«

Es sind noch zwei Leute vor mir.

Margreets Mutter hat die Haare getönt, das steht ihr gut. Sie
trägt Make-up. Vielleicht hat sie sich verändert. Jetzt, wo es
nicht mehr nötig ist, denke ich. Jedenfalls nicht für Margreet.

Muss man seine Eltern denn immer erst erschrecken? Aber
mein Vater erschrak noch nicht einmal, er explodierte einfach
heute Morgen am Telefon.

Auf einmal bin ich dran, und ich bringe fast kein Wort heraus.

»Ich bin eine Freundin von Margreet«, stammle ich. »Aus
Plansjee.«

»Evelien …« Einen Moment lang sieht es so aus, als würde sie
anfangen zu weinen, aber sie lächelt. »Weißt du, wo Margreet
ist? Von Jasper vielleicht?«

Ich schüttle den Kopf.

»Es tut mir Leid.«

»Warum ist sie weggelaufen? Sie hätte reden können.«

Ich schweige. Vielleicht hat sie das versucht, genauso oft wie
ich, oder noch öfter.

61

Es kommen Kunden herein, und Margreets Mutter beißt sich auf die Lippen. Ich frage sie, ob sie die Adresse von Maya oder Lukas hat.

»Natürlich, ich schreibe dir beide auf. Es ist doch nichts passiert?«

Ich murmele leise »Nein« und schlage die Augen nieder. Ich bin sicher, dass sie mir nicht glaubt, aber wegen der Kunden im Laden fragt sie nicht weiter. Nur als ich rausgehe, sagt sie: »Pass auf dich auf.«

Während ich mein Fahrrad aufschließe, sehe ich durch das Fenster, wie sie mir nachblickt und dabei ihre Schürze zwischen den Händen wringt. Sie denkt bestimmt an Margreet. Ich erinnere sie an ihre Tochter. Dennoch tut es gut, jemanden zu sehen, der wie eine Mutter ist. Ich meine, jemanden zu haben, dem man nicht egal ist.

Inzwischen habe ich doch Hunger bekommen, aber ich bringe keinen Bissen runter, solange ich nicht weiß, woran ich bin. Von der nächsten Telefonzelle aus rufe ich Maya an. Ich kriege ihren Mann an die Strippe, der sagt, dass sie erst spät nach Hause kommen wird. Nein, er brauche ihr keine Nachricht zu hinterlassen, ich versuche es noch bei Lukas. Aber dort geht niemand ran, nicht einmal der Anrufbeantworter. Eine Viertelstunde später versuche ich es noch einmal vom anderen Ende der Stadt aus, vergeblich. Ich sollte besser wieder zu Omi fahren, fragen, ob ich dort ein Butterbrot bekommen kann. Vielleicht lässt sie mich doch noch bis Montag bleiben. Ich bin so müde.

6

Hier saß Lukas also. Er wollte gerade aufbrechen. Er und Omi standen bereits im Hausflur, aber jetzt machen sie kehrt und gehen in die Küche, wo ihre Kaffeebecher stehen. Ich wurde bleich, als ich ihn sah, ein bisschen schwindelig, obwohl ich doch gerade ihn suchte. Er fährt sich mit der Hand über den Bürstenschnitt. Omi reicht mir eine Tasse Kaffee.

»Hast du schon gegessen?«, fragt sie.

Ohne eine Antwort abzuwarten, schmiert sie mir ein Butterbrot mit Käse und etwas Selleriesalz. »Das macht dich wieder munter. Iss nur auf.«

Lukas wartet, bis ich fertig bin. Ich erzähle, er hört mir zu, ohne mich zu unterbrechen.

»Ich will nicht zurück«, sage ich. »Wenn ihr mich zwingt, bringe ich mich um.« Ich habe angefangen zu weinen, auch wenn ich das nicht wollte.

Er runzelt die Stirn. »Keine Erpressungsversuche«, sagte er verärgert.

»Ich meine es ernst. Wenn ich ...«

»Wir werden eine Lösung suchen.«

Mein Vater hat ihn gleich nach meinem Anruf heute Morgen benachrichtigt. Lukas' Meinung nach war er zutiefst beunruhigt. Darüber muss ich lachen. Er hat doch jetzt, was er wollte. Rita drinnen, ich draußen.

»Glaubst du das wirklich?«, fragt Lukas.

Als würde man so was zum Vergnügen sagen. Ich zucke mit den Schultern, aber damit wimmelt man ihn nicht ab.

»Ich halte es nicht mehr aus«, sage ich. »So kann man nicht leben.«

»Und du hast zu dieser Situation wirklich nichts beigetragen?«

Ich bäume mich auf. Es ist wieder meine Schuld. Ich hätte es wissen können. Erwachsene halten doch immer zusammen.

»Es war gut, bis sie kam«, sage ich. »Dann veränderte sich alles, unser ganzes Leben. Auf einmal war nichts mehr okay, noch nicht einmal der Platz, wo der Salzstreuer stand. Und weißt du, was mein Vater ist? Ein Hanswurst. Er lässt sie machen, schlimmer noch, er macht mit. Er hat sich doch am meisten verändert. Mama würde ihn nicht wiedererkennen.«

Ich kämpfe gegen die Tränen. Lukas soll sie nicht sehen.

»Ich verstehe, dass du damit Probleme hast«, sagt er.

Ich schweige, Honig ums Maul, was kann man sich dafür kaufen? Davon wird einem nur schlecht.

Omi schweigt ebenfalls. Ihr Blick ist weit weg. Was denkt sie? Im Wohnzimmer klingelt das Telefon. Sie nimmt ab und ruft uns. Es ist mein Vater.

»Geh du dran«, sage ich zu Lukas.

»Ihr werdet früher oder später doch miteinander reden müssen.«

Er macht mir Zeichen, dass ich kommen soll, und übernimmt den Hörer.

»Ja, sie ist hier«, sagt er.

Ich drücke den Lautsprecherknopf, sodass ich mithören kann, was mein Vater sagt.

»Ich hole sie ab.«

»Ich bezweifle, dass das im Augenblick eine gute Idee ist.«

»Ich bin ihr Vater, sie gehört nach Hause.«

»Ich verstehe Ihren Standpunkt, aber ...«

Ich nehme Lukas den Hörer aus der Hand, bevor er weiterreden kann.

»Versuch es nicht«, drohe ich. »Lieber sterbe ich und gehe zu Mama.«

Ich höre seinen Atem stocken, und dann fängt er an zu weinen, verhalten. Im Hintergrund murmelt Rita etwas, worauf er mit »Nein« antwortet. »Nein, nein …« Ich hasse mich. Aber es ist seine eigene Schuld, seine eigene, große, dumme Schuld.

Ich zerquetsche fast den Hörer, will, dass er mich drängt, dann würde ich vielleicht … Wenn er jetzt sagen würde, dass er mich vermisst, dass er sterben würde, wenn ich … Er atmet, manchmal schluchzt er. Ich warte, umklammere den Hörer und warte. Ein Klick. Er hat aufgelegt.

Dieser Schuft. Dieser dreckige Schuft. Er kapiert überhaupt nichts.

»Evelien …«

Omis Stimme schwankt. Ich schüttle ihre Hand von meinem Arm. Tu's nicht, denke ich, oder ich muss kotzen. Tu's nicht, oder ich trete.

»Evelien …«

»Lass mich los! Lass mich verdammt noch mal los!« Ich habe keine Haut mehr, zittere ich deswegen so?

Lukas umklammert mich wie ein Bär. Je härter ich kämpfe, um mich zu befreien, desto fester wird der Griff seiner Arme. Bis ich erschöpft Fäuste und Kopf an seine Brust lehne und weine, weine. Genau das habe ich von meinem Vater gewollt. Dass er mich zurückhält. Ich will nicht weglaufen, aber jetzt muss ich wohl, ich kann nicht mehr zurück.

Omi hat meine Hand genommen und mich wie eine Blinde durch den Hausflur, die Treppe hinauf und ins Schlafzimmer geführt. Sie sagte nichts, aber sie wusch mein Gesicht mit lauwarmem Wasser und zog mich anschließend wie ein kleines Kind aus und steckte mich in einen Schlafanzug. Danach drückte sie mich sanft aufs Bett und deckte mich sorgfältig zu. Alles langsam und aufmerksam, voller Zärtlichkeit. Sie strich

mir das Haar aus der Stirn. Ihre Finger waren kühl. Sie ließ
den Rollladen nicht ganz herunter, damit mich das weiche
Dämmerlicht wiegen konnte, es aber nicht so dunkel war,
dass ich Angst bekam. Die Tür blieb einen Spaltbreit offen, damit ich im Notfall rufen konnte. Danach ging sie wieder nach
unten, auf Zehenspitzen, obwohl ich noch gar nicht schlief.
Kurz darauf brach Lukas auf. Die Haustür hörte ich kaum,
wohl aber den Schlüsselbund, den Riegel. Die Nacht konnte
kommen.

Jetzt ist es Sonntagmorgen, und sie liegt in einem weißen
Flanellnachthemd neben mir. Das dünne Haar in grauen
Locken, die Falten auf Hals und Gesicht wie das Relief eines
Lebens voller Freude und Kummer. Sie schläft, die Lippen
leicht geöffnet. Ich halte meine Hand vor ihren Mund, um
ihren Atem zu spüren.
Meine eigenen Großeltern sehe ich nur noch ab und zu. Die
Eltern von Mama wohnen am Meer, in der Nähe der französischen Grenze. Sie leben sehr zurückgezogen, nach dem Unglück noch mehr. Vor allem Oma ist verbittert. Alles, was sie
sagt, schmeckt nach sauren Trauben. Wir gehen nur an Feier-
tagen zu ihnen, ohne Rita. Ich denke, dass mein Vater sich
schämt und Angst vor ihnen hat, Angst, den Kummer wieder
zu schüren.
Sein eigener Vater ist gestorben, als ich noch klein war, ich erinnere mich kaum an ihn. Seine Mutter, die in der Nähe von
Brüssel wohnt, ist Malerin. Sie findet ihn spießig. Wenn wir sie
besuchen, fängt sie Streit mit ihm an und sagt, dass er nicht
lebt.
Ich habe Omi heute Nacht nicht ins Bett kommen hören. Ich
habe geschlafen wie ein Baby. Es ist fünf nach neun. Durch die
Schlitze des Rollladens sickert Morgenlicht herein und malt
Sonnenflecken. Einen Augenblick lang wusste ich nicht, wo

ich war, aber jetzt ist es mir wieder klar, auch wenn mein Kopf noch taub ist vom Weinen und meine Augen brennen.

Omi dreht sich auf die Seite, kehrt mir den Rücken zu. Ich lege mich wie ein Pflaster gegen sie, um mich für den Ärger von gestern zu entschuldigen und dafür, dass ich ihren Arm weggeschubst habe. Nach einer Weile merke ich, dass sie leise weint, auch wenn sie sich alle Mühe gibt, es zu verbergen. Ich warte ein wenig, dann sage ich: »Wenn Jasper zurück ist, wird alles gut.«

»Ja.«

»Für alle.«

»Er hat es nicht leicht.«

Ich streichle kurz über ihre Hand.

»Bleib noch ein bisschen liegen«, sage ich. »Heute kümmere ich mich um den Kaffee.«

Ich stehe auf und ziehe mich an. Beim Bäcker hole ich Brötchen und für Omi ein Stück Hefekuchen mit Rosinen. Wieder zu Hause setze ich Kaffee auf und presse Orangen aus. Ich gieße den Saft in ein Glas mit einem Strohhalm, wie Mama es früher immer tat. Ich lege auch ein Deckchen auf den Tisch, finde es schade, dass ich nicht an Blumen gedacht habe, aber ein Teelicht in einem Glastöpfchen sorgt auch für ein bisschen Atmosphäre. Danach habe ich nichts mehr zu tun und laufe ein wenig verloren herum. Gerade als ich das Radio anschalten will, kommt Omi in die Küche, angezogen und nach Seife duftend. Sie lächelt, und wir frühstücken, ich esse wieder ein ganzes Brötchen, nur um sie loben zu hören, das sei tüchtig von mir. Danach machen wir den Abwasch. Erst jetzt sagt sie, dass Lukas auf meinen Anruf wartet. Sie lässt mich zum Telefonieren allein.

Ich bebe, als ich seine Nummer eintippe, meine Stimme zittert.

»Hast du gut geschlafen?«, fragt er.

»Ja, danke, ganz gut.«

»Wir müssen reden, Evi. Du, dein Vater und ich.«

»Ich will nicht zurück.«

»Darüber müssen wir reden.«

Er erwartet mich um elf Uhr in *De Blauwe Schuit*. Der Blaue Kahn, bei diesem Namen muss ich an den Schiffer denken. Ich finde es verrückt, dass die Leute Namen erfinden, die nicht zu den Dingen passen.

Ich bin zu früh und entscheide mich für einen Tisch nahe am Fenster. Wenn ich mich schon gefangen fühle, kann ich wenigstens hinausschauen. Auch die Tür habe ich im Blick. Die Bedienung kommt, und ich bestelle eine Cola light, die ich sofort bezahle, bevor mein Vater es später tut. Ich will ihm nicht aus der Hand fressen. Während ich warte, lausche ich der elektronischen Musik im Radio. Sie beruhigt mich. Der Moderator sagt, das sei Musik von *Vangelis* gewesen, und ich nehme mir vor, beim nächsten Besuch im Musikladen nach einer CD von ihm zu suchen.

Ich hoffe, dass Lukas als Erster kommt und nicht mein Vater, aber sie treten gemeinsam ein. Ich spüre, wie ich mich verspanne, und weiche meinem Vater aus, der mir einen Kuss geben will. Du Verräter, denke ich. Wenn ich mit ihm allein wäre, würde ich es ihm ins Gesicht sagen. Er setzt sich an meine rechte Seite, Lukas nimmt mir gegenüber Platz. Sie bestellen beide ein Westmalle-Bier vom Fass. Mein Vater spielt mit einem Untersetzer herum. Er hat tiefe Ringe unter den Augen. Ich muss hart bleiben und strecke mein Kinn vor.

»Und, habt ihr Zeit genug gehabt, alles zu regeln?«, provoziere ich die beiden.

Lukas bleibt sachlich. Ich hatte es nicht anders erwartet. Mein Vater schweigt. Er lässt Lukas die Arbeit machen.

»Wir haben dir einen Vorschlag zu machen.«

»Reizend, so hinter meinem Rücken.«

»Das sind nun mal die Rechte von Vätern.«

Mir liegt eine Bemerkung über Pflichten auf der Zunge, schlucke sie aber herunter. Was hilft es schon? Statt zu antworten, starre ich nach draußen. Ein Mann auf einem Liegefahrrad fährt vorbei, er trägt einen knallgelben Schal. Ich sehe zwei Frauen, Witwen vielleicht, trotz der Frühlingssonne noch immer in Pelzmänteln; wahrscheinlich kommen sie gerade aus der Messe. Jetzt betreten sie das Café, und der Kellner bringt ihnen ohne Aufforderung zwei Gläser Portwein, die Gläser kenne ich von der Hotelschule.

»Hörst du noch zu?«, fragt Lukas.

»Wenn ich selbst auch noch etwas zu sagen habe.«

Er ignoriert meinen aggressiven Ton und lässt mir die Wahl: »Entweder gehst du in ein Heim, oder in eine betreute Wohngemeinschaft. Das ist so ähnlich wie ein Studentenzimmer. Du erledigst deinen Kram selbst, Einkaufen, Waschen, Bügeln, aber mit dem Unterschied, dass dich jemand vom Dienst begleitet, wo es nötig ist, zum Beispiel bei der Verwaltung deines Budgets.«

»Du wirst mich also kontrollieren.«

»... und dass eine Gastfamilie in der Nähe ist für die schwierigen Momente.«

»Ich brauche niemanden.« Jedenfalls keine Fremden.

»Das bestimmst du. Was also, Evi, Wohngemeinschaft oder Heim?«

»Keine Anstalt.«

»Du kannst auch nach Hause kommen.« Zum ersten Mal in diesem Gespräch macht mein Vater den Mund auf.

Aber ich höre nicht hin.

7

Bis alles geregelt ist, muss ich nach Hause zurück. Ein gemeiner Trick. Begreifen sie denn nicht, dass das die Hölle ist? Mein Vater spricht nicht mehr mit mir. Er macht ein Gesicht, als wäre ich die Verräterin, schuld an allem. Als täte ich ihm das an, als hätte ich ihm das Messer in den Rücken gestoßen. Nach dem Warum fragt er kein einziges Mal. Als ob es mir nicht wehtäte, genau wie ihm. Aber ich gehe ins Exil. So fühlt es sich an. Er tut, als hätte ich eine Wahl, aber das ist nicht so. Es sei denn, Bleiben oder Selbstmord wäre eine, aber wenn ich das sage, bin ich eine Erpresserin. Dass ich verzweifelt bin, hört niemand.

Und dann Rita ... Sie ist so scheinheilig. Wenn sie allein ist, triumphiert sie, dass ich weggehe, aber nach außen heuchelt sie.

»Du bringst deinen Vater um«, sagte sie gestern, Hand auf dem Herzen. »Das hätte deine Mutter erleben müssen.«

Sie hatte Glück, dass ich bis hundert gezählt habe und kein Küchenmesser zur Hand war. Aber die Worte nagen weiter an mir.

Zum Glück geht manchmal alles auch ganz schnell, jetzt habe ich so viele Dinge am Hals, dass ich nur noch zum Schlafen heimkomme. Ich muss meine Sachen packen, Besorgungen machen, hier und dort zu einem Gespräch ... Meistens sage ich nur Ja oder Nein, je nachdem, was sie von mir erwarten. Wenn sie mich bloß in Ruhe ließen. Sie machen mich verrückt mit all ihren Worten. *Mach dies. Tu jenes. Denk daran. Du musst. Pass auf. Vergiss nicht.*

Manchmal tue ich nichts von alledem, was sie verlangen. Dann lege ich mich mit einem Buch an die Gracht. Ich lese. Ich schaue zu den Wolken hinauf. Ich vertreibe mit der Hand ein Insekt. Vögel fliegen mit Zweigen im Schnabel hin und her.

Wie ich mit Plastikdosen für den Kühlschrank, Handtüchern, Toilettenpapierpackungen. Aber ob ich auch wirklich dabei bin, ein Nest zu bauen? Nein, so fühlt es sich nicht an.

Noch drei Tage, und die Osterferien sind vorbei. Jasper hat nichts von sich hören lassen. Der Gedanke bringt mich fast zum Heulen. Aber vielleicht hat er doch angerufen. Bestimmt. Und diese blöde Schnalle von Rita hat es mir verschwiegen. Ich weiß, dass ich mich selbst betrüge. In Plansjee haben sie auch nichts von ihm gehört. Auch bei ihm zu Hause nicht. Ich tanze auf einem Seil zwischen Angst und Hass. Ich stelle mir vor: Er hatte einen Unfall, liegt irgendwo tot in einem Graben. Eine Minute später erscheint er mir dann wieder als egoistischer Scheißkerl, der irgendwo in einem Wald mit Margreet herumtollt. Ich will ihn strafen, also stecke ich mir seit einiger Zeit nach dem Essen wieder den Finger in den Hals, um zu kotzen. Ich bin stolz auf mich. Mein Körper ist hart. Das darf ich nicht vergessen. Ich muss weitermachen, bis er nichts mehr spürt, keinen Hunger, keinen Schmerz. So ist es gut.

WG. Wohngemeinschaft. Dave und Chuck sind total neidisch. Frei sein, der helle Wahn! Aber wenn sie meinen, dort könne man machen, was man will, kann ich sie schnell ernüchtern. Ich darf auch dort nur ein einziges Mal in der Woche weggehen, aber nur unter der Bedingung, dass ich um zehn Uhr abends wieder zurück bin, auch sonntags. Samstags darf es ein Uhr werden, aber das war's dann. Nein, was das Weggehen betrifft, habe ich weniger Freiheiten als zu Hause, wo Rita mich lieber gehen sieht als bleiben, außer wenn sie mich für irgendeine Arbeit einspannen will. Waschen, bügeln, putzen ... Das muss ich bald im *Klinker* auch tun, so ist das nicht, aber dort mache ich die Arbeit für mich. Es wird schon klappen. Mein Zimmer ist nur so groß wie ein Hamsterkäfig.

71

Und die Duschen, die Küche und den Platz auf dem Speicher teilen wir uns zu viert.

Zu kochen brauche ich nicht. Patsy, meine Betreuerin will, dass ich in der Schule esse, wegen der Magersucht. Maya oder Lukas haben sie wohl informiert. Meine Akte folgt mir wie ein Schatten. Aber dass ich nicht zu kochen brauche, stört mich nicht. Das ist bequem und außerdem preiswert. Ich bekomme nur vierzig Euro im Monat, damit kommt man wirklich nicht weit. Davon muss ich den Waschsalon bezahlen, eine Telefonkarte, Kino. Ich bin froh, dass sie das Geld in zwei Raten auszahlen und dass ich daneben noch meinen Job im Quick habe. Zum Arbeiten darf ich auch abends raus, wenn meine Schularbeiten nicht darunter leiden. Das finde ich ziemlich bescheuert von dieser Patsy.

»Schularbeiten können nicht leiden«, sage ich zu ihr. »Ich schon.«

Dave kann darüber lachen, als ich es in Plansjee erzähle. Ciel nicht, die gießt noch mehr Öl ins Feuer.

»Himmel«, sagt sie. »Du bist wirklich bedauernswert. Glaubst du im Ernst, dass sie sich vor deine Tür legen werden, damit du nicht rein- und rauskommst? Du läufst doch sowieso weg, wenn du willst.«

Ich gebe einfach keine Antwort mehr. Wahrscheinlich ist sie zu blöd, um es zu kapieren. Was grüble ich über Freiheit nach? Ich laufe nicht weg, weil ich zu Hause hinter Gittern sitze und mich nach einer Brise frischer Luft sehne. Ich laufe weg, weil es kein Zuhause gibt.

Ciel ist eine dumme Ziege, aber was soll's. In Plansjee gibt es ja auch andere. Jetzt muss ich dort noch früher weg als Jasper. Ich habe kaum Zeit, darüber nachzudenken, aber nachts liege ich deswegen wach. Noch mehr Abschiede. Muss ich denn alle verlieren?

Gestern rief Oma an, Mamas Mutter. Sie nahm sich noch nicht einmal die Zeit zu fragen, wie es mir geht. Sofort ergoss sich eine Sturzflut von Vorwürfen über mich. Oma ist mein Vormund. Das *Komitee für Besondere Jugendpflege* hatte sie über meinen Umzug in Kenntnis gesetzt. *Warum konntest du nicht selbst anrufen? Das war ein Schlag ins Gesicht. Du hättest bei uns wohnen können. Nein, du musstest ja unbedingt bei Fremden anklopfen! Mit dem Kindergeld könnten wir dir ...*

Ich wollte gar nicht wissen, was sie damit könnten. Als Mama starb, haben sie sofort angefangen, um ihr Geld und ihren Schmuck zu streiten. Ich habe aufgelegt. Und auch wenn ich schon seit Jahren nicht mehr das Gefühl habe, dort am Meer Großeltern zu haben, heute habe ich sie endgültig verloren.

Verheult komme ich in Plansjee an, was von den Abschiedsküssen dort nicht besser wird. Auf ein Stück Tapete haben alle etwas für oder über mich geschrieben oder gezeichnet. Chuck hat sich ein Bilderrätsel ausgedacht: »Es war einmal ein hässliches Entlein, aus dem wurde ein Schwan ...« Von Tim gibt es ein Foto mit einem Leuchtturm am Strand. »So eine Freundin bist du auch«, hatte er darunter geschrieben. Kari hat ein Porträt von mir gezeichnet. Mein Mund ist ein rotes Herz. Nur Dominik hat es sich leicht gemacht. Er hat ein Urlaubsfoto vom letzten Sommer in den Ardennen aufgeklebt, wo ich mich nach langem Zureden traue, einer Kuh über das Maul zu streicheln. Ich glaube nicht, dass er damit sagen will, dass ich mutig bin, aber ich bedanke mich bei ihm, genau wie bei den anderen. Tinne hat eine Bananentorte gebacken. Ich will meine Dankbarkeit zeigen, würge aber an einem kleinen Stück. Ich spüle es mit Unmengen von Wasser runter.

Mit den Leuten vom *Klinker* heißt es Abwarten. Ich bin ihnen schon ein paarmal kurz auf der Treppe begegnet. Aber um der Wahrheit die Ehre zu geben, meistens war ich diejenige, die es eilig hatte. Oder ich hatte keine Lust auf noch mehr Gespräche.

Ich will jetzt erst einfach ein bisschen Zeit für mich. Vic und Else – das sind unsere Gasteltern – wohnen in einem Haus gegenüber dem Wohnheim. Auf den ersten Blick sind sie ganz nett, aber das war Rita auch.

»Du träumst.« Chuck schnippt mit den Fingern vor meinen Augen.

Ich erschrecke und lache ein bisschen dämlich.

»Zehn Cent, wenn du mir verrätst, was du denkst«, bohrt Dave.

»Pfui. Ich bin nicht käuflich.«

»Wer das wissen will, sollte eher noch Geld dazubekommen.«

»Sagte mein liebenswürdiger Stiefbruder«, antwortete ich und grinse.

Ich werde belohnt, die anderen geben Dominik auch eins drauf. Und sie sagen, dass ich mich verändert habe; dass ich nicht nur dünner geworden bin, sondern auch von innen anders.

»Verdammt«, sagt Chuck. »Jetzt, wo ich gerade anfange, dich zu mögen, gehst du weg.«

Und dann versprechen wir uns die üblichen Sachen. »Wir telefonieren noch. Ich komme ab und zu vorbei ...« Vielleicht tun wir das auch, ein-, zwei-, höchstens dreimal. Danach läuft es sich tot. Aber vergessen werde ich die anderen nicht. Plansjee ist ein Einschnitt in meinem Leben, genau wie der Tod von Mama. Ein Einschnitt mit einem »Davor« und »Danach«, wo alles anders ist, wo ich anders bin. Nein, denke ich dann. Nicht Plansjee ist der Einschnitt. Es ist Jasper. Es ist die Liebe. Ich bin kein Kind mehr.

Plötzlich will ich, dass es vorangeht, andererseits will ich die Letzte sein, die die Tür zuzieht. Ich fange an abzuräumen. Tim hilft mir. Zum letzten Mal. Ich denke mir alle weg, will noch einen Augenblick mit dem Haus allein sein. Eine letzte Umarmung von Dave und Chuck.

74

»Lasst mich wissen, wenn ihr einen Auftritt habt«, sage ich zu Dave.

»Ich schicke Freikarten.«

»Und ich habe noch einen Setzling für dich, für die neue Wohnung«, sagt Chuck. »Viel Licht, nicht zu viel direkte Sonne, mäßig Wasser.«

Von Tim bekomme ich einen festen Händedruck. Peewee winkt kurz und rennt fast den Schirmständer über den Haufen. Kari klammert sich schluchzend an mich.

»Ich wünschte, Ciel ginge weg und nicht du«, sagt sie.

Ich schaue mich um.

»Ciel ist weg.«

»Sie ist eine dumme Kuh«, sagt Kari heftig.

»*So what?*

»Ja, *so what.*«

Sie lacht wieder.

»Lass dir nicht zu viel gefallen«, sage ich noch. »Auch nicht von dem grünen Burschen da hinten« – mit einem Zwinkern Richtung Chuck. »Wenn der dich noch einmal Reiskackerin nennt …«

»Grüner Bursche«, ahmt sie mich nach. Dann spurtet sie los, um ihren Bus zu kriegen, den sie heute wahrscheinlich verpassen wird. Ich laufe noch einmal durch das Haus. Durch alle Arbeits- und Studierzimmer. Durch die Küche und über die Veranda, das Durchgangszimmer, das Zimmer der ›Betreuer‹ und der heiligen Gruppengespräche. Ich denke an alles, was ich hier erlebt habe, und werfe einen letzten Blick auf die Zeichnungen an der Wand. Eine einzige davon stammt von Margreet: unsere Clique. Kometenartig auseinander gesprengt, jeder auf seiner eigenen Milchstraße oder in seinem eigenen schwarzen Loch. Ich tippe auf Ersteres. Ich habe mir vorgenommen, das Beste daraus zu machen. Ich nehme meine Collage, Chucks Pflänzchen und die Ostereier, die ich Jaspers

Drillingsgeschwistern mitbringen will. Dann stehe ich, plötzlich ein bisschen unbehaglich, Maya und Lukas gegenüber. Von Tinne habe ich bereits in der Küche Abschied genommen, sie hat mir ins Ohr geflüstert, dass sie schwanger ist. Ich bin die Erste, die es erfährt, na ja, natürlich die Erste hier in Plansjee. Maya umarmt mich, vorsichtig, weil ich so bepackt bin.

»Aber keine Predigt mehr, oder?« Sie lacht. »Evelien, lass es dir gut gehen. Du schaffst das schon.«

»Idem dito«, sagt Lukas. »Ich zähle auf dich.«

»Wenn ihr etwas von Jasper hört ...«

»Du weißt, wo er wohnt«, sagt Maya.

Und Lukas, nebenbei: »Warten tut man auf die Straßenbahn.«

Ich beschließe, gleich bei Jasper vorbeizugehen, bevor Dominik die Ostereier klaut. Vielleicht gibt es Neuigkeiten. Auf jeden Fall muss ich seiner Mutter meine neue Adresse geben.

Ich lege einen Zahn zu. Die Sonne geht allmählich unter, und es kühlt schnell ab. Die Collage unter meinem Arm knattert im Wind. Die frische Luft lässt meine Augen tränen. Meine Wimperntusche ist dahin, aber ach, Jasper wird sowieso noch nicht zu Hause sein. Außerdem liebt er Margreet, das darf ich nicht vergessen. Ich bin bloß seine kleine Schwester und auch das nur im Spiel. Warum ruft er mich nicht an?

Gerade als ich so weit bin, dass ich ihn mal zum Fressen gern habe, ertönt eine Fahrradklingel. Ist er das? Wirklich? Mit Haut und Haar und einem Bart, der neu ist in seinem Gesicht, so neu, dass ich ihn fast nicht erkenne.

»Evi! Evi, warte!«

Seine Stimme, die meinen Namen nennt, und die kann ich aus tausendmal tausend anderen Stimmen heraushören.

Er keucht. Sein Gesicht ist rot vom Spurt und darunter braun. Braun durch Sonnenbäder mit Margreet. Seine Augen, oh, seine Augen. Ich schließe meine vor zu großer Freude, zu großer Hoffnung, zu viel Angst.

»Evi! Jetzt warte doch, Evi!«

Er streicht mit seinem Handrücken über meine Wange. Ich habe gar nicht gemerkt, dass ich weine. Es ist bloß der Wind, nur der Wind.

Er fasst mich am Ellbogen, und ich lasse mich führen, irgendwo etwas trinken, ja, etwas Warmes, Kaffee ist in Ordnung, Himmel, was zittere ich.

Alles anschauen, nur ihn nicht, auch wenn ich das am liebsten möchte. Ich muss erst zu mir selbst zurückfinden.

Ich bin hier noch nie gewesen, obwohl es nicht weit von Plansjee weg ist. Eine bizarre Kneipe. Eine Art Welttheatercafé: Die *Arche Noah*. Plakate an der Wand von schwarzen Musikern. Balinesische Bauchtänzerinnen. Ungarische Roma. Heute Abend tritt eine jiddische Gruppe mit traditioneller Hochzeitsmusik auf. Das Radio im Hintergrund wird von Stimmengewirr übertönt. Es scheint, als würden nur wir schweigen. Margreets Name ist immer noch nicht gefallen. Es wurde noch fast nichts gesagt.

»Du siehst gut aus. Bist du schon lange wieder da?«

»Seit heute Mittag. Und du?«

»Müde. Zu viel um … Erzähl du zuerst.«

Ein Mann mit knallgelben Schuhen, die mich einen Augenblick zusammenzucken lassen, bringt unseren Kaffee. Jasper bezahlt gleich. Ich kann den Blick nicht von ihm wenden, aber ansehen kann ich ihn genauso wenig. Er spielt mit einem Bierdeckel, knickt ihn in zwei Hälften, in vier, nimmt einen anderen, faltet wieder. Ich nehme ihm die Scheibe weg.

»Sei doch nicht so nervös«, sage ich.

Aber ich wollte nur seine Finger berühren, ganz kurz nur, eine zärtliche Entschuldigung.

»Ich habe sie gefunden«, sagt er. »In Santa Lucia del Mar. Das ist ein kleines Fischernest kurz hinter der spanischen Grenze.«

Und wenn es auf dem Mond wäre. Aber sie. Sie und er zusammen. Wie …

Ich nippe an meinem Kaffee, dann habe ich einen Grund zum Schlucken.

»Wie ging es ihr?«

»Gut. Sie wohnt bei Teresa, einer schwangeren Frau, die ihr das Töpfern beibringt.«

Ich hatte meine Periode auch schon lange nicht mehr. Margreet bei einer Frau. Das wirkt so merkwürdig. Jasper faltet wieder Bierdeckel.

»Ist sie verliebt?«, frage ich.

»In Teresa?«

»Ja.«

Ich sehe, dass auch er Angst davor hat. Oder hatte. Er schüttelt den Kopf, glaubt es nicht.

»Und diese Teresa?«

Er seufzt, reibt sich die Augen.

»Sie wird nichts tun, was Margreet nicht will. Ich weiß es nicht, Evi. Sie haben beide schlechte Erfahrungen mit Männern gemacht. Vielleicht ist es einfach eine risikolose Zärtlichkeit, die ihr Vertrauen heilt, bis sie wieder lieben können …«

»Sie kommt also zurück.«

»Eines Tages.«

Ich weiß nicht, was ich sonst noch sagen oder fragen soll. Wie es mir geht? Ist das noch wichtig? Doch, sicher, erzähl.

»Wir können doch Freunde bleiben«, sagt er, als ich fertig bin.

»Versuchen können wir es, Jasper, aber es würde zu wehtun, immer, wenn ich dich sehe. Vielleicht später, wenn ich dich nicht mehr so sehr vermisse.«

»Das ist schade, Evi.«

»Dein Kaffee …«

»Er ist zu bitter und inzwischen kalt.«

Er trägt meine Sachen bis zu unseren Rädern. Dort gebe ich ihm die Schokoladeneier für die Drillinge. Soll ich ihm die Adresse vom *Klinker* geben? Ich schwanke. Ich würde so gern, aber der Schmerz, wenn er doch nicht … Ich gebe ihm die Adresse nicht, und er fragt nicht mehr danach.

Er zögert und streicht sich über den Bart, der noch ein bisschen merkwürdig aussieht in seinem Gesicht.

»Ich soll dir das von Margreet geben«, sagt er schließlich. »Ich solle es für dich öffnen und in ihrem Namen …« Er zieht einen Seidenschal aus dem Päckchen und legt ihn mir um den Hals. »Sie hat ihn selbst gebatikt. Weiß und azurblau. Für Schnee und Sommer, sagte sie, Meer und Möwe. Flieg, Evi … Sei ein bisschen froh …«

Fliegen ohne Horizont? Aber ich lächle und bewahre den Luftzug seiner Finger für immer an meiner Wange.

8

»Bleibst du heute zu Hause?«, fragt mein Vater. »Es ist dein letzter Abend hier.«

Ich weiß nicht, warum er das will. Wenn er doch nur Streit anfangen will.

Er sitzt in seinem Sessel, in der einen Hand die Fernbedienung, in der anderen das zweite Glas Bier. Rita sitzt neben ihm und löst das Kreuzworträtsel in der Fernsehzeitschrift. Dominik verschlingt den Inhalt einer Chipstüte.

Morgen, Sonntag, ziehe ich endgültig um. Die meisten Sachen aus meinem Zimmer sind jetzt dort. Meine Winterkleidung lasse ich hier. Es muss einfach Sommer werden, es scheint ewig her. Manchmal habe ich Angst, dass es mir nie mehr warm wird. Ich stehe auf, um Wasser für Tee aufzusetzen.

»Bekommt Rita keine Tasse?«, fragt mein Vater.

»Woher soll ich das wissen? Wenn sie nichts sagt.«

»Ich brauche nichts. Jedenfalls keinen Tee.«

Gut, wo ist dann das Problem? Alles andere hat sie.

Ich setzte mich wieder hin und versuche, den Mörder des alten Mister Thompson zu finden, aber mein Vater zappt Inspektor Columbo weg, jetzt rennen Fußballer über den Bildschirm.

»Ich finde es nicht gerecht«, fängt mein Vater wieder an.

Was soll ich dazu sagen? Noch mal das gesamte Repertoire von A bis Z? Er sieht mich nicht mal an und tauscht die Fußballer gegen eine Talkshow, in der ein Politiker an den Lügendetektor muss.

»Und dein Schweigen«, sagt mein Vater, »das habe ich auch satt.«

»Was soll ich denn sagen? Du hörst ja nicht zu. Du willst bloß Recht haben.«

»Unsinn.«

»Siehst du!«

»Gibt es etwas, das ich nicht für dich getan habe? Für dich und Mama? Ihr seid immer alles gewesen in meinem Leben. Was sage ich? Ihr wart mein Leben. Alles weg, auf einen Schlag. Nichts bleibt mir. Das habe ich nicht verdient.«

»Und ich? Habe ich etwa nicht alles verloren?«

»Weil du es selbst kaputtmachst, Evelien. Rita, gib mir noch eins ...«

Er hebt das leere Glas. Sie steht auf, streckt demonstrativ ihren Rücken. In der Küche höre ich, dass sie sich schnäuzt. Vielleicht weint sie ja wirklich, aber das ist mir egal. Wer denkt an mich?

80

Sie reicht ihm sein Glas und setzt sich neben Dominik, der ihr die Chipstüte hinhält. Sie schüttelt den Kopf, steht dann wieder auf, um sich doch noch eine Tasse Tee aufzugießen. Mein Vater seufzt und trinkt, leckt sich den Schaum von den Lippen. Dominik grapscht inzwischen die Fernbedienung vom Wohnzimmertisch und zappt zurück zu Columbo.

»Verdammt noch mal«, explodiert mein Vater erneut. »Mit deinen fettigen Chipsfingern!«

»Das ist nicht so schlimm wie ein fettiges Maul!« Dominik springt auf und pfeffert die Fernbedienung neben sich auf den Sessel und stiefelt zur Tür. »Das Gequatsche hier, das steht mir bis hier! Oder glaubst du, es ist angenehm für meine Mutter, immer und ewig wieder diese Vergangenheit? Sie lebt doch hier, Mann!«

»Dominik!« Warnung aus der Küche »Nein, Mama, jetzt bist du auch mal still. Er muss sich einfach mal entscheiden. Ob er mit dir, mit uns lebt oder …«

»Dominik, das reicht.«

Sie steht in der Tür und weint in ihre Hände. Als mein Vater aufspringt und sie trösten will, schiebt sie ihn zur Seite.

»Vielleicht hat Dominik ja Recht, Papa«, sage ich, »und es wird Zeit, dass du dich entscheidest.«

Jetzt habe ich den schwarzen Peter.

»In dein Zimmer!«, schnaubt er.

Fast muss ich lachen.

»Überleg dir doch mal was anderes. Das ist so einfach.«

Er setzt sich wieder in seinen Sessel, die Hände vorm Gesicht. Rita kriecht zu ihm, streichelt seinen Rücken. Schlecht wird mir davon.

»Ich bin froh, dass ich dir begegnet bin«, sagt mein Vater zu ihr. »Das meine ich wirklich.«

»Ja.«

»Warum ist es so schwierig?«

»Das kommt schon in Ordnung. Gib ihnen ein bisschen Zeit.«

Ihnen, das sind wir, Dominik und ich.

Mein Vater ist so ein Schisser. Er klammert sich an Rita, als wäre sie die letzte Frau auf der Welt. Natürlich war er einsam, ich auch, aber das heißt doch nicht ... Angenommen, Chuck will mit mir gehen oder Peewee ... Nur über meine Leiche. Jasper oder keiner.

Ich habe schlecht geschlafen, aber offensichtlich war ich nicht die Einzige. Am Frühstückstisch heißt das Spiel wieder: »Bild ohne Ton.« Von mir aus, bitte. Jetzt sind alle weg. Papa und Rita zu einem Gartencenter, Geranien für die Töpfe auf der Terrasse holen. Maya hatte es gestern auch schon in den Fingern gejuckt, aber Chuck behauptete, es sei viel zu früh für Blumen, weil es nachts noch manchmal friere. Er muss es wissen. Sein Opa hat ein Pflanzengeschäft. Wann immer es möglich ist, arbeitet Chuck bei ihm. Ich habe meinem Vater das Geschäft empfohlen, aber er fuhr mich gleich an, ich solle mich um meinen eigenen Kram kümmern. Sie müssen es wissen.

Dominik ist bei einem Pfadfindertreffen.

Ich habe meine Runde durch das Haus gemacht. Als sähe ich alles zum ersten und gleichzeitig zum letzten Mal. Ein Abschied schärft den Blick. Es war, als käme ich nie wieder zurück, was natürlich Unsinn ist, aber trotzdem. Ich werde hier nicht mehr wohnen, nur noch zu Besuch kommen. Wenn der Laden zu ist, werde ich vielleicht sogar klingeln müssen. Angenommen, ich darf meinen Schlüssel nicht behalten. Ob sie sich trauen, ihn mir abzunehmen? Mich buchstäblich auszuschließen. Dann können sie mich endgültig abschreiben.

Mein Zimmer ist kahl, jetzt da ich auch die letzten Poster von

82

der Wand genommen habe. Ich habe auch meine CDs und
Bücher mitgenommen. Meine Schmuckkästchen. Noch ein
paar andere Habseligkeiten. Einen bizarren Stein, den ich mal
am Strand gefunden habe. Eine große Strandschnecke, die ein
bisschen kaputt ist. Eine Feder von einem fremdartigen Vogel.
Meine Leselampe. Im *Klinker* sind sie sparsam mit der Beleuch-
tung. Ein einziger orangefarbener Lampenschirm über meinem Bett. Was die Leute früher wohl so toll an dieser abscheu-
lichen Farbe gefunden haben … In Plansjee gab es auch
orangefarbenes Zeug. Wahrscheinlich alles Zeug vom Floh-
markt. Das deprimiert einen total. Jetzt mache ich meinen
Schrank doch noch auf. Die gelben Schuhe. Ich kann sie nicht
zurücklassen, aber sie sind bleischwer. Unten nehme ich auch
das Album mit den Hochzeitsfotos von Mama und Papa raus.
Das ist kein Diebstahl. Es ist wie mit den Schuhen, ich habe
das Gefühl, sie retten zu müssen wie aus einem Feuer. Sie waren schön, meine Eltern. Sie sahen glücklich aus. Mama ganz
blond, fast so hell wie ich. Sehe ich ihr ähnlich? Papa meint Ja.
Dass ich ihn an sie erinnere. Wie kann er dann behaupten,
dass er sie geliebt hat, und dabei so gemein zu mir sein?
Selbst heute bringt er mich nicht zum *Klinker*. Er bleibt noch
nicht einmal zu Hause, um mir zu winken. Er sagte, es täte
ihm zu weh, mich gehen zu sehen. Immer geht es um ihn.
Und ich? Er hat sich noch nicht einmal angeschaut, wo ich da
wohnen werde. Kein einziges Buch hat er für mich in eine
Kiste gepackt. Ich habe ihn auch nicht darum gebeten, aber er
hätte doch auch von sich aus helfen können – das wäre dann
ein bisschen so, als würde er mich doch nicht ganz loslassen.
Seine Hand hat mich immer beschützt. Jetzt schubst er mich
weg.
»Weg, weg, weg! Dann geh doch! Geh nur! Es wird dort bestimmt besser sein als hier«, höhnte er. Und dass sich nur ein
Verrückter oder ein Trottel so ins Gesicht schlagen ließe.

Aber ich will, dass er kommt, damit er sieht, was ich verliere. Welchen Preis ich dafür bezahle, um mich nicht überflüssig zu fühlen.

Ich zögere. Ich habe hier nichts mehr zu suchen. Es sei denn … Wenn dies ein Film wäre, würde mein Vater jetzt anhalten und umkehren. Rita könnte so viel quatschen, wie sie wollte. Auf einmal würde ihm bewusst werden, dass ich für ihn an erster Stelle stehe. Er würde wie ein Verrückter rasen, um noch rechtzeitig da zu sein. »Verzeih mir, Evi«, würde er sagen und Himmel und Erde in Bewegung setzen, damit ich bliebe. Alles würde anders werden.

Ich werde warten, bis einhundert Autos an meinem Fenster vorbeigefahren sind. Genau das würde Jasper machen, denke ich mit einem Stich im Herzen, aber man kann das Schicksal nicht durch Zählen beeinflussen. Es herrscht dichter Verkehr, und es dauert nur zehn Minuten. Ich warte noch weitere dreihundert Autos ab, auch wenn ich weiß, dass ich mich selbst beschummle, trotzdem. An mir soll es nicht liegen. Ich habe es versucht. Ich habe meinem Vater auf jeden Fall noch eine Chance gegeben und noch eine und noch eine und noch eine. Aber man kann doch nicht endlos warten, oder?

Ich hinterlasse einen Zettel mit der Telefonnummer vom Klinker auf dem Küchentisch. Ich kann ihn von dort aus nicht anrufen, dazu muss ich zu einer Telefonzelle um die Ecke gehen. Ich könnte auch ein Handy kaufen.

Jetzt gibt es wirklich nichts mehr zu tun. Ich nehme meine Sachen. Im Flur schaue ich noch ein letztes Mal in den Spiegel. Dann öffne ich die Haustür und ziehe sie hinter mir zu, ganz langsam, ganz leise.

Der Klinker ist ein altes Haus mit Wänden, so dünn wie Papier. Wenn es still ist, kann man noch nicht einmal weinen, ohne gehört zu werden. Jemand spielt eine CD von Björk. Ich glaube, es ist Beth, das andere Mädchen. Ihr Zimmer liegt meinem direkt gegenüber. Beth ist grün und links. Sie pflastert den Flur mit Plakaten der Umweltbewegung. Ich glaube auch, dass sie lesbisch ist, sie hat einen Haarschnitt wie ein Junge, trägt immer Jeans und ist spindeldürr; keine Spur von Brüsten unter ihrem T-Shirt. Neben ihr wohnt Sung. Ein Koreaner, aber *made by* Armani und Nike. Er widert Beth an. Das hörte ich sie gestern oder vorgestern zu ihm sagen. »In deiner Heimat arbeiten Kinder zehn Stunden pro Tag an deinen Snobschuhen.« Sung antwortete etwas, was ich nicht verstand, und sie erwiderte: »Ach, Junge.« Eine Tür knallte zu. Dann weiß ich Bescheid. Jeder für sich, das ist am besten. Es gibt noch einen Jungen, Jens. Er wohnt neben mir. Wenn man ihn trifft, geht er zum Joggen oder kommt gerade zurück und macht Stretching auf der Treppe. Ist bestimmt ein Macho.

Ich gehe zum Fenster. Wie in Plansjee, denke ich. Auf der anderen Seite wohnen Vic und Else. Sie sind ganz nett. Glaube ich. Else auf jeden Fall. Bei Vic bin ich mir noch nicht so ganz sicher. Er sagt nicht viel und kann einen stundenlang anschauen. Man sieht ihn denken, aber man weiß nicht, was er denkt. Beim Kennenlerngespräch sagte Else, ich sei immer willkommen, aber da bin ich mir nicht so sicher. Es ist Sonntagabend, und sie haben Besuch. Ich habe gesehen, wie das Auto vor dem Haus hielt. Ich denke, es sind Gitte und ihr Mann Peter. Else sprach davon, dass ihre Tochter Gitte schwanger sei. Die Frau, die ich habe aussteigen sehen, hatte einen dicken Bauch. Genau wie Teresa. Ich selbst habe meine Periode immer noch nicht bekommen. Wenn ich später Kinder habe, wird meine Mutter nie ihre Oma sein.

Ich will nicht mehr weinen, aber was soll ich sonst machen? Meine Nägel abknabbern. Den Kummer verbeißen, den Kummer, die Wut, das Nicht-wissen-wohin. Dann eben ein Stückchen Schokolade, ein zweites Stückchen, ein ganzer Riegel, dann eine Scheibe Käse, noch eine Scheibe, aus dem Küchenschrank ein paar Cracker, ich weiß nicht, von wem. Den Mund voll. Ich erschrecke vor einem Geräusch. Ist da – nein, zum Glück falscher Alarm, aber trotzdem steigt mir die Scham in den Kopf.

Ich erinnere mich kaum, in die Küche gegangen zu sein, ich wollte es nicht, aber so geht es oft. Und dann essen und essen und essen, es nicht wollen, aber dennoch tun, essen ohne zu kauen, ohne zu schlucken, essen, bis du fast daran erstickst. Du erstickst im Schuldgefühl und ekelst dich vor dir selbst, du bist nichts, du bist niemand, absolut wertlos. So sehr ekeln, dass du kotzen musst, die Toilette voller großer Brocken, die Augen voller Tränen, die Nase, der Körper voller Schmerz. Nie mehr, schwörst du dir, nie mehr. Aber »Nie« hat schon so oft angefangen. Du bist nichts, und du weißt, dass du jetzt in dein Zimmer zurückmusst, du musst bestraft werden. Dein Toilettenbeutel, das Rasiermesser, dein Arm. Bis Blut herauskommt. Der einzige Beweis dafür, dass du existierst. Gleich ziehst du ein T-Shirt mit langen Ärmeln an. Niemand weiß davon. Noch nicht einmal Margreet oder Jasper haben es je gewusst. Niemand.

Bin jetzt ruhiger. In der Nähe von Plansjee gibt es einen Laden, der sonntags geöffnet ist. Ich habe dort ein paar Cracker gekauft und sie in den Küchenschrank gelegt, vielleicht haben sie es noch nicht entdeckt. Danach habe ich eine Weile auf dem Bett gelegen und gelesen, aber ich konnte mich nicht darauf konzentrieren. Meine Gedanken machten mich verrückt. Und die Geräusche im Haus. Jetzt kriege ich Panik. Das alles wollte ich nicht. Den *Klinker*. Ich habe nur ganz laut schreien wollen, um meinen Vater wachzurütteln. Ihn wollte ich. Ich wollte, dass alles wieder so würde wie früher. Vielleicht vermisst er mich ja bald. Vielleicht wird es ihm dann endlich bewusst. Er eilt hierher. »Oh, Evi«, wird er sagen. Mich festhalten und erst loslassen, wenn ich ihm neunundneunzigmal geschworen habe, dass ich nie wieder weglaufe, nie wieder.

Ich stehe vom Bett auf, um das Album mit ihren Hochzeitsfotos durchzublättern. Das schönste Foto trenne ich heraus, vorsichtig, es ist Leim fürs Leben gewesen. Für ein langes Leben. Ich stelle das Foto auf meinen Nachttisch, lehne es gegen die Lampe. Morgen nach der Schule werde ich einen Rahmen dafür kaufen.

9

Problem. Ich hatte in der Klasse nichts vom Klinker sagen wollen. Ich wollte keinen Wirbel. Außerdem, wenn es nirgendwo mehr einen Ort gibt, an dem man normal ist ... Aber schon mit dem ersten Test geht es los, der unterschrieben werden muss.

»Lass ihn ruhig liegen, bis du am Wochenende deinen Vater siehst«, sagt die Vermeulen.

Sie meint es gut. Ich bringe es nicht übers Herz, ihr zu sagen, dass ich ihn wahrscheinlich nicht treffen werde. Vielleicht überhaupt nie mehr. Als ich ihn gestern anrief, schimpfte er mir bloß die Hucke voll. Nichts hat sich geändert. Alles bleibt meine Schuld. Sogar die Tatsache, dass ich ihn vermisse. Ich bräuchte bloß zurückzukommen und mich zu entschuldigen. Ich!

»Ich kann nicht zurück«, sagte ich. »Nicht, solange ...« Er legte auf.

Der Vermeulen werde ich antworten, dass ich den Test von Else unterschreiben lasse. Ich hoffe, sie belässt es dabei und fängt nicht an mit »Wer ist Else? Welche Else?« Aber natürlich tut sie es doch, und verdammt, wieder all diese Blicke … Erklären müssen, was »Betreutes Wohnen« ist. Gleich auf dem Schulhof kleben sie wieder wie Kletten an mir, wie in den ersten Tagen, als meine Mutter gestorben war, aber kaum einen Monat später wollten sie schon nichts mehr über das Unglück hören. Da war nichts Neues mehr dran. Guck nicht so kläglich. Das verdirbt die Stimmung. Du bist neidisch.

»Können wir jetzt bitte mit der Fragerei aufhören«, sage ich.

Wir setzen den Unterricht fort, Gleichungen mit zwei Unbekannten, aber um zwölf schwirren sie doch um mich herum, wie Wespen um den Sirup. Sie wollen alles wissen, aber kaum hat man ihnen den Rücken zugedreht, hängen sie wieder zusammen, diesmal ohne mich. Sie sind sich darüber einig, dass ich bloß Aufmerksamkeit erregen will. Beim nächsten Schritt benutzen sie ihre Ellbogen. Zur Seite! Geh weg! Dann beginnt das Schwärzen, so schwarz, dass ich nur noch ein Schatten bin. Das ist schon so oft passiert. Dann heiße ich »Trine« oder »Eselien«, früher »Dicke« … Ich verstehe das nicht. Was mache ich falsch?

Was für ein Glück, dass ich ihnen nie etwas von Jasper erzählt habe. Morgens gehe ich eine Viertelstunde früher los, bloß um ihn vorbeiradeln zu sehen. Ich verstecke mich im Wartehäuschen der Bushaltestelle am großen Platz, habe Angst, er könnte mich sehen. Dennoch hoffe ich es.

Zu Omi kann ich jetzt auch nicht mehr. Und im *Klinker* …

Ich glaube nicht, dass ich mich dort jemals zu Hause fühlen werde.

»Du gibst dir keine Mühe«, weist mich Patsy zurecht, als ich zur ihr zum Gespräch komme. »Ich höre von Else …«

Wir sitzen in ihrem kleinen Büro im fünften Stock. Ich schaue durchs Fenster, über die Dächer der Stadt. Es ist Donnerstagabend und noch keine Woche vorbei. Es regnet. Man kann kaum glauben, dass es Sommer wird.

»Else ist eine Petze«, antworte ich.

»Sie tut nur, worum wir sie bitten.«

»Spionieren und klatschen.«

Patsy seufzt. Sie hat einen Mückenstich im Gesicht aufgekratzt. Auf ihrer Wange ist Blut. Sie schreibt etwas in mein Dossier, ich kann mir schon denken, was da steht.

»Warum schließt du dich in deinem Zimmer ein?«, fragt sie.

»Du sollst mit deinen Mitbewohnern ...«

»Am Montagabend musste ich im *Quick* arbeiten, Dienstag war niemand von den anderen da, und ich bin spazieren gegangen. Die Sonne schien.«

»Und gestern?«

»Musste ich lernen.«

»Den ganzen Abend?«

»Ein paar Sachen auswaschen.«

Patsy sagt nichts. Sie notiert. In Plansjee geschah das auch, aber nicht direkt vor unserer Nase. Ich werde zu einem Fall gemacht, einem Sozialfall. Aber das darf ich wieder nicht laut sagen. Denn dann bin ich widerspenstig. Ich arbeite nicht mit.

Sie versteht mich nicht. Ich vermisse Maya und Lukas. Ihnen würde ich mich noch trauen zu erzählen, dass ich gestern Abend meinen Vater angerufen habe und mir danach die Augen ausgeheult habe. Ich sah fürchterlich aus. Sollte ich etwa so zu den anderen gehen? Zum ersten Mal? Der Regen fällt senkrecht vom Himmel. Unter dem Rand eines Schornsteins sucht eine schwarze Katze Schutz.

»Warum lachst du?«, fragt Patsy.

Ich zeige auf die Katze und sage, dass ich zum Glück nicht abergläubisch bin. Auch ohne zusätzliches Pech reicht mein Elend vollkommen aus.

»Du hast dein Leben in der Hand, Evelien. In vierzehn Tagen, um dieselbe Zeit, treffen wir uns wieder.« Sie schließt mein Dossier und lächelt. Das Gespräch ist vorbei. »Vergiss nicht, dass du morgen Abend bei Else und Vic essen sollst.«

Ich weiß es. Halb sechs. Jede Woche. Zusammen mit den anderen für einen Augenblick Familie spielen ... Aber ich beiße mir auf die Zunge. Sarkasmus ist nicht erlaubt. Schließlich hat man sein Leben in der Hand. Selbst schuld.

Ich weigere mich, ihr die Hand zu geben, und auf dem Rückweg trete ich fast die Pedalen von meinem Fahrrad.

10

Erst wollte ich nicht essen gehen, aber damit liefere ich Else und Patsy noch mehr Munition. Ich werde ihnen die Tratscherei schon verleiden.

Sie wollen ein *fake*? Dann kriegen sie ein *fake*. Sollen sie nur glauben, dass sie mich kennen.

Ich habe gewartet, bis die anderen sich aufgetan hatten, und dann so viel Salat und Gurken auf meinen Teller geschaufelt, wie ich mich traute. Er wirkt voll. Mit ein bisschen Glück merken sie nicht, dass ich keine Kartoffeln nehme. Heute Morgen, als ich auf dem Weg zur Schule war, fing mich Else ab. Sie wollte wissen, ob ich Fischstäbchen wollte oder einen Tofuburger wie Beth. Ich habe noch nie Tofu gegessen. Ich weiß auch nicht, wie viel Kalorien es hat, darauf muss ich beim nächsten Mal im Supermarkt achten. Wenn ich ihr weismache, dass ich Vegetarierin bin, brauch ich jedenfalls nie Gehacktes oder Wurst zu essen. Ich bat um ein kleines Stück, aber ein Burger ist ein Burger, und Else schaut mit Argusaugen zu. Wenn man einmal ein Dossier hat, kann man nirgendwo mehr als unbeschriebenes Blatt anfangen.

»Soße?«, fragt Sung.

»Nein, davon bekomme ich Akne.«

Er lächelt, aber ich habe schon gemerkt, dass er immer lächelt – außer wenn er aufbraust, ohne Ankündigung, dann rast er wie ein Taifun. Wie heute Morgen. Jemand hatte das letzte Blatt Toilettenpapier benutzt und keine neue Rolle eingelegt. Dieser jemand war ich. Ich hatte in allen Schränken gesucht, aber nichts gefunden.

»Normalerweise steht es hier«, half mir Jens, »bei den Putzsachen. Aber es ist aufgebraucht.«

Das Schöne war, dass Sung es selbst hätte mitbringen müssen. Er war in dieser Woche für die gemeinsamen Einkäufe zuständig. Er trat gegen die Schranktür. »Warum ist hier keine Scheißliste?«

Jetzt lächelt er, der Sturm hat sich gelegt, aber selbst dann führt er gern das große Wort. Sein Vortrag in der Schule war ein Klacks. Davor ist man doch nicht nervös? Wenn man mit dem Thema vertraut ist ...

»Ein Pflaster nehmen, eine elastische Binde, zehn Minuten Mund-zu-Mund-Beatmung und dann schnell ein paar Dankesworte, nehme ich an«, spottet Beth.

»Neidisch? Wenn du gern eine Vorführung hättest ...«

»Lieber die Gurken.«

Jens zwinkert mir über den Tisch hinweg zu. Vielleicht ist er doch nicht so ein Macho.

Sung schwafelt noch kurz weiter. Er ist stolz wie Oskar. Er hat eine zwei bekommen.

»Hast du meine Dias wieder mitgebracht?«, fragt Vic.

»Huch! Morgen.«

»Dann ist Wochenende.«

»Entschuldige.«

»Und wenn sie jetzt jemand gebraucht hätte, um einen Kurs zu geben?«

Ich entnehme dem Gespräch, dass es um Erste-Hilfe-Dias der Feuerwehr geht. Vic ist Kasernenkommandant.

Sung lächelt. Mona Lisa wäre neben ihm erblasst. Da Vinci hätte ihn bestimmt eingerahmt.

»Niemand braucht sie momentan.«

»Und damit ist alles in Ordnung?«

»Ich bringe sie Montag ganz bestimmt mit, okay?«

»Du kannst morgen den Rasen mähen.«

Ich höre, sehe und schweige. Jens auch. Else kocht Kaffee.

»Evelien, nimmst du die Tassen und so? Sie stehen in diesem Schrank. Teller auch. Beth hat Brotpudding gemacht.«

»Hier geht wirklich kein Krümel verloren. Auf jeden Fall nicht, solange Beth hier ist. Sie würde noch ihre eigenen Zehennägel recyceln, wenn sie etwas daraus machen könnte.«

»Wann backst du mal wieder Pfannkuchen?«, fragt Jens.

»Wenn ihr gelernt habt, Krusten zu essen. Es bleiben immer Berge von Brot übrig.«

»Weil Sung die Tüte nie richtig schließt. Mit dem Brot kann man ein Kugelstoßen veranstalten.«

Sung hält seinen Teller hin. »Darf ich den Rand haben? Sind da auch Äpfel drin, Beth?«

Seltsam, denke ich. Seltsam. Die beiden begreife ich einfach nicht. Und Jens ist ein Stiller. Aber ich habe selbst auch nichts gesagt oder gefragt. Ich sitze hier bloß. Sie könnten sich ruhig ein bisschen Mühe geben. Ich bin die Neue.

Ich habe mir keinen Teller hingestellt, nur eine Tasse für Kaffee. Beth sieht mich mit eiskaltem Blick an. Offensichtlich bin ich ihr auf den Schlips getreten. Wenn sie meint. Dass ich nichts von ihrem Kuchen will, heißt doch nicht, dass ich *sie* ablehne. Als wir fertig sind, wirft Jens mir das Geschirrtuch zu.

»Okay, Evi? Ich wasche ab.« Er pfeift.

Wenn ich die Augen zumache, bin ich für einen Augenblick wieder in Plansjee. Aber Jasper, oh Jasper.

»Du brauchst mich nicht so herumzukommandieren«, schnauze ich Jens an.

Um mich herum schwelt die Stille. Ich spüre die Blicke aller.

»Entschuldigung«, sage ich. »Darf ich weg? Ich möchte allein sein.«

Kurz darauf klopft es an meiner Tür. Ich nehme an, dass es Else ist, die mir eine Predigt halten will, aber es ist Jens. Er trägt seine Laufkleidung.

»Darf ich reinkommen?«, fragt er.

Ich mache einen Schritt zur Seite und lehne mich gegen den Tisch. Er zögert.

»Tür auf oder zu?«

»Egal.«

»Das ist eine eindeutige Antwort.« Er lacht und schließt die Tür. »Du hast es dir hier gemütlich gemacht.«

»*Home, sweet home*!« Als er einige meiner Sachen anfasst, fahre ich ihn an. Ich weiß nicht weshalb. »Es ist nicht einfach, was?«

»Nein«, sage ich mit einem Blick auf die Collage von Plansjee. Die beiden wichtigsten Namen fehlen, daran denke ich immer öfter. Manchmal halte ich es nicht mehr aus. Ich fürchte, dass ich sie heute oder morgen von der Wand reiße. Über dem Schrank habe ich zwei Zeichnungen von Margreet in einen Rahmen gehängt. Jens betrachtet sie.

»Hast du die gemacht?«

»Nein.«

Er fragt nicht weiter.

Von Jasper habe ich nichts, noch nicht einmal ein Foto. Den blauweißen Schal aus Santa Lucia del Mar habe ich in den Schrank gelegt. Zu den gelben Schuhen und den Hochzeitsfotos von Mama und Papa. Es wird ein kleiner Friedhof.

Ich wünschte, Jens ginge weg. Ich habe Bauchkrämpfe von den Abführmitteln.

»Komm, lauf mit«, sagt er. »Mir tut es immer gut.«
Ich schüttle den Kopf.
»Ich fühle mich nicht so gut.«
»Dann vielleicht ein andermal?«
»Wir werden sehen.«
Er geht, und genau das wollte ich.
Jetzt kann ich endlich zur Toilette. Meine Zähne klappern mir
fast aus dem Mund.

Ich zittere immer noch, als ich von der Toilette komme.
Mein Körper ist leer und hohl. Zum Glück regnet es nicht
mehr. Aus der Telefonzelle um die Ecke rufe ich bei Quick an
und sage, dass ich krank bin und nicht komme. Ich sollte von
halb acht bis zum Geschäftsschluss dort sein, aber jetzt könnte ich keinen Hamburger sehen oder riechen, ohne zu kotzen.
Annick ist lieb und besorgt, aber Cisse, unser Teamchef, klingt
kurz angebunden, als er fragt, ob ich das denn nicht früher
wisse oder ob ich denke, dass es morgen besser gehen wird.
Ich will meinen Job nicht verlieren, es sei denn, ich finde
etwas Angenehmeres. Vielleicht sollte ich mal richtig suchen.
»Morgen geht es bestimmt besser«, sage ich.
»Dann von elf bis sechs. Wenn es nicht klappt . . .«
»Ich werde kommen.«
Danach rufe ich zu Hause an, aber ich höre nur Ritas Stimme
auf dem Anrufbeantworter. Nach dem Piep sage ich: »Niemand.« Im gleichen Moment tut es mir Leid. Ich sollte das
nicht auch noch selbst sagen. Ich fühle mich verloren, weiß
nicht wohin. Will nicht zurück zum Klinker. Alle sind weg, und
im Übrigen, selbst wenn sie dort wären, bleiben sie noch
immer Fremde.
In die Stadt? Ich zögere, ob ich zu Fuß gehen soll. Doch lieber
nicht. Gleich ist es stockdunkel. Ich nehme mein Fahrrad –
Verzeihung, Ritas Fahrrad – und fahre ziellos durch die Straßen.

Meine eigene Straße. Am Laden vorbei, meinem Zuhause. Fünf Tage bin ich weg, aber es kommt mir vor wie ein ganzes Leben. Ich schaffe es noch nicht einmal, die Straße zu überqueren.

Ich werde wohl wieder auf mein Rad gestiegen sein. Ich erinnere mich nicht daran. Meine Erinnerung hat eine Lücke. Plötzlich stehe ich vor dem Tor zum Friedhof. Ich weiß nicht, wie spät es ist, ich trage keine Uhr. Aber ich keuche und bin verschwitzt. Werde ich verrückt? Mein Herz hämmert. Ein paar Grillen zirpen in der Grasböschung. Sonst nichts. Die Stille verschluckt einen mit ihrem schwarzen Riesenmund. Die Nacht ist bewölkt. Durch das Gittertor sehe ich im spärlichen Licht die Silhouetten von Grabplatten und Kreuzen. Manchmal, wenn der Wind in meine Richtung weht, rieche ich den schmerzlich süßen Geruch halb verfaulter Blumen. Mir schaudert. Mir ist, als sperre eine Fremde mein Fahrrad ab und klettere über die Backsteinmauer. Ich breche mir ein paar Nägel ab, schürfe mir die Haut an Händen und Knien auf. Ich erschrecke vor dem dumpfen Aufprall, als ich auf der anderen Mauerseite runterspringe. Aber wer sollte mich hören? Ich weiß nicht, ob hier nachts ein Wächter herumläuft. Trotzdem bewege ich mich auf Zehenspitzen. Als ich den Weg nicht finde, gerate ich für einen kurzen Augenblick in Panik. Alles sieht so anders aus als tagsüber. Dann erinnere ich mich an die Pappeln, ihr Grab liegt links von ihnen. Die Baumkronen winken schwarz in der Nachtluft.
Ich beeile mich. Jetzt finde ich ihre Reihe ganz von selbst. Auf ihrem Grab liegt keine Steinplatte, das wollte ich nicht. Ich habe meinem Vater so lange in den Ohren gelegen, bis er nachgab. Ich wollte weiße Kiesel und kleine Heidebüsche. Wir haben sie gemeinsam ausgesucht, er und ich. Hat er das vergessen? Sie hatte Angst in engen Räumen. Wenn wir in einen Aufzug steigen mussten, drückte sie meine Hand.

Ich geh in die Hocke. Ein Vogel hat ein bisschen Erde weggekratzt. Mit den Fingern fege ich die Stelle wieder glatt und versetze einen Kiesel.

»Hallo Mama«, flüstere ich.

Und dann will ich auf einmal so viel fragen, so viel sagen, und das alles gleichzeitig. Aber ich habe nicht genug Worte, obwohl es schon so viele sind, dass sie in meinem Kopf zusammenstoßen und übereinander fallen. Aber sie weiß auch so, was ich sage. Genau wie sie es früher wusste. Sie brauchte mich nur anzusehen. Es tut gut zu weinen. Wie gern würde ich ihre Wange an meiner fühlen, ihren Mund, der mir ins Ohr flüstert. Ich brauche gar nicht zu verstehen, was sie sagt, Hauptsache, etwas Liebes. Für einen Augenblick jemanden, der lieb...

Ich erschrecke über den Schrei einer Eule. Als ich aufblicke, sehe ich sie gerade noch in eine der Pappeln fliegen. Ich fürchte mich vor ihren gelben Augen. Ich kann nicht länger bleiben. Am liebsten würde ich zurückrennen, aber das macht so einen Lärm. Ich folge den Pfeilen, auf denen *Ausgang* steht. Dort ist das Tor, die Mauer. Meine Finger tasten nach Ritzen, manche sind nur einige Millimeter breit. Jetzt die Zehen krümmen. Ich rutsche ab. Verdammt! Ich atme so laut, dass man es kilometerweit hören kann. Na bitte, da bellt schon ein Hund. Er scheint ganz in der Nähe zu sein. Verflucht! Wenn ich loslasse, muss ich gleich noch einmal diese Mauer hoch. Aber ich kann mich hier nicht länger halten. Wo ist das Bellen? Ich lege einen Arm um den Abdeckstein, dann ein Bein. Der Hund steht unten. Ein Hund und ein Mann.

»Komm nur«, sagt der Mann und streckt mir seine Hand entgegen.

Alle Angst fällt von mir ab. Mir ist bloß kalt, eiskalt. Der Mann sieht nicht aus, als wolle er über mich herfallen. Und wenn schon. Tot sein wäre so viel einfacher.

96

Ich springe und verknackse mir beim Aufprall den Knöchel.

»Wehgetan?«, fragt er.

»Sterbensmäßig.«

Es ist mir ernst damit, aber er denkt, ich spotte.

Der Hund, ein Labrador, schnüffelt an mir. Sein Herrchen zieht an der Leine.

»Ist schon okay«, sage ich. »Wie heißt er?«

»Freitag. Wie der Kamerad von Robinson Crusoe, du weißt schon.«

»Nur so ungefähr«, sage ich mit einer weit ausholenden Geste. »Das war doch die Geschichte von einem Schiffbrüchigen, der auf einer Insel gestrandet ist.«

»Eine unbewohnte Insel, bis auf einen einzigen Mann. Robinson wusste nicht, wie dieser Mann hieß, noch nicht einmal, welche Sprache er sprach. Aber es geschah an einem Freitag, deshalb nannte er ihn so.«

»Und Sie haben Ihren Hund auch an einem Freitag gekauft.«

»Nein.« Er zögert kurz, fängt dann aber doch an zu erzählen, und blickt dabei kurz in Richtung Friedhofsmauer. »Meine Frau liegt dort, seit fast einem Jahr schon. Als sie starb, fühlte ich mich wie Robinson. Verloren und vollkommen allein. Eines Tages fand ich ihn dann, ein junges Tier. Es waren gerade Sommerferien, er wurde in einem Waldstück ausgesetzt. Du hast sicher schon von so was gehört.«

»Ja«, pflichte ich bei. Ich denke: Wald oder *Klinker*. Mein Fuß fängt jetzt an, richtig zu schmerzen. Ich verlagere mein Gewicht auf das andere Bein. Der Mann bemerkt es.

»Lass mich mal sehen«, sagt er. »Komm ein bisschen weiter hierher, unter die Laterne.«

»Das ist nicht nötig, ich bin gleich zu Hause.«

»Jetzt zieh schon den Schuh aus, die Socke auch.«

Er klingt wie ein Vater. So sieht er auch aus, sicher um die Vier-

97

zig. Jemand, der Robinson mag, ist bestimmt kein Mörder. Vorsichtig betastet er meinen Fuß.

»Tut das weh?«

»Ein bisschen.«

»Du bist eine ganz Zähe, was?«

»Ja«, gebe ich zu.

»Du brauchst eine elastische Binde. Ich bin Apotheker und wohne ganz in der Nähe.«

Es ist so selbstverständlich mitzugehen. Ich sitze auf dem Rad, und er läuft neben mir. Er heißt Matthew, nach seinem englischen Großvater, der Soldat war und nach dem Krieg in Belgien blieb.

»Er hatte eine Schussverletzung. Meine Großmutter war Krankenschwester und hatte blaue Augen und sanfte Hände«, erzählt er. Die Einfühlsamkeit, mit der er erzählt, tut mehr weh als mein Knöchel.

Wir sind da. Vor seinem Haus steht ein Baum. Daran mache ich mein Fahrrad fest. Ich hinke. Er geht mir voraus ins Wohnzimmer, knipst ein paar Lampen an und zeigt auf die Sitzecke.

»Mach es dir bequem. Ich hole inzwischen einen Verband. Musik?« Er legt eine CD auf. Ich könnte schwören, dass es dieselbe Musik ist wie damals mit Lukas und meinem Vater im Café *Der blaue Kahn*. Ich weiß nicht mehr, von wem sie ist. Als Matthew hereinkommt, frage ich ihn.

»*Vangelis*«, sagt er. Jetzt erinnere ich mich. »Wie findest du es?«

»*Schön* klingt so läppisch«, antworte ich zögernd.

Matthew lächelt und geht vor mir in die Hocke. Vorsichtig zieht er mir Schuh und Socke aus. Dann drückt er ein paar Zentimeter Salbe aus der Tube und verreibt sie auf meinem Fuß. Ich schaue mich um. Schick ist es hier. Design und Kunst werden groß geschrieben. Und es ist pieksauber. Er hat bestimmt eine Putzfrau.

98

»Mir gibt diese Musik ein Gefühl von Weite«, sagt er. »Eine dunkelgrüne Nacht. Nicht zu warm und nicht zu kalt, prickelnd frisch. Ein leichter Wind. Und Gerüche, ja, vor allem Gerüche. Das Meer oder ein feuchter Wald.« Er lacht. »Was denkst du jetzt? Geschwätz von einem Sonderling, der abends um den Friedhof irrt?«

Er versucht, mich aus der Reserve zu locken, denke ich, aber das wird ihm nicht gelingen.

Er wickelt den Verband um meinen Fuß. »Sitzt er nicht zu stramm?«

»Nein, es ist gut so.«

»Möchtest du etwas trinken, um dich von dem Schrecken zu erholen?«

Ich schüttele den Kopf. Matthew steht auf, geht zum Schrank und schenkt sich etwas ein.

»Ich habe schon Lust auf einen Cognac.«

Ich muss gehen, denke ich. Mein Fuß ist versorgt. Ich habe hier nichts mehr zu suchen. Aber ich stehe nicht auf. Draußen ist niemand. Niemand, der mich beim Namen nennen kann. Wir hören *Vangelis* zu.

»Unter Wasser schwimmen«, sage ich. »Daran denke ich, wenn ich diese Musik höre. Zwischen Korallen und leuchtenden Fischen und Streifen verschwommenen Sonnenlichts.«

»Zwischen Lachen und Weinen?«, fragt Matthew.

Aber die Worte gehen mir zu sehr unter die Haut. Ich schweige.

Freitag hat sich mir zu Füßen hingelegt. Seine Augen sind geschlossen. Ich würde mich auch gern so sicher fühlen wie er. Matthew nippt ab und zu an seinem Cognac. Dann ist die CD zu Ende.

»Ich muss nach Hause«, sage ich.

»Soll ich dich ein Stückchen begleiten?«

Ich zögere, und er nimmt die Schlüssel und Freitags Leine. Im

Flur hilft er mir in meine Jacke, die er dort aufgehängt hat. Ich finde es altmodisch und sehr lieb. Es hat etwas Beschützendes.

Die Straße liegt verlassen da. Ich lächle ihm zu.

11

Wenn ich Ciel begegne, muss ich ihr erzählen, dass die Betreuer hier wirklich wie Wachhunde vor der Tür liegen. Ich war kaum drinnen, noch keine Viertelstunde zu spät, da stand Else schon auf der Matte. Aber ich muss zugeben, es war nicht wie zu Hause: Sie hielt mir nicht sofort eine Standpauke, sie wollte erst wissen, warum ich nicht pünktlich war. Natürlich habe ich nichts vom Friedhof erzählt. Ich sagte, ich sei ein Stück geradelt und gestürzt, als ich einem Auto ausweichen musste, das danach weitergefahren sei. Bei dem Sturz hätte ich mir den Fuß verknackst.

»Und wer war dieser Mann?«, wollte sie wissen.

Also musste ich doch von ihm erzählen: Dass er den Unfall gesehen hätte und Apotheker sei. Nachträglich bekam ich dann doch noch meine Standpauke. Ob meine Mutter mich nie vor fremden Männern gewarnt hätte, die einem Bonbons versprechen? Natürlich, aber ach, du lieber Himmel, ich sei doch kein Kleinkind mehr, und im Übrigen, was ginge sie das an?

»Ich mache mir Sorgen«, beteuerte sie. »Ich fühle mich verantwortlich.«

Diese Worte habe ich schon zu oft gehört. Entweder sie sind schlichtweg gelogen, oder sie wollten einen nur weich kochen.

Über diesen Matthew denke ich genauso. Ich hasse mich dafür. Es ist fast fünf Uhr morgens, und ich liege immer noch wach und denke an ihn.

Ich fuhr auf dem Rad, und er lief mit Freitag nebenher. Im Dunkeln ließ es sich entspannter reden. Ich erzählte ihm von dem Unfall und dass meine Mutter tot war. Ich heulte nicht, aber bei ihm hätte ich es gekonnt, weil er wirklich zuhörte. Es war mir bewusst, dass es gefährlich sein konnte, mich ihm anzuvertrauen. Ich will den Stein loswerden, der nicht auf dem Grab meiner Mutter liegt, sondern auf meinem Herzen.

»Manchmal hören die Toten besser zu als die Lebenden«, sagte er. »Sie unterbrechen dich nicht, denn ihnen ist der eigene Stolz nicht mehr so wichtig. Und sie haben alle Zeit der Welt.«

Ich hatte geschwankt, ob ich nach Hause oder zum Klinker fahren sollte, und mich schließlich für Letzteres entschieden. Wenn ich zu Hause nicht ungesehen hineinkam, würde es eine Szene geben, und ich konnte sowieso nicht bleiben. Also zum Klinker, aber ich war zuvor einfach aufs Geratewohl geradelt, sodass ich jetzt den Weg nicht mehr fand. Zum Glück kannte Matthew die Straße. Ich versuchte mich herauszureden, indem ich sagte, dass ich erst seit kurzem dort wohnte. Er fand das nicht merkwürdig, aber während ich mein Fahrrad in den Hausgang stellte, las er die Namensschilder neben der Klingel. Es gibt nur eine.

Sung: einmal klingeln

Beth: zweimal klingeln, kurz

Evelien: kurz-lang-kurz

Jens: lang-lang-kurz

»Du bist zu jung, um schon in einer Studentenbude zu wohnen«, sagte Matthew.

Ich hätte es ihm gern erzählt, aber wie würde er reagieren? Ich habe meine Lektion gelernt. Man verliert Menschen. Ich gab ihm die Hand und kraulte Freitag den Nacken.

»Wenn es übermorgen nicht besser ist, musst du zum Arzt«, sagte Matthew. »Ich hätte dir die Salbe besser mitgeben sollen.«

Auf der gegenüberliegenden Seite bewegte sich der Vorhang bei Else und Vic. Licht brannte keins. Sollten sie doch tun, was sie nicht lassen konnten. Dafür gab es sicher eine Eins mit Sternchen von Patsy. Ich küsste Matthew auf die Wange. Erzählt es doch, dachte ich. Schleimt euch doch bei ihr ein.

Ich kann nicht schlafen, und nachher bei *Quick* heißt es wieder: Hetzen und Nicken und Freundlichbleiben, auch wenn einem der Schweiß nur so runterläuft. Mein Bett ist inzwischen ein Maulwurfshügel. Ich stehe auf, um zu duschen. Vielleicht gelingt es mir danach, noch ein paar Stündchen zu schlafen. Das lauwarme Wasser tut gut. Ich könnte endlos unter dem Strahl stehen bleiben, alles von mir abspülen, all die Kilo Blei. Ich denke an Morgen und Übermorgen, an den Rest meines Lebens. Es ist eine Illusion. Als ich mich abtrockne, ist die Angst wieder da. Ich kann mir nicht vorstellen, dass ich irgendwann nicht mehr allein sein werde. Aber jemand anderes als Jasper? Zum ersten Mal hoffe ich, dass Margreet bei Teresa bleibt. Ich werde ihn trösten. »Du warst immer da«, wird er sagen, »aber ich wusste es nicht.«

Ich föhne mir die Haare und erschrecke, als Beth hereinkommt. Ihr Gesicht steht auf Sturm. Vielleicht hat sie geklopft, und ich habe sie nicht gehört. Ich schlage schnell ein Handtuch um mich und schalte den Föhn ab.

»Es ist Samstag«, sagt sie. »Weißt du eigentlich, wie spät es ist?«

»Entschuldige. Ich konnte nicht schlafen.«

»Und darum müssen alle wach werden.«

»Tut mir Leid. Ich sagte: Entschuldigung.«

»Und wenn du es noch hundertmal sagst.«

Sie dreht sich um und geht weg. Ich wickle mein Haar in ein Handtuch. Wenn ich es nicht weiterföhne, wird es gleich reizend aussehen. Aber wer interessiert sich schon dafür? Für meine Frisur, mich selbst? Ich starre auf den Föhn in meiner Hand. Wenn ich jetzt … Ich habe mich das schon öfter gefragt. Das Waschbecken voll laufen lassen, den Föhn einschalten und dann die Hand ins Wasser … Wie lange dauert es, bis man tot ist? Es heißt, dass man innerlich verbrennt. Vielleicht geht es ja so schnell, dass man es nicht merkt. Ich weiß es nicht.

Der Wecker reißt mich aus dem Schlaf, und mein Kopf dröhnt. Ich würde am liebsten den ganzen Tag im Bett bleiben. Aber wenn ich heute wieder nicht auftauche, wirft mich Cisse ganz bestimmt raus. Besser gleich den harten Schmerz, bevor ich wieder einnicke. Ich suche meine Toilettensachen zusammen und spähe durch den Türspalt, bevor ich in den Flur schlüpfe. Dass Beth mich vorhin halb nackt gesehen hat … Na ja. Außerdem war sie zu sauer, um etwas anderes als sich im Recht zu sehen. Aber die Jungs … Es ist niemand da, aber beide Duschen sind besetzt. Mist! Zeit zum Warten habe ich nicht, und mit so einem Struwwelkopf kann ich mich draußen nicht blicken lassen. Ich gehe in die Küche, um mir dort über der Spüle die Haare zu waschen. Das Wasser ist lauwarm und noch keine fünf Sekunden später eiskalt. Ich hasse dieses Haus. Hier bleibe ich nicht. Warum habe ich nicht wie Margreet den Mut wegzulaufen? Plötzlich vermisse ich sie ganz stark. Wenn ich nun zu ihr ginge? Wäre ich bloß sicher, dass sie sich freuen würde, mich zu sehen. Vielleicht würde ich mich dann trauen.

Jens kommt herein, die Haare nass und struppig. Er lacht und tut dann so, als würde er mit den Zähnen klappern.

»Kein warmes Wasser mehr«, sagt er. »Wenn man hier nicht schnell genug ist … Nächstes Mal früher aufstehen.«

103

»Das ist ihre Schuld«, sagt Beth, die auch hereinkommt. Sie zeigt auf mich. »Um halb sechs war sie schon am Duschen. Das ganze Haus wach und der Boiler leer.«

»Erschieß mich nicht gleich. Wenn mir niemand erzählt, wie die Sachen hier funktionieren …«

»Gebrauch einfach dein Hirn. Wasser zu verschwenden ist sowieso schlecht für die Umwelt.«

Ich zucke mit den Schultern und gehe an ihr vorbei, um mir die Haare zu föhnen.

»Willst du Kaffee?«, fragt mich Jens.

»Aus meinem Päckchen, sonst schmiert man mir das auch gleich aufs Brot.«

Ich schnauze den Falschen an, ich weiß es, aber für heute sind meine Entschuldigungen aufgebraucht. Als ich zurückkomme, ist die Kaffeekanne leer. Sung hat sich gerade die letzte Tasse genommen. Ich sage nichts dazu. Man wird es leid und was bringt es auch? Ich trinke einfach einen im Quick. Es bleibt keine Zeit mehr, noch etwas zu essen. Im Übrigen habe ich sowieso vergessen einzukaufen. Wirklich, ich hasse dieses Haus.

»Wie geht's? Bist du noch krank?«, fragt Annik schnell, während sie drei Cheeseburger und einen Riesenhamburger aus der Küche entgegennimmt. Drinnen kommen sie kaum nach mit den Bestellungen.

»Es geht schon.«

Sie lächelt, ihr Gesicht ist so rot wie Ketschup.

»Tut mir Leid wegen gestern«, sage ich.

»Fang schnell an, Cisse guckt schon.«

»Er kann mich mal.«

Aber trotzdem fange ich an. An Frühstück oder auch nur an einen Kaffee oder eine Cola light ist nicht zu denken, auch wenn mir streng genommen noch drei Minuten bleiben. Ein

104

Kunde reiht sich an den anderen. Und eine halbe Stunde später sind es keine Reihen mehr, sondern eine einzige, sich drängende Masse aus Ellbogen, Händen, unsichtbaren Knien, die sich einen Weg bahnen, sich links vordrängen, es rechts probieren. Ein Anrempler, ein Bissen, ein Rüffel, und wir müssen ständig Schiedsrichter spielen. Ich bin schlau. Ich habe nie etwas gesehen. Aber ich ergreife immer Partei für den Underdog: den Stillsten, Kleinsten, denjenigen mit dem verlegensten Lächeln.

Mein Fuß tut weh. Stehen, hin- und hereilen. Es gibt wieder Leute, die nicht wissen, was sie wollen und es sich zwei, dreimal überlegen und dann vergessen, was sie bestellt haben. Man muss immer weiterlächeln und ihnen Recht geben. Der Kunde ist König. Und Cisse zählt die Fehler.

Der siebte Fünfzig-Euroschein hintereinander, und ich habe kein Wechselgeld mehr. Bei der anderen Kasse wird es auch eng.

»Ich kann nicht rausgeben«, sage ich zu dem Mann.

Dann will er seine fünfzig Euro zurück, aber ich bin sicher, dass ich sie nicht angenommen habe. Das mache ich nie, genau um diese Art von Situationen zu vermeiden. Cisse kommt dazu. Er bezahlt den Mann aus der Kasse. Wenn die gleich nicht stimmt, geht es von meinem Lohn ab.

Mein Schädel platzt. Ich schufte schon seit drei Stunden und habe noch nichts gegessen oder getrunken. Es bleibt kaum Zeit, den eigenen Speichel runterzuschlucken. Annik geht, sie wird von Dimi abgelöst. Er ist neu und langsam und hat Segelohren, aber er behält seine stoische Ruhe, auch wenn sich die Kunden vor seinen Augen umbringen würden, um sich vorzudrängen. Ich glaube, er würde einfach die Arme verschränken und in Streik treten, bis sie sich anständig benehmen. Zum ersten Mal heute muss ich lachen.

Weiterarbeiten, gestikuliert Cisse.

105

Ich gebe meinem Kunden das Wechselgeld und schließe die Kasse. Dann drehe ich mich um.

»Was hast du vor?«

»Ich muss zur Toilette«, sage ich. »Und etwas trinken. Ich falle gleich tot um.«

Er antwortet nichts, aber seine Lippen werden zum Strich. Ich gehe zur Toilette und trinke eine Cola light. Essen ist nicht nötig. Es ist warm, und ich bin zu müde. Als ich am Ende des Tages meine Schürze weghänge, sagt Cisse, ich bräuchte nicht mehr wiederkommen. Dimi hat es gehört.

»Ich hoffe, irgendjemand wirft eine Bombe auf ihn«, sagt er zum Trost.

Aber vielleicht mache ich das auch selbst. Das wäre mal etwas anderes, als mir in die Arme zu ritzen.

Ich sitze im Park auf einer Bank am Weiher und lasse Steine über das Wasser hüpfen. Die Enten haben sich hastig davongemacht. Zwei alte Frauen sagen laut, es sei eine Schande, aber als ich frage, ob es ihnen lieber sei, dass ich selbst in den Weiher springe, stehen sie plötzlich betreten da. Sie trauen sich nicht mehr, mich anzusehen. Ich könnte sie reinwerfen, denke ich. Sie würde von selbst oben schwimmen vor lauter Selbstzufriedenheit und Sahnetorten.

Ich habe keine Lust, nach Hause zu gehen, zum Klinker. Meine Kopfschmerzen werden auch schlimmer, aber das kommt, weil ich den ganzen Tag noch nichts gegessen habe. Ich schließe die Augen. Die Sonne sticht, und ich sehe orangefarbene und schwarze Flecken, die mich schwindelig und schläfrig machen. Ich döse ein. Als ich aufschrecke, fingern zwei Kerle an meinem Fahrrad herum. Ich fluche und brülle den ganzen Park zusammen, ich fange sogar an, mit einem von ihnen zu kämpfen. Ich trete, schlage, beiße, kratze, aber er ist stark und einen Kopf größer als ich. Der andere hat sich aus dem Staub gemacht. Schöner Freund. Natürlich stehen Leute um uns herum und gaffen, Katastrophentouristen. Sie tun nichts, bis die Jungs verschwunden sind, dann lösen sich die Zungen. Ich bin noch wütender auf sie als auf die beiden. Hosenscheißer sind es, genau wie mein Vater.

Die Sonne ist hinter den Bäumen versunken. Ich muss mich beeilen, wenn ich noch in den Laden will. Ich kaufe Äpfel und Joghurt, eine Tüte Karotten. Ich lobe mich selbst, weil ich beim Gebäck nicht schwach geworden bin. Nicht wie die Frau, die mindestens siebzig Kilo wiegt und trotzdem noch Schokolade und Reisbrei in ihrem Einkaufswagen hat. So ein Schwächling bin ich also nicht. Was mache ich mit Brot? Ich habe den ganzen Tag nichts gehabt. Doch lieber nicht. Man muss seinen Körper abhärten. Aber an der Kasse, wo gerade vor Ende der Öffnungszeit eine ellenlange Schlange steht, falle ich in Ohnmacht.

Es war idiotisch. Ich fühlte es kommen, aber es war zu spät. Schon lag ich da. Die Katastrophentouristen hatten heute wirklich was zu gucken. Aber diesmal haben sich zwei von ihnen in Bewegung gesetzt. Es herrschte schließlich keine Gefahr für ihr eigenes Leben. Einer war sogar so verrückt, einen Krankenwagen rufen zu wollen. Wenn ich nun regungslos liegen geblieben wäre und meine Augen nicht so schnell wieder aufgeschlagen hätte, wäre mein Vater dann endlich wachgerüttelt worden?

Eine dicke schwitzende Frau beugte sich über mich.

»Die braucht keinen Krankenwagen«, sagte sie. »Ein paar hinter die Ohren und drei Butterbrote.«

Niemand verteidigte mich.

12

Was antwortet man, wenn man gefragt wird, ob jemand benachrichtigt werden soll? Um noch mehr Vorwürfe zu hören. Einen Augenblick dachte ich an Matthew, aber ich wusste noch nicht einmal seinen Nachnamen. Inzwischen weiß ich, dass er Verrijken heißt. Vor meiner Zimmertür im Klinker lag eine Plastiktüte mit der Salbe für meinen Fuß und der CD von Vangelis. Er hatte eine Kopie davon gemacht und ein Kärtchen mit herzlichen Grüßen dazugelegt.

»Ich bin mit dem Fahrrad hier«, sagte ich im Supermarkt.
»Und das muss auch zurück. Es wird schon klappen.«
Na, das müsse ich dann eben selbst wissen. Mit dem Unterton: Evelien, die Undankbare.
Ich rufe Matthew nicht wegen des Geschenks an. Selbst wenn er nichts mehr von sich hätte hören lassen, hätte ich mir irgendeine Ausrede ausgedacht. Den gewaschenen Verband zurückbringen oder einfach eine Schachtel Aspirin in seiner Apotheke kaufen. Eine Schachtel bezahlen, zwei Minuten Aufmerksamkeit gratis. Er findet es nett, dass ich anrufe, aber in der Apotheke stehen Kunden, er hat Wochenenddienst.
»Hast du morgen schon etwas vor?«, fragt er.
»Nein, nichts Richtiges. Ich kann heute Abend lernen.«
»Gut, ich hole dich um elf Uhr ab.«
Ich bin verwirrt und beruhige mich damit, dass ich immer noch absagen kann, aber bevor ich ins Bett gehe, lege ich meine neusten Kleider zurecht.

Wundersamerweise schlafe ich traumlos, bis der Radiowecker zum Beginn des Wetterberichts anspringt. »Sonniger

Tag, gegen Abend Gewitter möglich …« Dann bin ich längst
zurück.

In der Küche begrüßt mich Sung mit seinem Nie-mehr-Zahn-
stein-Lächeln. Er frühstückt ausgiebig: Fruchtsaft, Croissants,
Rosinenkuchen, Ei, ein Riegel weiße Schokolade, Sorte »Pra-
liné«…

»Das ist das Einzige, was mir noch fehlte«, begrüßt er mich.
»Nette Gesellschaft.«

»Oh, ich dachte, eine gefaltete Serviette.«

Sung ist ein Schmeichler, das hatte ich schnell durchschaut.
Und dank des schlechten Gewissens seiner Adoptiveltern hat
er genug Geld. Das weiß ich von Beth. Sie haben einen
schlechten Handel gemacht, daher bringen sie ihn zurück wie
einen Hund ins Tierheim.

Sung lacht wegen der Serviette.

»Stimmt, dann bekommst du die Hälfte meiner Brote.«

»Ein Stückchen Schokolade.«

»Okay.«

Ich reiße ein Blatt von der Küchenrolle, falte einen Flieger daraus und werfe ihn in seine Richtung. Er taumelt mit der
Spitze in die Butter.

»Daneben.« Er lacht.

»Ich hatte sowieso nicht so viel Lust auf Schokolade.«

»Himmel, hab dich doch nicht so. Hier …«

Aber ich habe mir schon Joghurt und einen Apfel genommen. Das war haarscharf, fast wäre ich schwach geworden.

»Dann nicht«, sagt Sung.

Kein Problem. Aber einen Augenblick später stößt er etwas zu
zufällig sein Glas mit Fruchtsaft um. Er schwappt über den
Tisch und tropft auf meine neue Hose. Fast im selben Moment
klingelt es. Kurz-lang-kurz.

»Gleich bringe ich dich um«, zische ich.

Ich poltere die Treppe hinunter. Was sage ich ihm? Lasse ich

109

ihn herein? Die Tür einen Spaltbreit öffnen. Ist er es? Hoffentlich geht er weg, was soll ich mit einem Fremden?

»Hallo Evi«, sagt Matthew.

Er hat genauso ein Grübchen am Kinn wie Paps.

»Ich bin noch nicht fertig.«

»Zu lange geschlafen?«

»Nein, Sung hat ... Ach was.«

Meine Hose klebt mir an den Schenkeln. Hoffentlich gehen
die Flecken noch mal raus.

»Dann warte ich doch«, sagt er.

Ich wollte ihn nicht hereinlassen. Er hat die Tür auch nicht
selbst weiter aufgedrückt. Dinge passieren manchmal einfach
so.

Er sieht die Verwüstung auf meiner Hose.

»Soll ich Sung umbringen?«, fragt er.

Dann lache ich auch. Kurz. Zu lang.

Ob er nun in meinem Zimmer steht oder mitten in einem
Tagebuch, wenn ich das hätte. Ich fühle mich genauso nackt.
Ich werde hier nie wieder jemanden hereinlassen. Ich fühle
mich, als könnten die gelben Schuhe jeden Augenblick aus
dem Schrank fallen, um mich zu verraten. Ich verschwinde
auf der Toilette, wo ich mich umziehe und meine Hose in die
Waschschüssel stopfe, die ich mit kaltem Wasser voll laufen
lasse. Sie ist zu klein, ich sollte besser einen Eimer nehmen,
aber dann muss ich nach oben, in die Küche und Matthew ist
schon zu lange allein in meinem Zimmer, er hat schon zu viel
gesehen. Als ich hereinkomme, steht er vor der Collage von
Plansjee.

»Du hast viele Freunde«, sagt er mit einem Blick über die
Schulter zu mir.

»Oder viele Erinnerungen.«

Warum tue ich das? Ich könnte mir die Zunge abbeißen.

110

»Irgendwann einmal bin ich das auch. Eine gute Erinnerung, will ich hoffen, aber noch nicht zu bald.«

Ich nehme meinen Schlüssel. Auf der gegenüberliegenden Seite kommt Beth bereits eine Spur zu zufällig aus ihrem Zimmer. Sie nickt kurz und klopft dann bei Sung an.

»Werden sie jetzt klatschen?«

»Du kannst noch weg, wenn du willst.«

Er grinst kurz und zieht mich neckisch am Ohr.

Unten hält er mir die Tür seines Autos auf. Ein grauer Mercedes. Nagelneu oder zumindest heute Morgen geputzt und poliert.

»Wohin willst du?«, fragt er.

Keine Ahnung. Wenn es nur Jasper wäre, der mich das fragt. Aber das Meer ist zu weit.

»Ein bisschen spazieren gehen in der Stadt wäre nett«, sage ich.

»Nicht lieber ein bisschen in den Wald? Er ist ganz nah. Ich mag diese vielen stinkenden Autos nicht so sehr. Aber das ist vielleicht noch zu beschwerlich mit deinem Fuß.«

»Nein, der ist schon in Ordnung. Gestern Abend war er noch dick, aber da hatte ich auch einen ganzen Abend im Quick gestanden. Als ich nach Hause kam, habe ich die Salbe draufgeschmiert, die ich von dir bekommen habe. Es geht schon wieder.«

Bis jetzt habe ich noch gar nicht gewagt, daran zu denken, dass ich meinen Job verloren habe. Ich muss mir dringend etwas anderes suchen. Cisse ist ein richtiger Dreckskerl.

»Ist es eine angenehme Arbeit?«, fragt Matthew, der sich alle Mühe gibt, das Gespräch in Gang zu halten.

Ich kann es nicht verhindern, dass ich loslache.

»Also eher nicht«, beschließt er. »Dumme Frage.«

»Ich habe gekündigt. Ich konnte es schon lange nicht mehr mit meinem Gewissen vereinbaren.«

Warum lüge ich? Habe ich Angst, dass er mich sonst vielleicht nicht interessant genug findet?

»Gehörst du zu den Tierschützern? Sind die Poster im Hausflur von dir?«

»Nein, die hat Beth aufgehängt. Ich bin einfach bloß Vegetarierin.«

»Ist Beth das Mädchen, das wir gesehen haben?«

»Ja.«

»Und Sung hat dich mit Fruchtsaft bekleckert.«

»Mit Absicht. Er schleimt, aber wenn er seinen Willen nicht kriegt, wird er falsch oder wütend.«

»Beth und Sung sind nicht gerade deine Freunde«, stellt Matthew fest. »Und dieser Jens?«

Ich spotte: »Du hast die Namensschilder neben der Tür aber gut studiert.«

»Erwischt! Entschuldige. Nein, ich will ehrlich sein, Evelien. Du machst mich neugierig. Ich treffe nicht jeden Tag jemanden, der über Friedhofsmauern klettert.«

»Jens ist schon okay, nehme ich an. Er geht dauernd Joggen. Vielleicht hat er Angst, dass seine Mutter ihm noch auf den Fersen sitzt. Sie ist Mitglied einer Sekte und irgendwo in Südfrankreich. Sie hatte ihn mitgenommen, aber er konnte weglaufen.«

»Das ist kein normales Studentenheim, oder?«

»Nein.«

Er hupt, weil ihm ein Auto die Vorfahrt nimmt. Für einen Augenblick ist sein Gesicht grimmig, aber ich weiß nicht, ob das mit der Situation zu tun hat oder mit dem, was er danach erzählt.

»Manchmal ist es ein ziemlicher Kampf mit den Eltern.« Er wartet, ob ich erzähle, aber als das nicht der Fall ist, fährt er selbst fort. »Meine Eltern waren Bauern, weißt du. Mein Vater wollte, dass ich den Betrieb übernehme, aber dazu hatte ich

112

keine Lust. Als ich mich durchsetzte und doch weiter studierte, musste ich gehen. Von einem Tag auf den anderen stand ich auf der Straße, ohne einen Pfennig in der Tasche. Später sagte er, er hätte erwartet, dass ich zurückkommen würde, aber als das nicht geschah, prallten erst recht zwei Dickschädel aufeinander. Ich studierte und hatte einen Job, endlose Jobs hintereinander, und wohnte in einem Zimmer mit schimmeligen Wänden. Ich aß Butterbrote mit Schokolade und Butterbrote mit Sirup, samstags eine Tüte Fritten.«

Er schüttelt den Kopf bei der Erinnerung.

»Und später?«, frage ich. »Ist es jemals wieder gut geworden?«

»Als er an Krebs erkrankte. Er entdeckte, dass es schlimmer war, einen Sohn zu verlieren, als einen Bauernhof. Ich pflegte ihn, am Ende Tag und Nacht. Er war stolz auf mich.«

»Und deine Mutter?«

»Die ist in einem Seniorenheim. Sie war schon über vierzig, als sie mich bekam. Sie hatten nicht mehr damit gerechnet. Erst drei Fehlgeburten … Ich verstehe sie jetzt auch besser, ihre Überbesorgtheit, ihre Erwartungen … Ich besuche sie jeden Sonntag.«

»Und was ist mit heute?«

»Sie weiß, dass ich ein bisschen später komme. Ich habe angerufen.«

»Ich komme gern mit«, sage ich.

Er schaut mich überrascht an.

»Evi, Evi. Wer bist du wohl?«

Wenn ich das nur wüsste, denke ich. Mama hätte es gewusst. So wie sie früher immer wusste, wenn ich von den Keksen oder der Schokolade genascht hatte. Ich dachte, sie könnte durch Türen sehen, aber natürlich sah sie nur die Krümel oder den Kakao um meinen Mund. Und meine zusammengepressten Lippen, wenn ich böse war. Oder sie hörte mich schlucken im dunklen Kino, als Bambis Mutter starb.

Wir schweigen. Vielleicht weiß Matthew, dass mich die Stille verrückt macht, es ist eine Falle, um jemanden doch noch zum Reden zu bringen. Ich weiß, wie der Hase läuft, Lukas, Maya ... Man ist verloren, wenn man anfängt zu reden. Wer zuhört, wird zum Freund. Früher oder später verliert man sie, wie Jasper, wie Margreet.

Matthew klappt die Sonnenblende hinunter. Er lacht mir zu, dabei bekommt er kleine Falten um die Augen. Was mache ich hier? Er ist ein Fremder. Ich bin erleichtert, als er eine Kassette einlegt. Ich erkenne Jacques Brel.

»Wahrscheinlich nicht so ganz dein Stil«, meint er. »Entschuldige. Du darfst natürlich immer selbst etwas mitbringen.«

Er geht davon aus, dass es ein zweites Mal gibt, mehrere Male. Ich setze meine Sonnenbrille auf. Die Stadt liegt hinter uns. Wir fahren zwischen roten Buchen. Die Sonne blitzt durch die Blätter. Die Luft ist blau. Das ist auch die Farbe des Himmels. Dachte ich als Kind.

»Meine Mutter mochte Brel auch gern«, sage ich.

»Und du?«

»Wenn ich in der richtigen Stimmung bin.«

Er löst den Kummer, wenn ich weinen will und nicht kann.

»Bist du in der Stimmung dazu, Evi?«

»Nein.«

Oder doch, aber nicht mit ihm neben mir. Ich bin auf der Hut.

Matthew nimmt die Kassette aus dem Recorder und schaltet das Radio ein. »Stau auf der Autobahn Richtung Küste auf der Höhe von Aalter. Wegen eines Unfalls steht nur ein Fahrstreifen zur Verfügung. Die Polizei rät, die Unfallstelle weiträumig zu umfahren.« Und dann läuft Musik, *Life goes on*, das der anderen, die nicht in den Unfall verwickelt waren, Music und Sex on the beach.

»Findest du das besser als Brel?«, fragt Matthew.

»Ich habe gerade nicht zugehört.«

»Wir sind gleich da, nach der nächsten Kurve.«

»Ist sie schon lange dort, deine Mutter?«

»Seit Neujahr. Sie hat Alzheimer. Vielleicht hätte ich das vorher sagen müssen. Du kannst noch zurück, wenn du willst.«

»Nein, ist schon okay.«

Matthew fährt die Auffahrt hinauf, zwischen Rasenflächen hindurch, die besprengt werden und vor Tropfen glänzen, und Azaleen gibt es hier in allen Farben. Hier wird kein Fußball gespielt, hier rennt keiner herum, man spaziert höchstens träge herum, den Arm bei jemandem untergehakt. Am Ende der Auffahrt liegt das Seniorenheim Ter Elst. Es ist ein altes Schloss, Türme und Freitreppe inklusive. An der Seite ist erst kürzlich eine Rampe für Rollstuhlfahrer angelegt worden. Der Parkplatz befindet sich an der Rückseite des Schlosses unter einer Reihe von Lärchen. Es gibt auch einen großen Garten und überall Bänke und gelbe Kieswege zwischen den Grasflächen, hier und da sieht man eine Krankenschwester in weißer, gestärkter Uniform. Die Schwestern lächeln, als sie uns sehen.

»Guten Tag, Herr Verrijken, guten Tag, junge Frau …«

»Sind sie neugierig?«, frage ich.

»Sie brennen geradezu vor Neugier.«

»Was wirst du sagen, wenn sie dich etwas fragen?«

»Dass du meine Nichte aus Paris bist.«

»Und deiner Mutter?«

»Alice aus dem Wunderland.«

Das wäre ich schon gern, denke ich. Dann würde ich aus der Flasche trinken, deren Inhalt einen klein macht, und würde

115

niemals, niemals zwölf und liefe immer barfuß. Die gelben Schuhe hätte es nie gegeben.

»Ihre Mutter ist im Wintergarten«, sagt die Krankenschwester hinter dem Schalter.

»Vielen Dank, Mimi. Meinst du, wir können zum Essen hier bleiben, oder sind wir zu spät dran?«

»Ich werde mich erkundigen, einen Moment, bitte.«

Sie telefoniert mit der Küche und nickt, noch bevor sie auflegt.

»Ein Cordon bleu mit Fritten«, flüstert sie, die Hand über dem Hörer.

»Und als Nachtisch?«

»Vanilleeis mit Erdbeeren.«

»Sie kümmern sich hier nicht gerade um ihren Cholesterinspiegel.« Matthew lacht.

»Sonntags darf man sündigen«, sagt Mimi.

Ich denke, dass sie selbst jeden Tag sündigt. Sie wiegt bestimmt hundert Kilo.

Dann fällt ihm ein, dass ich Vegetarierin bin. »Wie dumm von mir!«

»Das macht nichts. Ich sündige auch mal mit. Einmal geht das. Aber kann ich erst zur Toilette?«

»Natürlich, ich zeige dir, wo du hinmusst.«

Ein abgelegener Winkel. Doppeltür. Kein Mensch wird es hören, dass ich mich hier nach dem Essen übergeben werde.

Wir gehen zum Wintergarten. Außer Matthews Mutter ist niemand dort.

Wie kann eine so schmächtige Frau jemals eine Kuh gemolken haben?, frage ich mich. Sie sitzt in der Hocke und gräbt mit einem Stock Löcher in die Erde. Als sie uns sieht, steht sie mühsam auf.

»Tag Matthew, Tag Lizzie.«

Lizzie. Alice. Das wäre damit geklärt. Plötzlich finde ich es nicht mehr nett, aber ich sage nichts dazu.

»Das ist Evelien, Mutter. Lizzie ist tot, das weißt du doch.«
Sie reagiert nicht, zupft Blättchen von einem Strauch und stopft sie in die kleinen Kuhlen.

»Es ist viel zu nass«, sagt sie kopfschüttelnd. »Er wird braune Ränder bekommen.«

»Was machst du da?«

»Siehst du das nicht? Den Salat auspflanzen. Wir müssen auch aufpassen wegen der Schnecken. So ein nasses Frühjahr …«

»Komm, wir gehen essen, komm.«

»Nein, nein, gleich kommt dein Vater nach Hause.« Ihre Hände flattern. Ab und zu wirft sie einen unruhigen Blick zur Tür des Wintergartens. »Mach du dich wieder ans Studieren, schnell, bevor er zurück ist.«

»Mutter, komm … Du weißt doch …«

Sie befreit ihren Ellenbogen und wendet sich an mich.

»Er ist ein guter Junge, Lizzie, aber diese ständigen Diskussionen. Das kommt von all den Büchern, die er liest. Er muss immer das letzte Wort haben. Ich denke dann, ach, die Jugend … Aber sein Vater, der ist noch vom alten Schrot und Korn: Vater, Mutter sollst du ehren …« Sie fängt wieder an zu pflanzen.

»Entschuldige«, sagt Matthew. »Manchmal ist sie ganz klar.«
Er seufzt und versucht erneut, sie mitzuziehen, aber je mehr er es versucht, desto größer wird ihr Widerstand.

»Das Beet muss fertig sein, bevor er nach Hause kommt! Du hattest versprochen, dass du es machen würdest. Soll er dich wieder rausschmeißen?« Sie ist wütend und weint. Ich knie nieder und helfe ihr dabei, Blättchen abzuzupfen und in die Kuhlen zu stopfen.

»Du brauchst keine Angst zu haben«, sage ich. »Es wird keinen Streit geben.«

»Es sind solche Dickköpfe, Lizzie.«

117

»Ich werde mit ihnen reden.«

»Willst du das tun? Auf mich hören sie nicht. Du bist ein gutes Kind. Wann kommt denn nun das Baby?«

Ich werfe Matthew einen Blick zu, der sein Gesicht abwendet, als müsste er weinen.

»Du bist überhaupt noch nicht dick«, fährt sie fort. »Isst du denn auch genug? Du musst für zwei essen, das weißt du doch.«

»Das ist ein gutes Stichwort, das Essen ist bestimmt fertig«, sagt Matthew. »Kommt ihr mit?«

Jetzt folgt sie bereitwillig, Füßchen vor Füßchen. Sie hat ihren Arm bei mir eingehakt. Am Tisch achtet sie auf jeden Bissen, den ich zu mir nehme, einen für mich und einen für das Baby. Ich werde Oma, sagt sie immer wieder, zu jedem, der es hören will. Matthew und ich schauen starr auf unsere Teller. Als wir uns nach dem Essen verabschieden, sagt sie, ich solle das nächste Mal Wolle mitbringen.

»Dann stricke ich Babysöckchen. Das habe ich auch gemacht, als ich mit Matthew schwanger war.«

Im Dorf läutet eine Glocke. Das erschreckt sie. Sie schaut mich plötzlich befremdet an und fragt, wer ich bin.

»Evelien«, antwortet Matthew. »Das sagte ich doch.«

Er ist freundlicher in seinen Erzählungen über Menschen als in seinem Verhalten.

»Warum ist Lizzie nicht hier?«

»Sie konnte heute nicht.«

Er streichelt ihr nun doch kurz über die Wange. Seine Mutter nickt und starrt in die Ferne. Die Glocke hat aufgehört zu schlagen. In einem der Bäume gurrt eine Taube.

»Du sollst nicht lügen«, sagt sie dann, altersstreng. »Eine Mutter kommt doch dahinter, immer. Gott hätte besser mich geholt als sie. Ich will auf mein Zimmer.«

»Wir bringen sie dorthin, und wenn wir weggehen …«

118

»Ich muss zur Toilette.«

»Ich warte auf dich.«

»Es kann ein bisschen dauern.«

Ginge er doch bloß schon in die Halle. Ich habe dauernd mit-
gerechnet. Bestimmt tausend Kalorien. Es war auch ein Glas
Wein dabei ... Aber ich kann es nicht. Meinen Finger in den
Mund stecken. Ich habe seiner Mutter versprochen, dass ich
gut für mich sorgen würde, sicherlich hundertmal. Für mich
und das Baby. Lizzie aus Wunderland. Für sie will ich das
schon gern sein ... Wir träumen alle, und wir sterben, wenn
wir aufwachen.

Ich wasche mir das Gesicht und die Hände und schließe mich
Matthew wieder an. Er ist schweigsam. Vielleicht denkt er
auch an das Baby? Nach einigem Zögern wage ich es doch,
ihn danach zu fragen.

»Ein Sohn«, antwortet er steif. »Ich hätte dich nicht mit hierher nehmen dürfen.«

Jetzt macht er dicht wie Papa. Die Bäume sausen vorbei.

»Würdest du bitte nicht so schnell fahren?«, sage ich.

»Wie? Entschuldige. Evi, du ... Oh Himmel!«

Er hält an und zieht mich an seine Schulter, die ruhig nass
werden darf, und ein ganz kleines bisschen kann ich noch den
Rasierschaum vom Morgen riechen.

13

Wir müssen in der Gruppenarbeit etwas über »den Menschen im Feind« für den Religionsunterricht ausarbeiten.
Gleich geht das Geflüster los.

»Machst du mit?«

»Wir zwei?«

»Nein, ich bin schon mit …«

Mich hat niemand gefragt, sie schauen noch nicht einmal in meine Richtung. Ich hebe die Hand.

»Ich bleibe übrig«, sage ich zu Flappie. »Vielleicht bin ich ja das Thema in höchsteigener Person.«

Flappie heißt eigentlich Lauwers, aber wir haben ihm einen Spitznamen verpasst, weil seine Ohren ein ganzes Stück vom Kopf abstehen. Er ist ein rötlicher Typ, sehr groß, bestimmt zwei Meter. Er wird wegen jeder Kleinigkeit rot.

»Das ist sicher ein Irrtum«, stottert er. »Wer will mit Evelien arbeiten?« Keiner rührt sich. Mäppchen und Nägel sind auf einmal ungeheuer interessante Studienobjekte. Flappies Adamsapfel hüpft auf und nieder.

»Vielleicht kannst du dich einer Gruppe anschließen«, schlägt er vor. Er schaut sich um, sichtlich nervös.

»Wir sind schon zu viert«, sagt Kelly.

»Und die anderen?«

Es gibt noch vier Gruppen à drei und eine einzige mit zwei Leuten. Die fühlen das Unheil nahen.

»Ihr braucht euch nicht aufzuopfern«, sage ich. »Ich mache einfach was allein.«

Aber davon will Flappie nichts wissen. »Los, Leute! Das Thema heißt Vergebung und Versöhnung!«, mahnt er. Seine Stimme wird höher. »Das ist eine Gelegenheit, einander zu finden.«

»Amen«, kichert Ben schräg vor mir hinter vorgehaltener Hand.

Ward und Lena trauen sich nicht, noch weiter aufzumucken, aber den Rest der Stunde flüstern sie mit grimmigen Gesichtern. Sie reden sicherlich über den Feind. Wenn es denn sein muss … Während der Zehnuhrpause gehe ich zu ihnen, um ihnen zu sagen, dass ich nicht mitmache, aber plötzlich scheinen sie wie ausgewechselt, tun schuldbewusst und zeigen ein strahlendes Lächeln. »Entschuldigung, es war nicht unsere Absicht.«

»Hast du vielleicht schon eine Idee?«

Ich muss an Jasper denken, denn sie in Plansjee Hirnfucker oder Streber nannten. Das sagen sie in der Klasse von mir auch, mit anderen Worten. Dass ich schleime, oder noch Gröberes, ich möchte die Worte nicht wiederholen. Aber wenn es ihnen in den Kram passt, kennen sie mich auf einmal doch.

»Ich dachte an ein Porträt von Dutroux«, sagt Ward. »Der Kerl, der vor ein paar Jahren die Kinder entführt und ermordet hat. Was ist er für ein Mensch? Warum tat er so etwas?«

»Das will ich überhaupt nicht wissen«, sagt Lena. »Dahinter kann für mich kein Mensch stecken. Unglückliche Jugend hin oder her. Aber … die Einrichtung, in der du gesessen hast, Evelien, da sitzen doch Typen, die geklaut oder gedealt haben und so? Freunde von dir, also müssen sie etwas …«

»Etwas Menschliches haben?«, spotte ich.

»So solltest du das nicht sehen«, versucht Ward zu beschwichtigen.

»Nein? Ich weiß, was ihr von mir denkt. Das ist deutlich genug.«

Aber als ich mich umdrehen will, hält mich Lena zurück.

»Wir können ein anderes Thema wählen«, schlägt sie vor. »Etwas Universelles, den Krieg zum Beispiel.«

»In Vladslo gibt es einen deutschen Soldatenfriedhof«, sage ich. »Ich bin einmal mit meiner Mutter dort gewesen, als wir bei ihren Eltern am Meer waren. Da gibt es zwei Standbilder von trauernden Eltern. Ich könnte nachsehen, wer sie gemacht hat. Vielleicht finden wir ja Fotos davon in der Bibliothek oder im Internet.«

»Du preschst gleich wieder drauflos«, sagt Ward. »Du tust so, als hätten wir schon beschlossen, dass es okay ist.«

Ich schweige. Ich hatte bloß plötzlich Lust dazu bekommen,

121

sonst nichts. Aber ich verstehe schon. Es muss ihre Idee sein, ihre Ehre. Die Arbeit darf ich dann machen.

Die Klingel verkündet das Ende der Pause.

»Wir haben zwei Wochen«, sagt Lena. »Wir können eine Nacht darüber schlafen.«

Natürlich sind sie einverstanden, sie sind zu faul, um sich selbst etwas auszudenken.

Matthew grinst, während seine rechte Hand pausenlos die Computermaus hin- und herschiebt. Klick, klick, klick. Mir ist schon längst schwindelig. So ein Wirrwarr! Aber er wird böse, als ich das sage. Ich solle keinen Blödsinn erzählen, sondern hingucken, es sei so einfach wie nur was.

Ich schweige, ein bisschen bockig. Du kommst mir vor wie mein Vater, denke ich. Ihr Erwachsenen seid doch alle gleich. Alles Besserwisser.

Auf dem Bildschirm erscheinen die Standbilder, die ich in Vladslo auf dem Friedhof gesehen habe. Ich erkenne sie.

»Von Käthe Kollwitz«, sagt Matthew und klickt weiter zu einem Artikel über sie. »Du wirst das doch nicht abschreiben wollen?« Ich habe mein Heft und meinen Tintenstift schon zur Hand genommen. Er lacht mich aus, schüttelt den Kopf.

»Ich drucke es dir schnell aus.«

Aber ich habe jetzt ganz dicht gemacht. Okay, er meint es vielleicht gut, aber ist es denn nötig, mich so klein zu machen wie ein dummes Kind? Ich weiß nichts von Computern, in Ordnung, aber was wäre, wenn ich ihn bitten würde, eine Pfefferrahmsauce oder ein Consommé von Waldpilzen herzustellen? Er wusste vorhin noch nicht einmal, wie seine eigene Kaffeemaschine funktioniert. Und dann lachen und sagen, dass er Tee trinkt oder auf seine Haushälterin wartet. So hat man natürlich immer Recht.

Er nimmt die Seiten, die er ausgedruckt hat, und steckt sie in eine Mappe. »Eigentlich müsstest du die Denkmäler noch einmal gesehen haben«, sagt er. »Wir können am Sonntag dorthin fahren, wenn du möchtest. Und zum *Dodengang*, bist du dort schon gewesen?«

»Nein, aber …« Ich seufze. Wie soll ich ihm das erklären? »Wir müssen diese Arbeit in der Gruppe machen«, sage ich. »Ich will nicht alles an mich ziehen.«

»Und eben sagtest du noch, die anderen seien zu faul! Was stimmt denn nun?«

»Wenn ich das bloß wüsste!«

Ich trinke meinen Kaffee aus und gehe in die Küche, um die Tassen abzuwaschen. Danach mache ich die Anrichte wieder sauber. Alles piekfein. Meine Hilfe gegen seine. Ich bin kein Kleinkind, und ich brauche ihn nicht. Es fahren auch Züge zur Küste.

»Ich hole dich also am Sonntag ab, okay?«

»Und was ist mit deiner Mutter?«

»Die nehmen wir mit. Oder wir fahren am Samstag.«

»Ward und Lena wird das nicht gefallen.«

Und sie werden es mir aufs Brot schmieren. Ich bin diejenige, die die Rechnung zahlen wird. Aber ich verspreche, darüber nachzudenken und von mir hören zu lassen. Um ehrlich zu sein, ich habe dringendere Sachen im Kopf. Ich muss einen anderen Job finden. Und in den Waschsalon gehen und einkaufen.

Ich nehme die Mappe mit den Ausdrucken und bedanke mich noch einmal bei ihm, auch wenn er es nicht verdient. Er hat auch nichts über den Abwasch gesagt, den ich gemacht habe.

»Soll ich dich ein Stückchen begleiten?«, fragt er.

»Den Weg kenne ich doch jetzt, und es ist noch hell.«

Er seufzt und fährt sich durch die Haare. Dann holt er aus. Er ist genau wie alle anderen.

»Na ja, wenn du weiterhin so ein böses Gesicht machst, werden sie sich hüten, auch nur mit dem Finger auf dich zu zeigen«, sagt er.

Dreckskerl, denke ich. Du Dreckskerl.

Als ich im Klinker ankomme, hat sich meine Wut ein bisschen gelegt. Morgen in der Schule werde ich hören, ob Ward und Lena selbst auch nach Vladslo wollen. Das ist nicht einmal sicher. Und allein mit dem Zug zu fahren kostet jede Menge Geld. Ich könnte natürlich meinen Vater darum bitten. Es ist doch für meine Ausbildung, aber angesichts der Situation geht es nicht: Kein Lebenszeichen, seit ich hier wohne. Kein Zettel, keine Nachricht, nichts. Wenn ich nicht selbst anrufe, passiert nichts. Nach dem einen Mal, als ich den Anrufbeantworter dranhatte, habe ich es noch zweimal probiert. Beim ersten Mal bekam ich Rita an die Strippe. Als ich nach meinem Vater fragte, sagte sie, er sei nicht da, was ich nicht glaubte. Es war zu einem Zeitpunkt, als der Laden noch offen war, sie hätte ihn kurz rufen können. Beim zweiten Mal nahm Dominik ab.

»Kommst du zurück?«, fragte er.

Ich erkundigte mich spöttisch, ob er mich vielleicht vermisse, heimlich hoffte ich das ein wenig, sogar von ihm. Er sagte, dass mein Vater eine Scheißlaune habe, seit ich weg sei. Jeden Tag gebe es Krach. Schön, dachte ich. Schön. Noch ein bisschen, und sie lassen sich scheiden. Ich bat, meinen Vater sprechen zu dürfen.

»Hallo, Papa«, sagte ich.

Mir zitterten die Knie. Ich hoffte, er würde fragen, wie es mir jetzt ginge. Nicht so gut, würde ich dann antworten, vielleicht würde ich sogar zugeben, dass ich ihn vermisste. Es hing davon ab, wie er klingen würde. Er fragte nicht danach. Er wartete. Die Zeit auf meiner Telefonkarte tickte weg.

»Warum rufst du an?«, fragte er. »Wenn du doch nichts zu erzählen hast? Schmeiß das Geld ruhig weiterhin zum Fenster hinaus. Ich habe eine Rechnung vom *Klinker* bekommen. Deine Launen kosten mich ein Vermögen.«

Das letzte Wort konnte ich bloß raten. Ich hatte schon aufgelegt, weinend und zitternd vor Wut.

Nein, meinen Vater bitte ich um nichts mehr. Wenn Matthew nach Vladslo fahren will, von mir aus. Vielleicht können Ward und Lena ja mit? Aber wenn er das gewollt hätte, dann hätte er es auch von sich aus angeboten.

Ich stelle mein Fahrrad weg und gehe gleich hoch zum Speicher, zur Sitzecke. Wenn ich mich jetzt auf mein Zimmer setze, grüble ich doch nur weiter. Jedes Fernsehprogramm ist mir recht. Gedanken auf null. Sung liegt ausgestreckt auf dem Sofa. Seine Sportschuhe hängen über der Lehne, und auf seinem Bauch liegt eine Tüte Erdnüsse, die er schon mindestens zur Hälfte aufgefuttert hat. Neben ihm auf dem Boden steht eine Coladose.

»Soll ich rücken?«, fragt er, nachdem er die Erdnüsse in seinem Mund allesamt auf eine Seite hat schieben können.

»Was ist das für ein Programm?«

»Eine politische Dokumentation, aber die ist gleich vorbei. Danach kommt ein Thriller, irgendwas über Poltergeister.«

»Wenn du das mal bitte sein lässt«, warnt Jens scharf.

Er und Beth sitzen am Tisch und spielen Boggle. Ich würde lieber mit ihnen spielen, aber ich traue mich nicht richtig, darum zu bitten, ich drücke mich um ihren Tisch herum.

»Nimm dir einen Stuhl«, schlägt Jens von sich aus vor. »Wir können von vorn anfangen, oder, Beth?«

»Das hättest du wohl gern, jetzt, wo du auf der Verliererseite bist!«

»Du bist doch supergut, Beth, du holst das doch sofort wieder rein. Hier hast du ein Blatt Papier, Evi, einen Stift musst du dir …«

»Ich habe meine Schultasche dabei.«

125

Sung hat nicht mehr reagiert.

Er sieht fern und zermalmt seine Nüsse. Beth schüttelt die Schachtel mit den Buchstabenwürfeln. Jens dreht die Sanduhr um. Wir fangen an zu schreiben. *Runde – nur – Kinder* ... ich komme auf nichts weiter, aber es kann doch nicht sein, dass das alles ist. Jens hat schon eine ganze Liste und Beth schreibt und schreibt, die Zungenspitze zwischen den Lippen. Ha, das ist ein schönes, *Freude* ... Und dann finde ich auf einmal noch weitere Wörter: *Feuer – Kur – Regen* ...

»Stopp«, sagt Beth.

Die Sanduhr ist tatsächlich abgelaufen. Schade, ich hätte noch mindestens vier Wörter aufschreiben können. Jens, der die meisten Wörter gefunden hat, fängt an, seine Liste vorzulesen. Dann Beth. Wir streichen alles, was jeder von uns gefunden hat. Schließlich behalte ich nur noch *Freude* übrig. Ein Punkt. Beth hat vier, Jens sechs.

Im Fernsehen ist die Politdokumentation zu Ende. Sung sieht sich doch den Thriller an. Eine Frau im schwarzen Kleid und mit hüftlangem, kupferfarbenem Haar steckt Kerzen auf einen Hausaltar. Ihre Augen sind so schwarz wie ihr Kleid, und manchmal spiegelt sich der Feuerschein der Kerzen in ihnen. Jens, der mit dem Rücken zum Bildschirm sitzt, hat es noch nicht bemerkt. Beth schüttelt den Würfelbecher. Ich bin mit meinen Gedanken woanders. Im Fernsehen schiebt sich der Schatten eines kleinen Mädchens an der Wand entlang. Sie hat Angst vor ihrer Mutter, die sie kaum erkennt.

Als Jasper gerade erst in Plansjee war, schob er sich auch immer an der Wand entlang. Andere Rückendeckung hatte er nicht. Und mitten im Zimmer wird man zu schnell gesehen.

»Stopp!«

Ich habe noch nichts aufgeschrieben. Als ich mich entschuldige, dass ich gerade geträumt habe, wettert Beth wieder los, dass sie extra für mich von vorn angefangen hätten. Ich schlu-

126

cke eine zweite Entschuldigung hinunter, ich weiß inzwischen, dass Entschuldigungen bei ihr wie ein rotes Tuch wirken. Ihr Vater und ihre Mutter sind sieben Tage in der Woche sternhagelvoll. Und sieben mal sieben Mal versprechen sie, dass es an diesem Tag wirklich das letzte Mal gewesen ist. Vorgestern stand ihr Vater hier sturzbetrunken vor der Tür. Er hätte fast die Klingel abgerissen. Flehen und Schimpfen, sie solle mitkommen, zurück nach Hause. Oder er würde …

»Was?«, fragte sie. »Selbstmord begehen? Das machst du ja doch nicht. Mich umbringen? Du kannst ja kaum auf deinen Beinen stehen. Ich puste dich um.«

Sie hatte sich umgedreht, die Tür vor seiner Nase zugeschlagen und die Polizei angerufen. Als die kam, war er auf der gegenüberliegenden Straßenseite zusammengeklappt, an der Fassade des Hauses von Vic und Else. Beth hatte keinen Laut von sich gegeben, aber gestern und heute machte sie, noch fanatischer als sonst, eine Fastenkur ausschließlich mit Fruchtsäften. Aber es ist keine Diät.

»Nicht so wie bei dir«, sagte sie zu mir. »Ich bin nicht magersüchtig.«

Ich verstehe nicht, warum sie mir gegenüber so feindselig ist.

Im Fernsehen schreit das Mädchen und hält sich dabei die Ohren zu. Jens dreht sich mit einem Ruck um.

»Verdammt, Sung, ich hatte dich doch gebeten …«

»Du bist hier nicht der Boss. Im Übrigen spielst du gerade Boggle …«

»Vor allem das«, höhnt Beth.

»Und noch was«, fährt Sung fort, als hätte er sie nicht gehört, »es ist bloß ein Film.«

Die Tüte mit den restlichen Erdnüssen rutscht ihm vom Schoß. Sie klackern auf den Boden. Er flucht, springt auf und wirft dabei auch die Coladose um. Zweiter Fluch.

127

»Alles deine Schuld«, schnauzt er Jens an.

Er stiefelt aus dem Zimmer, schmeißt die Tür hinter sich ins Schloss. Jens springt ebenfalls auf, so brüsk, dass sein Stuhl umfällt und auf den Boden poltert.

»He! He, Kerl, dein Dreck liegt noch hier!«

»Räum ihn doch selbst auf!«

»Das hast du dir so gedacht! Hier ...«

Er stürmt ihm nach. Im Flur geht der Kampf los. Beth ist in die Ecke zwischen Schrank und Wand gekrochen. Sie sitzt in der Hocke, ihr Gesicht zwischen den Knien, die Arme über dem Kopf. So sitzt jemand, der Schläge erwartet.

Ich gehe neben ihr in die Hocke und streichle ihren Arm. Erst erstarrt sie, aber dann lässt sie es zu, während sie sanft hin- und herschaukelt. Sie singt ein Wiegenlied, drei-, vier-, fünf- mal ohne aufzusehen, ohne ihr Gesicht zwischen den Knien hervorzuholen oder die Arme vom Kopf zu nehmen.

»Beth«, flüstere ich.

Ich glaube nicht, dass sie mich hört.

Der Kampf im Flur ist zu Ende. Jens und Sung kommen in zer- fledderter Kleidung herein, die Arme einander um die Schul- tern gelegt. Jens hat Nasenbluten. Sein T-Shirt ist völlig ver- fleckt. Das Blut ist bis auf Sungs Hose gespritzt. Auch über sein Gesicht läuft ein Rinnsal, aus der Augenbraue, die geplatzt ist. Als es seine Lippen erreicht, leckt er es ab. Gemeinsam fangen sie an, das Durcheinander aufzuräumen.

»Geht es Beth wieder ein bisschen besser?«

Ich nicke.

»Lass sie einen Moment.«

Sie singt jetzt ohne Worte, summend, noch immer dasselbe Lied. Auf einmal erkenne ich es. Mama hat es auch ab und zu gesungen. Als ich sehr klein war. Ich falle leise in die Melodie ein und flüstere die Worte ganz nah an Beths Ohr.

Sie legt ihr Gesicht an meine Schulter. Mensch und Feind,

denke ich. Muss ich eigentlich nach Vladslo? Aber die Knall-
köpfe in meiner Klasse würden von dem hier absolut nichts
kapieren. Nur ich weiß, dass man, trotz ihrer Wutausbrüche,
mehr auf eine Beth, einen Jens oder einen Sung oder auf ganz
Plansjee zählen kann als auf irgendeins dieser Heiligenfigür-
chen der 5B. Aber vielleicht ist das auch nicht gerecht.

14

Lena und Ward erklärten mich für verrückt: Wer will denn
schon so weit fahren, bloß um einen Friedhof zu besuchen,
und noch dazu an einem freien Tag? Das wäre ja noch schö-
ner.
»Wir können natürlich so tun, als wären wir dort gewesen«,
schlägt Ward vor. »Wir interviewen angeblich ein paar Leute.
Ihre Antworten teilen wir dann in zwei Kategorien: Pro und
Kontra ...«
»Und hast du dir auch schon überlegt, wer sich ihre Antwor-
ten ausdenkt?«, spottet Lena. »Du vielleicht?«
Er zuckt mit den Schultern.
»Dann interviewen wir doch hier ein paar Leute. Kein Prob-
lem.«
Aber Lena zögert.
»Ich nicht. Macht ihr das, du und Evi.«
»Von mir aus«, sage ich.
»Okidoki.«
Wir vereinbaren, dass wir uns bis übermorgen alle drei zu-
sammen einige Fragen überlegen. Lena erklärt sich bereit,
eine Zusammenfassung des Kriegsverlaufs zu machen und
alles in den Computer einzugeben. Fast hätte sie den Zweiten
Weltkrieg genommen, die Gans. Ich gebe ihr die Informatio-

nen über Käthe Kollwitz, die Matthew und ich im Internet gefunden haben. Und Ward und ich ziehen am Mittwoch los und machen die Interviews.

»Um zwei Uhr bei dir«, beschließt er.

Ich habe nicht so gern neugierige Besucher im *Klinker*, aber es liegt halt ziemlich nah am Zentrum. Ich werde ihn abfangen.

»Ich bringe meine Videokamera mit«, sagt er. »Ich habe gerade eine bekommen für ...«

»Das musst du unbedingt machen. Wir filmen einen Kriegsveteranen hier auf dem Großen Markt und setzten dann Vladslo drunter.« Ich habe Recht, aber ich hätte es nicht sagen sollen. Jetzt ist er wieder bockig.

Abends rufe ich Matthew an und sage, dass aus Vladslo nichts wird.

»Wir können doch trotzdem hinfahren«, wirft er ein. »Oder woanders hin.«

Ich bin froh, dass meine Telefonkarte aufgebraucht ist. Der Apparat schaltet ab. Ich weiß nicht, was ich will. Ich weiß nur, was ich muss. Einen Job suchen. Ich bin völlig abgebrannt, und im Schrank fallen die Mäuse tot um. Ich habe gestern Abend wieder einen Fressanfall gehabt. Und danach habe ich die halbe Nacht gekotzt und mich über den Boden gerollt wegen der Krämpfe in meinem Bauch. Zum Glück habe ich nicht zugenommen.

Heute Abend ist wieder ein Essen bei Vic und Else. Patsy kommt auch. Inspektion. Ich habe mir schon überlegt, dass ich abräumen und abwaschen werde, damit ich sie so wenig wie möglich zu sehen brauche.

Ich brauche eine Zeitung wegen der Stellenanzeigen, aber ich werde bis morgen warten. In der von Samstag sind mehr Anzeigen. Ich könnte nach Hause gehen und dort eine mitnehmen. Wenn ich Glück habe, ist Rita bei der Arbeit. Vielleicht können mein Vater und ich reden. Wenn nicht zu viel Betrieb herrscht. Ich will nicht denken: Wenn er zuhören will. Aber ich schreibe doch schon mal einen Brief für alle Fälle.

Ich bin nicht weggelaufen, weil ich dich hasse, schreibe ich, sondern weil ich dich vermisse. Es ist nicht so wie bei Margreet. Und dann heule ich auch um sie und wie von selbst auch um Jasper, eigentlich um jeden, der weggeht oder stirbt oder versteinert, wie Oma, die das Jugendamt hat wissen lassen, dass sie zu einem Rechtsanwalt gehen will, um mich von Papa wegzuholen. Als wäre er ein Schurke, der Mama ermordet hat, Mama und jetzt mich.

Ich nehme die gelben Schuhe aus dem Schrank. Ich betrachte sie lange. Ich überlege, das Fenster mit ihnen kaputtzuschlagen. Ich weiß nicht warum. Vielleicht um eine Glasscherbe zu haben. Es tut nicht weh, wenn man sich ritzt. Es lässt den Schmerz geradezu entkommen. Als ob er im Körper, im Blut gefangen wäre. Wenn man schneidet, feilt man die Gitterstäbe durch.

Die Scheibe zerbricht nicht, natürlich nicht, ich habe immer noch kleine Mädchenhände. Wie verzweifelt habe ich nach dem Unfall gegen die Autoscheibe getrommelt – später kamen die Schneidbrenner. Der Geruch, das Geräusch … Ein Rasiermesser dagegen ist still. Solange ich blute, gedenke ich ihrer. Genau wie in der Messe, aber dieser Gedanke ist mir erst später gekommen, nicht am Tag meiner Firmung. Ich bin ihre Tochter. Ich bekomme meine Periode, auch wenn das schon wieder eine ganze Weile her ist. Irgendwann werde ich Mutter wie sie. Nach ihrem Bild. Das Schlimmste ist, wenn man anfängt zu vergessen. Wie war sie? Wer war sie? Wer bin ich?

Ich zwänge meine Zehen in die Schuhe, meine Hacken passen nicht mehr dazu. Ich fange an zu gehen: fünf Schritte hin, fünf Schritte her. Mehr geht nicht in meinem Zimmer. Ich hoffe, dass der Himmel größer ist.

Als ich Gepolter und Stimmen im Flur höre, verstecke ich die Schuhe schnell wieder. Es klopft an der Tür. Ob ich mitgehe zum Essen? Da stehen sie alle drei, sie haben auf mich gewartet. Jens sieht meine roten Augen, aber ich schüttle den Kopf. Er fragt nichts. Auf dem Weg hake ich mich bei ihm unter. Ich streue Sand in Patsys Augen. Ich sehe ihren Blick. Kinn hoch. Siehst du jetzt, dass ich mich angepasst habe! Aber nach dem Essen folgt sie mir in die Küche. Sie nimmt ein zweites Geschirrtuch zur Hand.

»Du hast dich wieder geritzt«, sagt sie. Ich habe die Ärmel zum Abwaschen hochgerollt. Nicht daran gedacht. Dumm.

»Else und Vic wollen das nicht. Wenn sie es entdecken, kannst du gehen.«

»Dann erzähl es ihnen doch, mach nur.«

»Du vertraust mir nicht.«

»Nein«, sage ich. »Ich will lieber mit Maya oder Lukas von Plansjee reden.«

»Dann hättest du dort bleiben müssen.«

»Du bist gut! Als ob das so einfach wäre.«

»So ist es, Evelien, nicht anders. Du hast deine Wahl getroffen.«

Ich zerbreche das Glas zwischen meinem Geschirrtuch. Es wird mir noch nicht einmal bewusst, bis ich die Splitter spüre. Die Bluttropfen. Die Farbe der Ohnmacht ist rot.

»Du bist nicht gerecht«, sage ich zu ihr.

»Ich hole ein Pflaster.«

»Nimm gleich hundert oder tausend! Mein Herz liegt in Scherben, mein Leben.«

»Übertreib nicht so.«

»Ich habe mir das hier nicht ausgesucht«, schnauze ich. »Es ist nicht meine Schuld. Gib ihnen nur Recht.«

Sie faltet das Geschirrtuch und legt es auf den Tisch.

»Recht haben interessiert mich nicht, Evi. Wer Recht haben

will, geht über Leichen. Ich beschäftige mich lieber mit Über-
leben. Hast du etwas zum Desinfizieren für deinen Arm?«

Trotz Patsys Anwesenheit war der Abend ganz nett. Else
hatte Gemüselasagne gemacht, und Vic erzählte eine total verrückte Geschichte über einen Einbrecher, der auf einem Dach
in Panik geraten war und von der Feuerwehr gerettet werden
musste. Am Schrank prangte eine Ultraschallaufnahme von
ihrem zukünftigen Enkelkind. Vic ist davon überzeugt, dass es
ein Junge wird.
»Er will es so gern.« Else lacht. »Dann kann er endlich seine
Eisenbahn auf dem Speicher aufbauen und elektrische Züge
kaufen.«
Vic gab es rundheraus zu. Und Beth meinte, Mädchen fänden
das vielleicht auch schön.
»Puppen oder Züge«, sagte sie. »Hauptsache, man spielt mit
ihnen.«
Sie lachte. Vielleicht erinnerte sie sich an einen guten Augenblick. Und Sung schlug vor, Cluedo zu spielen, wo man einen
Mord aufklären muss. Ich kapierte nicht, was die anderen alle
aufschrieben, aber es funktionierte offensichtlich. Sie fanden
den Mörder oder die Waffe oder zumindest das Zimmer, in
dem der Mord geschehen war. Ich fand nichts, aber das machte nichts, es war der schönste Abend seit Jahrhunderten. Ein
Stückchen Abend. Mehr darf man vom Glück vielleicht gar
nicht erwarten. Es sind Augenblicke. Wenn man einmal blin-
zelt, sind sie vorbei.

133

15

»Wo ist das Hochzeitsalbum?« Mein Vater schnaubt, sobald er mich sieht. »Und was hast du sonst noch geklaut?«
Hätte er doch bloß nicht diesen Ton angeschlagen und das letzte Wort nicht ausgesprochen. Ich habe überhaupt nichts geklaut, ich verwahre es. Es muss jemanden geben, der nicht vergisst.
Aber dann ertönt die Ladenglocke und er muss wieder nach vorn. Er roch nach Bier. Und es ist erst zehn Uhr. Auf dem Tisch steht eine leere Flasche, noch nicht einmal ein Glas.
Ich schaue mich um. Die Kuckucksuhr ist weg und an ihrer Stelle hängt jetzt ein modernes Ding mit viereckiger metallfarbener Platte, schwarzen Zeigern und ohne Ziffern. Schön, aber es passt nicht zur Einrichtung.
Er bleibt lange weg. Ich laufe immer hin und her, als dürfte ich mich ohne Einladung noch nicht einmal setzen. In der Küche nehme ich mir ein paar Kirschen aus der Obstschale. Sie werden teuer sein, so früh in der Saison. Wirklich süß sind sie noch nicht. Die Kerne spucke ich in den Treteimer. An der Pinwand hängt eine Karte aus Kreta, von einer Mireille, die ich nicht kenne. Oder doch, Rita erzählte ab und zu von ihr. Meistens Klatsch, aber es war trotzdem eine Freundin.
Die Ladenglocke geht jetzt ständig. Ich gehe nach oben in mein Zimmer, aber das hätte ich besser nicht getan. So kahl. Nur Ritas Nähmaschine steht dort, zusammen mit einer alten Schreibmaschine und zwei Kartons voller Sachen, die sie nicht mehr brauchen. Ich fange an, darin herumzuwühlen und rette zwei kleine Holzenten, die ich mal für Mama zu Weihnachten gekauft habe. Ich stecke sie in die Hosentasche. *Was*

hast du sonst noch geklaut? In meinem Kleiderschrank hängen Ritas
Winterjacken. Ich zerre sie heraus und werfe sie in ihrem
Schlafzimmer aufs Bett. Blind vor Tränen und Wut. »Wer klaut
hier alles?« Ohne dass es mir bewusst war, habe ich es laut
herausgeschrien. Meinen Vater habe ich nicht nach oben kommen hören.

»Jetzt ist es genug!«, schnauzt er. »Raus!«

Er geht nicht einmal zur Seite, sodass ich mich in der Tür an
ihm vorbeizwängen muss. Wenn ich mich jetzt nun an ihn
drücken würde. Wenn er mich jetzt umarmen würde. Aber
keiner von uns tut es, aus Dickköpfigkeit, aus Angst oder aus
Stolz. Und vielleicht hätte ich es mich schließlich doch ge-
traut, wenn Dominik nicht in seiner Zimmertür gestanden
und gegrinst hätte. Du Dreckskerl, denke ich. Ich presse die
Fingernägel in meine Handfläche. Keine Träne, nicht eine einzige. Nur mein Brief wird weinen, gleich, wenn ich ihn in
Fetzen reiße, draußen an der Gracht.

Die Zeitung habe ich vergessen. Erst dachte ich: *So what*, ich
will sowieso sterben. Ich gehe hier ins Wasser. Aber als ich
aufstand, lief ich in die andere Richtung, und jetzt bin ich auf
dem Gemüsemarkt, noch keine fünf Meter von dem Stand
entfernt, zu dem Jasper immer geht. Manchmal habe ich ihn
begleitet. Und danach haben wir Omi besucht, zum Frühstück.

Es ist keine gute Idee, aber ich werde später wieder heulen,
wenn ich ihn jetzt bloß nur kurz sehe.

Er ist vielleicht spät dran. Oder er ist schon hier gewesen und
wieder nach Hause gegangen. Ich kaufe ein paar Äpfel. Außer
den Kirschen habe ich noch nichts gegessen. Ich nehme
kleine Bissen. Er wird hier sein, bevor ich das Kerngehäuse er-
reiche. Ich kann es mir einfach nicht abgewöhnen, mir selbst
etwas weiszumachen. Enttäuscht werfe ich den Apfelbutzen

zwischen einen Haufen Tauben, die erschrocken auseinander stieben, sich aber noch keine Sekunde später zankend um die Reste eines Hamburgers sammeln.

Ich sollte besser verschwinden. Dann sehe ich Dries, sein Gesicht voller Softeis. Er sitzt mitten auf dem Weg. Um ihn herum dreht sich die Welt, ohne dass er davon etwas merkt. Jasper ist nirgends zu entdecken.

»Hallo Dries«, sage ich, nachdem ich mich vor ihm hingekauert habe.

Er strahlt, als er mich erkennt, und streckt begeistert die Arme nach mir aus, sodass der Rest von seinem Eis auf meiner Nase landet.

»Du Schmierfink!«, zetere ich, was er witzig findet. Er lacht auf seine harte, schrille Art und findet es herrlich, dass alle gucken.

»Eeefi-fi«, sagt er und zeigt auf mich.

»Eee-fi«, äfft ihn so ein Blödmann nach. »Depp, Depp, Depp!«

Ich packe ihn am Hemd. Zwei erschrockene Augen zwischen Unmengen von Sommersprossen sehen mich an, die Rotznase ist nur ein paar Jahre älter als Dries. Oben fehlt ihm ein Stück vom Schneidezahn. Ist er selbst ein Außenseiter?

»Wenn du nicht rothaarig wärst!« Ich lasse ihn los. »Aber du bist ein Ekelpaket.«

Er macht sich aus dem Staub, und ich wische, so gut es geht, mein Gesicht und das von Dries mit meinem Taschentuch sauber. Es bleibt klebrig. Ab und zu starrt man uns noch an, die meisten sind jetzt, da sich der Tumult gelegt hat, weitergelaufen. Eine Frau fängt an, sich mit einem Mann herumzuzanken, der die Gelegenheit genutzt hat, sich vorzudrängeln. Der Fischverkäufer beschwichtigt. Einen Augenblick denke ich an meinen Job im *Quick*. Ex-Job. Ich muss wirklich etwas tun, dringend.

»Himmel, Dries!«

Jetzt hat er die Spitze seines Eishörnchens abgebissen. Mit so einem Jungen muss man auch auf dem Rücken Augen haben. Jetzt klinge ich wie seine Mutter, denke ich, ich drohe gerade eben noch nicht mit dem Zeigefinger. Jasper rastet aus, wenn sie das tut.

Ich schaue mich um, ob ich ihn erspähe. Er muss hier irgendwo sein. Allein kommt Dries nicht weit … Dennoch ist Jasper nirgends zu entdecken. Inzwischen habe ich wieder mein Taschentuch zur Hand genommen, aber Dries ist einfach nicht mehr in einen vorzeigbaren Zustand zu bringen. Er zerquetscht das letzte bisschen Eis zwischen den Händen. Ich weiß nicht einmal, wie ich ihn hochheben soll, ohne selbst völlig zu verkleben. Aber ich kann ihn doch nicht hier allein sitzen lassen. Jasper wird sich dumm und dämlich suchen, und gleich wird ihm seine Mutter noch die Hölle heiß machen, wenn sie das erfährt. Nein, nach Hause kann ich dieses Klebemonster nicht bringen. Aber was sonst? Hier auf dem Markt kann man hundertmal aneinander vorbeilaufen und sich trotzdem verpassen.

Ich fasse Dries am Arm.

»Aufstehen, Junge, und laufen. Hopp, hopp.«

Er wackelt, es wird Stunden dauern. Aber tragen kann ich ihn auch nicht lange, er ist ein kleines dickes Schweinchen, ich stelle ihn schnell wieder ab.

Zu allem Überfluss fängt er auch noch an zu quengeln, er müsse pinkeln. Soll ich in ein Café gehen? Ich habe kein Geld, um etwas zu bestellen. Aber vielleicht klappt es auch so, unbemerkt, die Caféterrassen sind voll.

»Hör auf zu heulen«, sage ich streng, aber für ihn ist das bloß ein Startsignal, um noch ein paar Dezibel zuzulegen.

Ich presse meine Hand gegen seinen Mund.

»Still«, zische ich, »wir gehen ja pinkeln, okay? Au, Mensch!«

Er hat mich gebissen. In diesem Moment hasse ich ihn. Und Jasper hasse ich auch. Ich sollte Dries verrecken lassen, auch wenn seine Mutter Jasper dann den Hals umdrehen würde. Aber ich kann es nicht. Ich vermisse ihn, und ich liebe ihn, und er ist ein entsetzlicher Dreckskerl, aber nichtsdesto-trotz ...

Ich klemme mir Dries unter den Arm. Er zappelt und kreischt und wiegt Tonnen. In meiner anderen Hand schlingert die Tüte mit den Äpfeln. Sie schlagen hart gegen meine Knie. Die Leute starren uns an. Manche sagen laut zueinander, ich sei ein Biest oder noch reizender: ein freches Ding, das noch nicht einmal die Augen niederschlägt. Ob ich mich denn nicht schäme? Nein, tut mir Leid, ich bin zu sauer. Übrigens, warum haben sie sich denn nicht um ihn gekümmert, als er da saß, allein und eisverschmiert? Dann sehen sie nichts. So geht das immer. Sie machen sich lieber die Zunge als die Hände schmutzig. So haben sie kein Problem ... Ich zwänge mich mit Dries zwischen den Tischen und Stühlen einer Caféterrasse durch. Als ich irgendwo mit der Apfeltüte hängen bleibe, reißt sie, und die Äpfel rollen in alle Richtungen. Hier und da hilft jemand, sie aufzuheben, aber was soll ich damit, soll ich sie vielleicht auf meinem Kopf tragen? Lasst nur, gestikuliere ich, für die drei Stück lohnt es sich nicht, und vielleicht haben sie sowieso schon so viele Dellen, dass man sie nicht mehr essen kann. Aber das ist nicht der Punkt. Es ist der Mut, den ich verloren habe.

Um zur Toilette zu kommen, muss man eine steile Treppe nach oben, auch das noch. Dries greint und sagt etwas, das ich nicht verstehe, aber ich kann es mir gut vorstellen, er kneift die Hinterbacken zusammen.

»Du wartest«, drohe ich. »Hörst du mich, du wartest! Wir sind gleich da.«

Was ist dieser Rotzbengel doch schwer. Ich keuche und

schwitze. Vor meinen Augen tanzen schwarze Flecken. Vor
Hunger, aber das will ich nicht denken. Dick ist hässlich. Und
schwach.

Zum Glück ist die Toilette frei. Ich stelle Dries auf den Boden,
streife ihm die Hose runter, setze ihn auf die Schüssel und
kann gerade noch rechtzeitig seinen Pimmel hineinstopfen. Er
hat aufgehört zu quengeln und lacht wieder, mit Falten rund
um seine Schweinsäuglein und einem Mund voll schiefer
Zähne. Ich wische ihm den Sabber vom Kinn und bekomme
einen schmatzenden Kuss.

»Und jetzt?«, frage ich ihn, während ich ihm seine Hose wieder anziehe.

Er will abziehen und danach noch dreimal. Ich lasse ihn gewähren, um zu vermeiden, dass er wieder anfängt zu kreischen. Danach geht er folgsam mit, ich brauche ihn noch
nicht einmal zu tragen auf der Treppe, muss nur Geduld haben. Zeit habe ich ja, vielleicht ist Zeit das Einzige, was ich
noch habe. Zu viel sogar, ich bin das Mädchen, das wartet. Bis
Februar zu Sommer wird, denke ich. Lieber, verrückter Dave.
Ich hoffe, dass es ein Hit wird. Plötzlich vermisse ich die Leute
von Plansjee ganz schrecklich.

Draußen auf der Terrasse reicht mir eine Frau meine Äpfel.

»Ich habe den Kellner um eine neue Tüte gebeten«, sagt sie.

Sie lächelt ein bisschen müde und streichelt Dries kurz über
die Wange. Ich schätze sie auf etwa fünfzig. Ich würde ihr am
liebsten so einen Schmatz geben, wie ich ihn eben von Dries
bekommen habe, nicht für die Äpfel, sondern für die Ruhe in
ihren Augen. Für einen Augenblick im Auge des Sturms, wo
der Wind stillsteht.

Nachdem ich mich bei ihr bedankt habe, humpele ich mit
Dries zur Polizeiwache. Das habe ich mir gerade überlegt. Jetzt
muss nur Jasper auch so schlau sein.

Er holt uns noch vor den Treppen ein. »Evi! Dries.«

Er lacht und weint gleichzeitig. Ich lache und weine. Und Dries folgt unserem Beispiel. Und alle drücken einander.

»Ich müsste dich an den Ohren ziehen«, faucht Jasper Dries an.

Er tut so, als ob, aber so lieb, so sanft, dass ich … Ich denke an Margreet. Hätte sie ihn nicht auf seinem Handy angerufen, hätte Dries nicht weglaufen können.

»He, Jasper, so eine blöde Ausrede, das passt gar nicht zu dir.«

Ich bin in dem Moment eher enttäuscht als böse, aber als er mir vorwirft, dass ich das nur aus Eifersucht sage, koche ich vor Wut. Ich will noch nicht einmal wissen, was Margreet zu erzählen hatte.

Doch es ist zu spät, ich habe es gehört. Wenn Teresa nächsten Monat entbunden hat, kommt sie zurück.

Von der nächsten Telefonzelle aus rufe ich Matthew an.

»Gilt dein Angebot für morgen noch?«, frage ich. »Vladslo.«

»Zehn Uhr bei dir?«

»Und was ist mit deiner Mutter?«

Er tut so, als hätte er mich nicht gehört.

»Nimm eine kurze Hose mit«, sagt er. »Vielleicht können wir ein Stückchen radeln.«

»Aber es ist mir ernst, Matthew. Du kannst deine Mutter nicht …«

»Evi! Mach dir keine Sorgen. Sie ist heute hier. Ich habe sie heute Morgen abgeholt.«

Hoffte er denn die ganze Zeit, dass ich doch mitkommen würde?

Es ist lieb, dass er mich erwartet. Ich kneife mir fest in den Arm.

16

Sung läuft pfeifend und schwebend durch die Gegend. Er ist verknallt, und es ist wahre Liebe, wieder mal. Ausnahmsweise sitzen wir alle vier zusammen in der Küche beim Abendessen. Beth und Jens haben gemeinsam gekocht, supergesund, irgendwas mit Sojasprossen und viel Gemüse. Es riecht lecker und mir läuft das Wasser im Mund zusammen, aber vielleicht noch mehr aus Eifersucht. Sie hätten mich doch fragen können, ob ich mitmachen will. Hier ist es genau wie zu Hause und in der Klasse. Ich gehöre nicht dazu …
Sung hat sich eine Pizza bringen lassen. Er hat Geld genug. Seine Eltern bezahlen, um ihn von sich fern zu halten. Ich sitze da mit meinen fleckigen Äpfeln und zwei Reiscrackern. Ansonsten mit leerem Geldbeutel. Von meinem letzten Geld habe ich einen Film für den Ausflug nach Vladslo gekauft.
»Möchtest du ein Stück Pizza?«, fragt Sung.
Er hat kaum ein Viertel gegessen, deshalb spottet Beth, seine Augen seien wieder größer gewesen als sein Magen.
»Falsch! Ich lebe von der Liebe. Willst du nun ein Stück, Evi?«
»Nein, danke dir. Ich habe in der Stadt schon etwas gegessen.«
Ich schwindle. Mein Magen hängt mir in den Kniekehlen, aber ich will es nicht spüren. Und ihr Mitleid brauche ich auch nicht. Wenn ich vor Hunger sterbe, wird mein Vater das für den Rest seines Lebens mit sich herumtragen.
»Du kannst auch etwas von uns abhaben, wenn du das lieber möchtest, nicht wahr, Beth?«, sagt Jens. »Es ist genug da.«
»Ich sage doch, dass ich schon gegessen habe!«

»Deswegen brauchst du uns nicht anzuschnauzen.«

»Lass das, Beth, ich kann mich schon selbst verteidigen«, sagt Jens.

Ich schlage die Augen nieder. Er weiß es, denke ich. Dass ich lüge. Und auch, dass ich ihn bloß anschnauze, um nicht zu heulen. Ich murmle eine Entschuldigung und fülle unter dem Wasserhahn der Spüle ein großes Glas mit kaltem Wasser. Ich trinke es schnell leer, und wende ihnen dabei den Rücken zu. Sie achten nicht mehr auf mich. Sung hat die Aufmerksamkeit wieder auf sich gelenkt und macht sich Mut, weil Niki nicht auf seine SMS antwortet.

»Soll ich ihr noch eine schicken?«, fragt er.

»Bah, ja, wenn du willst, dass sie dir noch schneller davonrennt«, antwortet Beth. »Kerl, du erstickst deine Umwelt, lernst du das denn nie?«

»Du lässt ihr gar keine Zeit, dich zu vermissen«, ergänzt Jens etwas milder.

Ich bekomme Mitleid mit Sung. »Vielleicht macht er ja nur, was er selbst gern einmal erleben möchte«, verteidige ich ihn, während ich ein zweites Glas fülle. »Dass sich jemand um ihn bemüht.«

Ich setze mich wieder hin und sage, dass ich doch gern ein Stückchen Pizza hätte. Ich habe so großen Hunger, dass ich mich selbst zwinge, mir zwischendurch auf die Zähne zu beißen, damit ich nicht schlinge. Später tut mir der Magen weh. Als läge ein Stein darin. Ich muss kotzen, diesmal ungewollt. Zitternd und wimmernd krieche ich danach ins Bett.

Morgen schicke ich Matthew weg, denke ich. Ich brauche ihn nicht mehr.

Ich halte mich an meinem Taschentuch fest, als wäre es Mamas Hand. Seit ihrem Tod schlafe ich nie mehr ohne. Ein Taschentuch ist immer da.

Die Nacht war grauenhaft, und mir wurde erst gegen Morgen ein bisschen wärmer. Ab und zu döste ich kurz ein, aber dann kamen die Träume, Stück für Stück bizarre, Angst einflößende Albträume, und ich schrak in kalten Schweiß gebadet wieder hoch. Manchmal lag ich da und klapperte mit den Zähnen. Erst nach sechs habe ich ein paar Stunden geschlafen, bis ich von einer erbosten Stimme geweckt wurde. Es war Sung, der jemanden anschrie. Antwort kam nicht und nach einiger Zeit, als ihr Name fiel, begriff ich, dass er Niki auf seinem Handy anbrüllte. Die Liebe war diesmal offenbar von besonders kurzer Dauer, noch keine vierundzwanzig Stunden.

Mein Kopf wollte fast zerspringen, und ich bin unter die Dusche gegangen. Danach habe ich gefrühstückt: den letzten Reiscracker, eine Tasse Kaffee, zwei Aspirin. Ich habe meinen Fotoapparat bereitgelegt, meine Sonnenbrille. Keine Shorts. Meine Beine sind immer noch zu dick.

Jetzt ist es zehn vor zehn. Nur noch ein paar Minuten, dann steht Matthew vor der Tür. Ich weiß nicht, was ich will. Ich möchte die Uhrzeiger beschleunigen; gleichzeitig will ein anderer Teil von mir, dass Jens hereinkommt oder Beth. Auf Jens würde ich vielleicht hören, wenn er sagen würde: »Mach es nicht, geh nicht.«

Matthews Auto hält vor der Tür, und ich gehe hinunter.

Er ist ausgestiegen und hat die Tür für mich geöffnet. Bevor ich einsteige, umarmt er mich. Einfach eine väterliche Liebkosung. Trotzdem werfe ich einen Blick zur anderen Seite, um zu sehen, ob sich bei Else oder Vic keine Gardine bewegt. Jens ist gerade bei seinen Aufwärmübungen, der hat sicher nichts gesehen. Im Übrigen, was würde dann passieren?

Ich steige hastig ein und schließe den Sicherheitsgurt.

»Hast du keine Kassetten mitgenommen?«, fragt Matthew.

Ist das eine Frage oder ein Vorwurf? Ich blickte zur Seite. Er lächelt.

»Die sind so abgenudelt«, sage ich. »Ich kenne sie allesamt auswendig.«

Ich will nicht sagen, dass er sie vermutlich banal oder dumm finden wird oder dass ich nicht mehr daran gedacht habe. Klingt beides so pubertär. Ich will, dass er mich für erwachsen hält.

»Dann habe ich etwas«, sagt er, während er mir eine Kassette reicht. »Legst du sie ein? Nein, nicht so, andersrum.«

Er dreht den Lautstärkeregler auf, während ich lese, was auf der Hülle steht: Cirque du Soleil; *Allegria.*

»Hast du die Show gesehen?«, fragt er.

»Nein.«

»Die Truppe ist großartig. Nächstes Mal gehen wir zusammen hin.«

Ich antworte nicht. Seine Worte machen mich beklommen; ich frage, ob ich das Fenster öffnen darf. Gleichzeitig fühle ich mich so albern und kindisch.

Ich sehe hinaus. Die Musik und die Landschaft lassen mich alles vergessen. Wenn ich nicht an ihn denke, ist er nicht da. Ich bin einfach auf dem Weg ans Meer.

»Was machen wir?«, fragt er. »Erst nach Vladslo oder erst ans Meer?«

Ich erschrecke, komme von weit her, aus dem Blau zwischen Wolken und Möwen.

»Junge, Junge, Evi! Schlechtes Gewissen oder schlecht geschlafen? Oder ...«

Er bringt seinen Satz nicht zu Ende, beschließt aber fast im selben Atemzug, dass wir gleich ein hübsches Restaurant aussuchen sollten.

»Für mich reicht ein Brötchen«, sage ich schnell.

144

»Ich lade dich ein.«

»Das ist nicht nötig.«

»Nein.«

Er pflichtet mir lachend bei, und ich schlucke die Frage hinunter, die ich stellen wollte: Warum? Er ist noch nicht einmal mein Vater, und der …

»Dann also erst nach Vladslo?«, kommt er auf seine frühere Frage zurück.

»Mir recht.« Dann habe ich das hinter mir.

Es ist nicht mehr weit. Ich schwatze drauflos, über Sung und Niki. Über das Boogle-Spielen und das gemeinsame Kochen, als hätten nicht nur Jens und Beth, sondern auch ich das Essen gemacht. Ich erzähle nur Positives. Matthew soll nicht denken, ich sei ein Problemkind.

»Du magst diesen Jens gern«, sagt er.

Das erschreckt mich. Plötzlich fühle ich mich Jasper gegenüber wie eine Verräterin. Wenn ich ihn wirklich liebe, dann … So etwas ist für immer.

»Jens tut wirklich ziemlich freundlich«, gebe ich zu.

»Aber?«

Ich zucke mit den Schultern und frage ihn, wie es gestern seiner Mutter ging.

»Ich soll dich grüßen.«

»Und das sagst du jetzt erst! Was, wenn ich nicht danach gefragt hätte?«

Matthew schüttelt den Kopf und lacht, eine Spur ungläubig, weil ich so sauer bin. Er findet das übertrieben.

»Komm schon, Evi, ich wusste nicht … Ich meine, sie ist eine alte Frau, und du …«

Genau deshalb, denke ich. Und dass er mit seinem Apothekerberuf, seinem Mercedes und dem ganzen Kram ein bedauernswerter Dummkopf ist, weil er es nicht kapiert. Aber ich sage es nicht. Meine Mutter wird nie alt sein, sodass ich

145

für sie sorgen muss, sie nicht und all die anderen Toten nicht, die hinter diesem Tor begraben liegen.

Matthew parkt am Straßenrand.

»Hast du deine Kamera dabei? Schön. Ein Glück, dass die Sonne scheint.«

Plötzlich hasse ich ihn, seine ganze aufgesetzte Munterkeit. Als er mich am Ellbogen fassen will, weiche ich ihm aus, indem ich so tue, als müsste ich meine Schuhsenkel binden. Danach ziehe ich meine Kamera aus der Hülle. Ich knipse. Eine Übersicht der flachen, schwarzen Steinreihen. Einen Stein in Nahaufnahme. Die Reihe von Namen, hinter denen Geburts- und Todesjahr stehen. Manche sind kaum älter geworden, als ich jetzt bin. Ein kleines weißes Kreuz, viereckig und schief, davor ein Grasbüschel und ein paar Mohnblumen.

»Musst du nicht erst richtig hinschauen? Du knipst gegen die Sonne. Gleich ist der ganze Film hinüber. Das weiß doch jedes Kind!«

Er nimmt mir die Kamera aus der Hand, läuft herum, geht in die Hocke, misst. Klick, klick, klick. Ich setze mich mit dem Rücken gegen einen Baum, mit Aussicht auf die Skulpturen von Käthe Kollwitz. Das Laub wirft Schatten über mein Gesicht. Manchmal sickern Sonnentröpfchen hindurch. Sie trocknen meine Tränen, wodurch sich meine Haut allmählich spannt.

Der Mensch im Feind, denke ich. Aber auf das Umgekehrte, ist man darauf je vorbereitet? Wie viele Schläge muss ich mir noch einhandeln, bevor ich lerne, kein Vertrauen mehr zu haben? Ich habe nur verstehen und vergeben gelernt.

Hoch am Himmel fliegt eine Schwalbe. Mit dem Wind, gegen die Sonne, morgen vielleicht mitten durch eine Wolke. Wer könnte ihr die Flugbahn vorschreiben? Nur Menschen sind so arrogant und wollen sich gegenseitig verändern und erniedrigen.

Matthew steht jetzt hinter mir und wirft mir die Kamera in den Schoß.

»Ich hoffe, dass man etwas darauf erkennen kann«, sagt er. »Ich hätte meine Kamera mitnehmen sollen. Mit diesem Teil kann man keine guten Fotos machen.«

»Ich habe lange genug dafür gespart«, sage ich kurz angebunden.

Jetzt wird er böse, weil ich pikiert bin. »Du bist ein Kind«, höhnt er. »Du kannst es nicht ertragen, wenn dich jemand kritisiert.«

Ich lasse einen Marienkäfer, der im Gras saß, über meinen Finger krabbeln. Hin und her, hin und her. Was würde es schon ausmachen, wenn ich ihn zerdrücken würde, denke ich. Er ist nur ein Insekt.

»Was machen wir?«, fragt Matthew.

»Purzelbaum.«

»Was?!«

»Purzelbaum«, wiederhole ich.

»Red doch nicht so einen Unsinn, Evi.«

»Dann frag mich nicht, was ich will, sondern entscheide gleich selbst, statt so scheinheilig zu tun.«

»Am besten fahren wir zurück«, seufzt er.

»Ja, genau. Oder noch besser, setz mich beim nächsten Bahnhof ab. Lass mich einfach fallen, so wie mein Vater, wenn ich nicht den Erwartungen entspreche. Ich liebe dich, aber nur, wenn ... Und pass auf, wenn du das nicht tust, dann ... Heb ruhig den Finger. Lach mich aus, sag, dass ich nörgle. Das nennt ihr Erwachsenen: Jemanden lieb haben. Darüber kann ich nur lachen!«

»Ich sehe es, ja.«

Scheißkerl. Ich schnauze und heule und wünschte, ich könnte wegkriechen, unsichtbar und geborgen.

Ich blase den Marienkäfer weg.

147

Stille. Ich zupfe ein bisschen am Gras herum. Soll er sich doch verzehren.

»Tut mir Leid«, sagt Matthew.

Ich denke an Beth, *und wenn du es hundertmal sagst*, aber ich habe nicht ihr Rückgrat, und als er den Arm ausstreckt, lehne ich mich gegen ihn, den Kopf an seiner Schulter.

Er streichelt mich endlos. Ich habe aufgehört zu weinen und könnte so einschlafen, hundert mal hundert Jahre.

»Ich wollte doch nur, dass du mit deinen Fotos angeben kannst«, sagt er, um sein Verhalten schönzureden.

»Ja, aber jetzt sind es nicht mehr meine Fotos.«

»Ich wollte es dir beibringen, Evi.«

»Auf diese Art?«

»So bin ich nun mal. Würdest du mich besser kennen, könntest du mich durchschauen.«

Ich setze mich aufrecht hin.

»Du verwirrst mich«, sage ich.

»Das muss nicht sein, Evi.«

Er hebt mein Kinn und küsst mich. Es geschieht nicht, es passiert nicht mit mir.

17

Mein Vater entschuldigt sich nie, ich denke, das ist der Grund, weshalb ich es mit Matthew so weit kommen ließ. Wir sind doch noch zum Meer gefahren. Nach einiger Zeit fragte ich mich, ob ich mir diesen Kuss nicht vielleicht doch bloß eingebildet hatte. Es geschah nichts weiter, nichts, was einen erschrecken könnte. In einem Restaurant haben wir Seeteufel gegessen. Ich habe mir buchstäblich auf die Zunge beißen müssen, um die Safransauce nicht aufzuschlecken. Und das

Püree, mit einer zarten Kruste vom Grill. Matthew sagte nichts dazu, dass ich es liegen ließ, aber als ich aufstand, um zur Toilette zu gehen, gab er mir nur zwei Minuten. In der Zeit kann selbst ich nicht kotzen. Außerdem rechnete ich aus, dass ich das Essen auch gut wieder abradeln könnte.

Er war einverstanden. Wir mieteten Mountainbikes, und er kaufte auch einen neuen Film für meine Kamera. Es war herrlich, so zu fahren, mit dem Wind in den Haaren. Allerdings musste man bei Gegenwind auch ziemlich in die Pedale treten, aber wir gingen es ruhig an.

»Wenn du müde bist, halten wir an«, sagte Matthew.

Später lagen wir nebeneinander an der Böschung. Ab und zu kaute ich auf einem Grashalm. Ich beobachtete eine verirrte Wolke, dann eine Möwe. Ich fing an zu erzählen, restlos alles. Er hörte zu. Ich vergaß den Kuss. Er hatte bestimmt nichts Falsches damit gemeint. Einfach eine väterliche Liebkosung …

Wir fuhren weiter zum Turm von Diksmuide, fotografierten noch mehr. Nie wieder Krieg. Hier liegen die Toten im Sand. Nirgends ein Denkmal für Kinder, gefallen auf dem Schlachtfeld ihrer Eltern. Ich dachte an Patsy, die mich für theatralisch halten würde, aber verdammt, Patsy konnte mir den Buckel runterrutschen …

»Evi, was machst du da?«

Matthew erschrak, und ich erschrak, weil er so hart klang. Und weil ich mir nicht bewusst war, was ich tat. Mit den Nägeln hatte ich über meine Arme gekratzt, wie eine hysterische Katze. Die Haut ab, das Blut. Er schüttelte mich an den Schultern und rief, ob ich verrückt wäre. Er schrie, und ich schrie still zurück. Ja, ich bin verrückt, verrückt vor Schmerz. Der Turm kippte, der Himmel wurde zu Gras, meine Beine Wolken. Und ich kotzte all das teure Essen aus und zitterte. Und wenn mich seine Arme nicht gebremst hätten, wäre ich zu Millionen von Sandkörnern, Millionen von Toten zerfallen.

Seither sind wir ... Ich weiß nicht, was wir sind. Wir gehen Hand in Hand und manchmal küsst er mich, während ich mich umschaue, ob uns jemand sieht. Ich finde ihn alt. Gleichzeitig zieht mich gerade sein Alter an. Natürlich nicht »Anziehen« im Sinn von ... Bei ihm brauche ich keinen Ellbogen, um mir einen Platz zu erkämpfen, wie zu Hause. Er reißt sich wirklich ein Bein für mich aus. Nicht, dass ich Geschenke brauche, das meine ich nicht, aber ich brauche bloß ein einziges Mal einen Namen zu erwähnen, nur beiläufig, und drei Tage später weiß er noch alles von A bis Z. Mein Vater dagegen kommt mir immer mit denselben Fragen. Wer ist Margreet? Welcher Jasper? Kenne ich ihn denn? Und wenn ich dann »Lass nur« sage, weil ich es leid bin, ist er sauer.

Matthew hört zu. Er sammelt meine Geschichten wie Briefmarken, sogar die Dubletten oder die, bei denen ein Zacken fehlt. Ich brauche mich nicht zu schämen für das, was ich bin. Aber ich schäme mich für uns beide, wenn die Leute uns so sehen. Und weil ich mich deshalb für ein undankbares Monster halte.

»Bist du glücklich?«, fragt er.

»Ja«, lüge ich.

Aber ich schaue ihn nicht an. Mein Körper ist aus Holz.

Die Fotos sind gut geworden, auch das vom Kreuz mit den Mohnblumen. Ich will den Anfang eines Gedichts dazuschreiben. Matthew hat auf dem Friedhof ein paar Zeilen daraus zitiert, aber ich muss ihn noch einmal nach dem Namen des Autors fragen. »Auf Flanderns Feldern blüht rot der Mohn«. Er erzählte dazu, dass es die einzige Blume war, die im Krieg gedieh, so verbrannt war die Erde von den Kanonen und Granaten. Man sprach von den verwüsteten Provinzen. Die anderen Fotos, die ich in Vladslo gemacht habe, sind überbelichtet. Die vom Meer sind besser, auch wenn Matthew ab und zu ohne Füße abgebildet ist. Diese Serie habe ich in der Schule nicht gezeigt. Die hätten sie nicht so flüchtig betrachtet, denke ich, mit einem »Schön, schön.« Ich fiel wieder darauf rein. Ich regte mich auf.

»Das beeindruckt euch offensichtlich so sehr wie Fotos einer Reihe von Müllsäcken«, sagte ich.

»Himmel, Evi, es ist doch bloß für die Schule«, verteidigte sich Lena.

Ward schloss sich an. »Du nimmst immer alles viel zu ernst.«

Da konnte ich es nicht lassen, höhnisch zu antworten: »Ach ja, es sind ja nur zwei dämliche Skulpturen, und ich dachte mal wieder, es seien wirklich trauernde Eltern! Und die Mutter ist sicherlich per Zufall die Bildhauerin persönlich; und dass ihr eigener Sohn auch gefallen ist, das ist doch schon fast hundert Jahre her, was für Filme mit Neppgranaten und Ketschupblut. Trottel!«

Jetzt glaubt dieser Esel von Ward allen Ernstes, dass ich am Mittwoch immer noch sauer war wegen seiner blöden Bemerkung und deshalb nicht rechtzeitig zu unserem Interview gekommen bin. So fies bin ich nun wirklich nicht. Ich hatte sogar noch einen Zettel an die Tür gehängt. Bin kurz einkaufen. Kann fünf Minuten später werden. Okay, es wurden zehn daraus, höchstens fünfzehn. Man kennt das ja, Schlange stehen an der Kasse, und dann musste ich noch mal zurück, weil ich vergessen hatte, die Tomaten zu wiegen.

»Ausreden«, meinte Ward. Er spuckte mir die Worte fast ins Gesicht. »Ein halbes Pfund Tomaten ist dir offensichtlich wichtiger als ich!«, sagte er. »So denkst du also über Freundschaft!«

»Herrje, Ward! Du redest dummes Zeug!«

»Das ist eine Tatsache.«

»Tatsache ist, dass ich keine Mutter habe, die für mich wäscht und einkauft. Ich muss alles selbst machen, nach der Schule, wenn du in aller Ruhe mit deinem Hintern vor dem Fernseher hockst.«

»Ich muss auch abtrocknen.«

Ich dachte, ich hätte mich verhört. Sollte ich jetzt lachen oder weinen?

Kurzum, wir standen zehn Minuten herum und zankten uns, ich noch mit meiner Tüte Tomaten und einem Becher Joghurt in der Hand, der in den Kühlschrank musste, als Jens in Laufkleidung aus dem Haus trat. Er zwinkerte mir zu. Wenn er jetzt gefragt hätte, ob ich mitkäme ...

Und Ward quengelte weiter. Er könne ja verstehen, dass ich es nicht leicht hätte, blablabla, aber er bräuchte deswegen nicht der Dumme zu sein. Mir wurde schlecht von dem Gelaber.

»Was kannst du doch rumnörgeln«, unterbrach ich seinen Klagegesang. »Es dauert nicht mehr lange, und mir vergeht die Lust. Ich bringe jetzt meine Einkäufe ins Haus. Zwei Minuten. Denkst du, dass du dich bis dahin ausgetobt hast?«

Als ich wieder runterkam, war er weg. Ich sprach ihn heute in der Schule darauf an. Er hatte zwei Minuten und dreißig Sekunden gewartet. Machte ich das, um ihn zu ärgern? Lena gab ihm Recht.

Jetzt heißt es also: Jeder für sich, besser gesagt, sie beide zusammen gegen mich allein. Ich bat sie darum, mir die Informationen zurückzugeben, die Matthew mir ausgedruckt hat. Ich bekam sie nicht. Sie stellten sich dumm: Nie Informationen bekommen. Aber wenn ich ihnen die Hälfte der Fotos gäbe oder die Negative ...

»Nur, wenn wir auch die Informationen austauschen«, versuchte ich zu verhandeln.

Sie versprachen es, aber als ich nach der Mittagspause meine Brotdose in meine Tasche stecken wollte, waren die Fotos – auch die von Matthew und mir am Meer – verschwunden.

Über die Negative hatten sie Cola geschüttet. Lena und Ward wussten von nichts. Der Rest der Klasse schwieg. Und Flappie fragte, ob ich etwas beweisen könne. Die Klassenlehrerin gab mir die Schuld. Ich hätte pünktlich sein müssen. Seine Verabredungen einzuhalten ist eine Grundregel der Höflichkeit, eine Form von Respekt. Sie habe meine Entschuldigungen und meine Opferhaltung satt. Und nicht nur sie. Der gesamte Klassenrat und der Direktor seien ihrer Meinung.

Ich mache diese Arbeit nicht. Dann bekomme ich eben eine Sechs. Und wenn sie mich suspendieren.

Ich gehe zu Matthew.

»Natürlich machst du deine Arbeit«, entscheidet er, nachdem er mich hat austoben lassen.

Er reicht mir sein Taschentuch, damit ich die Rotze abwischen kann.

»Ich verstehe, dass du wütend bist, Evi«, sagt er.

»Aber?«

Er lächelt und schüttelt den Kopf. »Stellst du jetzt gegen mich die Borsten auf?«

»Es gibt immer ein Aber, ganz egal, wem man etwas sagt. Mein Vater, Patsy, in der Schule. Sie begreifen nichts, nicht die Bohne.«

»Mit Schimpfen erreichst du nichts.«

Alter Sack, denke ich. Aber er ist trotzdem der Einzige, der ...

Er hat mir Kaffee gekocht und erkundigt sich, ob er so richtig ist. Er hat Jessy gefragt, wie man das macht. Jessy, das ist seine Haushälterin. Seine Mühe rührt mich. Meine Wut ebbt ein bisschen ab.

»Ich habe wirklich keine Lust mehr zu dem Projekt«, sage ich.

»Es ist nicht gerecht.«

»Was sie getan haben, ist nicht gerecht, aber ...«

»Siehst du, du sagst auch aber!«

»Jeder muss seinen Teil der Arbeit machen, das ist gerecht. Wir drucken die Artikel gleich noch mal aus, du gehst in die Stadt für die Interviews, jetzt gleich oder morgen, und ich rufe die Schule an wegen der Fotos.«

»Was willst du sagen?«

»Dass ich dabei war.«

Weil du mein Freund bist. Gott bewahre.

»Das würde alles bloß noch schlimmer machen«, sage ich.

»Ich mache es dann eben ohne die Fotos.«

»Wie du meinst. Solange du Angst vor ihnen hast, gibst du ihnen Macht. Du hast die Wahl.«

Also gebe ich nach, mit einem Stein im Magen. Ich will nicht feige wirken in seinen Augen, ich bin kein Kind mehr. Sonst lässt er mich im Stich. Das ist meine größte Angst.

18

Leen und Ward haben die Fotos zurückgeben müssen, aber die Luft in der Klasse ist zum Schneiden. Sie sagen, ich sei eine Verräterin. Und ein Feigling, weil ich Matthew eingeweiht habe. Dass sie mir alle gemeinsam wie ein Block gegenüberstehen, ist natürlich nicht feige. Es wird noch schlimmer, als Flappie mir dreizehn Punkte gibt, fünf Punkte mehr als Ward und Lena, die beste Note der Klasse.

Sie ignorieren mich, und wenn sie mich nicht ignorieren, schikanieren sie mich auf alle möglichen Arten. Sie stehlen Hefte, schubsen mich »aus Versehen« in den Fahrradständer, sodass ich mir die den Knöchel aufschürfe, ihnen aber eine kaputte Fahrradklingel bezahlen muss. Sie beschimpfen mich. Gestern fand ich einen toten Frosch in meiner Schultasche und heute Morgen schnitt mir Cindy, die hinter mir sitzt, ein

paar Haarsträhnen ab. Ich hatte es nicht gemerkt, aber Beth
sah es, als ich nach Hause kam. Ich müsste zum Friseur gehen,
um es auf die gleiche Länge schneiden zu lassen, aber dann
müssen überall mindestens sieben Zentimeter ab. Als ich es
Matthew erzähle, fragt er mich, woher ich weiß, dass es Cindy
gewesen ist.

»Glaubst du mir nicht? Es kann niemand anders sein. Sie sitzt
hinter mir und spielt ständig mit einer Schere herum.«

»Du hast es nicht gesehen. Du hast es noch nicht einmal gespürt.«

Ich nehme meine Schultasche und laufe weg. Die Tür knalle
ich hinter mir ins Schloss. Ich will ihn nie wieder sehen. Aber
als Else mich darauf anspricht, dass ich zurzeit jeden Abend
weg bin und das so nicht vereinbart war, vergesse ich diesen
Vorsatz. Wir haben nichts vereinbart, sie haben es so bestimmt. Sie behaupten, Matthew sei zu alt für mich, aber was
geht sie das an? Wir tun nichts Falsches. Er ist lieb, mehr
nicht.

»Das ist zu hoffen«, sagt sie kurz angebunden. »Ich möchte,
dass du mit Patsy darüber sprichst und heute und morgen
Abend bleibst du zu Hause.«

»Ich muss mir einen Job suchen.«

»Das musst du schon seit Wochen.«

Ich hasse sie. Die Wut macht meine Hände verrückt, ratlos, ich
weiß es nicht. Bevor es mir bewusst wird, stehe ich hinter ver-
schlossener Tür im Badezimmer. Ich nehme das Rasiermesser,
auch wenn ich es nicht will. Ratsch, ratsch, ratsch. Nicht, um
zu sterben, nicht so tief. Aber was soll man machen, wenn die
Augen nicht weinen können und man innerlich ertrinkt?

»Es ist der einzige Ausweg«, sage ich zu Matthew.
Natürlich bin ich wieder zu ihm gegangen, jemand anderen
habe ich nicht. Sung und Beth verbringen ein Wochenende zu

155

Hause, na ja, was man so ein Zuhause nennt, und Jens muss in einem Gartencenter arbeiten. Er hat Pech, es gießt in Strömen, und er muss bei dem Wetter draußen stehen.

Matthew tupft meinen Arm mit Desinfektionsmittel ab. Die Wunden haben sich entzündet. Ich beiße die Zähne zusammen und warte auf sein »Aber«: Dass es doch noch einen Ausweg gibt, wenn ich nur ... Als hätte ich wirklich eine Wahl. Müsligeschwätz, würde Chuck sagen. Ich wünschte, ich wäre in Plansjee geblieben.

Doch Matthew sagt nichts. Er streichelt meinen Arm. Als seine Hand meinen Hals hinaufwandert, tue ich, als würde ich es nicht merken. Er ist sanft, und ich bin müde, so müde. Auch als er meine Bluse aufknöpft und mir den BH auszieht, reagiere ich nicht. Es ist falsch, aber wenn ich nur daran denke, mich zu weigern, vermisse ich schon die Zärtlichkeit. Meine Haut ist eine solche Wüste. Ich weine. Weiter als bis hierher lasse ich ihn nicht gehn, denke ich.

Aber als er mich Stunden später nach Hause bringt, an der Ecke anhält und wieder anfängt, mich zu berühren, als er auch noch mit der Hand in meinen Slip fährt, bringe ich es nicht zu mehr als einem leisen, ängstlichen Wimmern.

»Genieße es einfach«, sagt er. »Es ist in Ordnung, es ist nicht falsch.«

Aber ich bin ganz verkrampft.

Zu Hause kotze ich und bleibe so lange unter der Dusche stehen, bis kein Tropfen warmes Wasser mehr im Boiler ist.

Es gibt immer wieder einen Grund, zu ihm zu gehen. Einen Grund oder eine Ausrede. Und hinterher scheint es mir immer dumm. Der Preis ist zu hoch. Und trotzdem.

Es ist die Einsamkeit. Ich habe Angst, dass er mich bald nicht mehr will. Nein, nein, nein, es geht nicht wirklich um ihn. Ich will einfach jemanden, der ab und zu lieb zu mir ist. Wenn das auch noch aufhört … Manchmal denke ich dann wieder an den Kanal. Es scheint eine Ewigkeit her, dass ich im Wasser gelandet bin. Aber es kann morgen wieder passieren, heute schon, gleich jetzt.

Manchmal muss ich ihn sehen, weil ich vor mir selbst Angst habe. Aber wenn er dann an meinem Körper herumfummelt … Nein, er geht nicht bis zum Äußersten, aber ich spüre, dass er es gern möchte. Wie lange wird es noch dauern? Ich übe, meinen Körper versteinern zu lassen. Ich fühle nichts. Und wenn es vorbei ist, sage ich, dass ich es schön fand. Vielleicht glaubt man allmählich selbst daran, wenn man es nur oft genug wiederholt.

Wenn dem so wäre, warum bestrafe ich mich dann nachts selbst? Ich kann nicht schlafen. Ich ritze mir mit dem Rasiermesser in die Pobacken oder den Bauch. Es ist fast Sommer. Bald kann ich nicht mehr mit langen Ärmeln herumlaufen. Und Kotzen ist wieder genauso zur Gewohnheit geworden wie Zähneputzen nach dem Essen. Das müsste Jasper doch merken, denke ich manchmal. Aber ich weiß nicht, ob ich das wirklich will. Ist es Scham oder Rache, die ich empfinde?

Gestern hat Matthew mich gezwungen, auf die Waage zu steigen.

»Ich sollte dir eine runterhauen«, sagte er, aber er küsste mich. Und als er mich danach ansah, waren seine Augen feucht. »Evi, ach Evi.«

Manchmal glaube ich, er liebt mich wirklich. Er verwirrt mich. Mal hasse ich ihn deswegen, ein anderes Mal will ich ihn um Verzeihung bitten. Ich weiß nicht, warum, aber irgendwie ist es meine Schuld.

Wenn er seine Mutter besucht, nimmt er mich nicht mehr mit. Ich denke, dass er Angst vor ihr hat. Sie mag verwirrt sein, aber sie ist nicht blind.

Vielleicht traue ich mich aus demselben Grund nicht mehr,

Mamas Foto anzuschauen. Wenn sie noch lebte, würde sie weinen, böse sein, alles in Bewegung setzen, um mich vor Matthew zu bewahren. Sie würde mir helfen. Aber sie ist tot, und manchmal glaube ich, sie flüstern zu hören, es sei ihre Schuld.

Wir können einander nicht mehr trösten. Zwischen meiner Erde und ihrem Himmel liegt eine Hölle. Ich kann sie nur erreichen, wenn ich den Horizont überquere. Es wird zu einer fixen Idee, daran zu denken. Ich überlege mir tausend und eine Methode zu sterben. Dass es einfach so geschähe wie an dem Tag, als Mama starb. Ein Lastwagen und ein Schlag. Woran würde ich als Letztes denken?

Vor einen Zug zu springen oder mir die Pulsadern aufzuschneiden, das traue ich mich nicht. Ich habe mehr Angst vor Schmerzen als vor dem Tod. Obwohl. Wenn ich mich ritze oder mir Brandwunden mit dem Feuerzeug zufüge, in diesen Augenblicken habe ich keine Haut, spüre ich nichts, das kommt erst anschließend. Und mit Tabletten weiß man nicht, ob es klappt oder nicht. Angenommen, ich bin danach gelähmt oder kann nicht mehr sprechen, den Rest meines Lebens debil oder muss in einen Rollstuhl. Oder es stellt sich heraus, dass ich ein bärenstarkes Herz habe. Für mich gibt es nur eine einzige Methode, und das ist Hungern, langsam verschrumpeln, wie ein Blatt an einem Baum, wenn es Herbst wird und dann Winter. Wenn es Herbst wäre, stünden Pilze draußen vor der Stadt. Man sagt, ein kleines Stück würde schon ausreichen. Aber dann sehe ich in einem Film, wie jemand Rattengift nimmt, seine Zunge schwillt an und wird schwarz, er krümmt sich und stöhnt vor Bauchkrämpfen. Mir wird selbst schlecht wie noch was.

»Wie kannst du dir so etwas bloß ansehen!«, schnauze ich Sung an.

»Ganz einfach, nur die Augen offen halten.«

»Du weißt genau, was ich meine.«

Seine Hand fährt in die Tüte mit den Pistazien und huscht anschließend über die Fernbedienung, Tick-tick, alle Sender durch und kehrt dann zurück zu dem Mann, der inzwischen offensichtlich tot ist.

»Es gibt nichts anderes«, sagt er und zuckt mit den Schultern.

»Als ob du das so schnell feststellen könntest.«

»Ich war zuerst hier.«

»Ich zu Hause auch, aber das ist anscheinend keine Garantie.«

»Jetzt aber! Du vergleichst Äpfel mit Birnen. Ich bin nicht deine Stiefmutter!«

»Nenn sie nicht so!«

»Okay, beruhig dich, ja.«

Er weist mit dem Kinn auf den Fernseher. Der Mann liegt zusammengesunken in einer Ecke. Der Reißverschluss seiner Hose steht halb offen, der Zuschauer erhascht einen Blick auf einen knallroten Slip. Aus seinem Mund rinnt Erbrochenes.

»Um die Ecke ist eine Drogerie«, sagt Sung. »Wenn du magst, besorge ich dir etwas von diesem Gift. Wie viel brauchst du?«

»Du bist verrückt!« Trotz allem muss ich lachen.

»Lust, einmal um den Block zu gehen?«, fragt er.

»Es stürmt.«

»Genau deswegen, du …«

»Sag's nur: ›Du dumme Ziege‹. Ich hole meine Jacke.«

Wir haben unterwegs nicht viel geredet. Es war nicht mehr nötig, und außerdem regnete es so heftig, dass einem das Wasser fast in die Kehle strömte, sobald man den Mund aufmachte. Als wir nach einer guten Stunde zurück zum *Klinker* kamen, waren wir nass bis auf die Knochen, aber mein Kopf war wie durchgepustet, ganz klar. Ich würde Matthew nicht mehr treffen und mir einen Job suchen. Und in meiner Freizeit würde ich mich amüsieren. Ausgehen, Tanzen, Spaß haben. Sung hat Recht: Sie sind es nicht wert, dass man sich wegen ihnen grämt, ganz zu schweigen davon, dass man sich für sie vor einen Zug wirft oder so. Eltern nicht, Freundinnen nicht, Männer … Ich versuchte, nicht an Jasper zu denken, denn dann wurde es schwierig. Ich fühlte mich stark.

Auf dem Marktplatz war wie jedes Jahr die Kirmes aufgebaut. Sung und ich fuhren Autoscooter. Wir rammten niemanden mit Absicht, aber wir gingen auch niemandem aus dem Weg. An der Schießbude schoss ich drei Tonpfeifen. Ich gewann ein apfelgrün-meerblaues Plüschkaninchen, das ich in Gedanken, damit Sung es nicht hörte, »Ostern« nannte, denn dies war meine Auferstehung.

Aber anderthalb Tage später erwachte ich schweißgebadet mit höllischen Kopfschmerzen und fast vierzig Grad Fieber. Beth benachrichtigte Else, und die schickte ihre Hausärztin vorbei. Sie hatte sanfte, kühle Hände, die nach altmodischer Seife rochen; sie sprach freundlich und ehrlich genug, um mich zu beruhigen, nicht zu viel und nicht zu wenig. Ich ließ meine Wachsamkeit fahren, denn ich war zu müde. Dann räumte sie ihr Stethoskop weg.

»Du musst ins Krankenhaus«, sagte sie.

»Wegen einer einfachen Erkältung?«

»Bronchitis, aber darüber spreche ich nicht. Wie lange bist du schon magersüchtig?«

Ich antwortete nicht.

»Dir wächst schon Flaum auf Schultern und Rücken, wusstest du das?«

Ich hatte es gemerkt, letzte Woche, nach dem Duschen. Woher sollte ich wissen, dass das vom Hungern kam.

»Ich gehe nicht«, sagte ich.

»Wann hattest du zum letzten Mal deine Periode? Vor drei
Monaten? Einem halben Jahr? Länger schon?«
»Vor vier Monaten«, gab ich zu; ihr konnte ich sowieso nichts
vormachen.
»Wenn du meine Tochter wärst, würde ich dich ans Tischbein
oder an mich selbst binden, auch wenn es Monate dauern
würde, und würde dich zum Essen zwingen. Ich würde dir
die Nase zukneifen und wehe dir, wenn du auch nur ein einziges Mal versuchen würdest zu brechen. Ich würde es dir in
den Mund zurückstopfen, und wenn du mir einen Finger
nach dem anderen abbeißen würdest.«
Ich wurde nicht böse. Ich fing an zu weinen. Meine Mutter
hätte dasselbe gesagt. Aber das Krankenhaus ist Scheiße.

19

Sie haben mich mehr oder weniger in Ruhe gelassen, bis
meine Bronchitis abgeklungen war, aber jetzt, seit einer
Woche, rücken sie mir auf die Pelle: der Arzt, die Kranken-
schwestern, dreimal pro Woche eine Stunde zum Psychofritzen, Gruppengespräche, Ergotherapie ... Letzteres stammt aus
dem Griechischen und bedeutet »Arbeit«, aber eigentlich bedeutet es, »kreativ tätig sein«. Oder »Pfuscharbeit«, wenn
man wie ich zwei linke Hände hat. Ich bin keine Margreet.
Aber Mo, die Betreuerin, sagt, das macht nichts.
»Es geht nicht darum, Kunst zu produzieren«, sagt sie, »sondern, dass du dich äußerst, zeigst, wer du bist.«
Vielen Dank. Ich fühle mich schon hässlich genug. Wenn
meine Arbeiten dann auch noch misslingen ... Ton ist das
Schlimmste. Ich erinnere mich an den Tag in Plansjee, als jeder
von uns ein Kärtchen mit dem Namen eines Körperteils be-

kam, das wir modellieren sollten, um es später zu einer einzigen großen Skulptur zusammenzusetzen. Ich sollte ein Bein und einen Fuß machen. Es wirkte wie ein Holzfuß. An sich war das nicht schlimm, die anderen – mit Ausnahme von Margreet natürlich – hatten auch nicht viel zustande gebracht, manche sogar absichtlich. Es waren die anschließenden Kommentare der anderen, die so wehtaten. Sie machten einen so hässlich, so lächerlich. Das spürten wir alle, aber da war es schon zu spät. Was gesagt war, war gesagt. Danach musste ich die Telefonseelsorge anrufen, nicht in Wirklichkeit, es war ein Rollenspiel. Es gab keine Freiwilligen, wie auch, und wir hatten es gelost. Chuck war Sozialarbeiter, ausgerechnet er, aber er strengte sich an, jedenfalls am Anfang, und hinterher begriff ich, dass ich selbst mich auch blöd verhalten hatte. Aber nicht absichtlich, einfach aus Dummheit. Es ging darum, dass die Jungs mich ärgerten. Ich hätte Brüste wie eine Milchkuh.

Ich erzähle die Geschichte der Gruppe hier, weil sie wissen wollen, weshalb ich nicht gern mit Ton arbeite. Sie fragen immer weiter, es gibt kein Entkommen. Vielleicht lassen sie mich danach in Ruhe.

Ich werde wohl immer eine meganaive Trine bleiben. Mo steht auf und schiebt einen großen Spiegel in den Kreis. Später lerne ich, dass er ihr Folterknecht ist, ihr Leuteschinder. Ich muss mich davor stellen und meine Brüste beschreiben, während sie mein weites T-Shirt auf dem Rücken straff nach hinten zieht.

»Wie groß sind sie?«, fragt sie.

Ich schweige. Ich bin ja nicht von gestern. Ich weiß, dass mein Bauch sie größer sieht als meine Augen. Aber wie man sich fühlt, darum geht es doch.

»Wie eine Wassermelone, Evi?«

Ich werfe einen scheuen Blick auf meine Schuhe, aber niemand kichert auch nur. »Wie eine Grapefruit, eine Apfelsine?«

Die Stille macht die Luft zäh wie Kaugummi. Ich kann fast nicht mehr atmen. Sie warten. Ein Kreis aus elf Gesichtern plus Mo. Ich kann mich nicht entziehen.

Mo zieht mein T-Shirt noch straffer. Im Spiegel sehe ich sie hinter mir stehen. Dickes, schwarzes Kraushaar in einem hohen Zopf, hier und da eine graue Strähne. Bunte afrikanische Ohrringe aus Holz in Form von Papageien. Ihre Augen, die sich in meine bohren, dass ich – zu Staub zerfalle.

»Sieh hin«, verlangt sie. »Schau. Wie groß, Evi?«

»So groß wie Apfelsinen«, flüstere ich.

»Sanne? Gehst du mal bitte in die Küche?«

Ich kann mir schon denken, warum. So etwas hätten sich Maya oder Lukas in Plansjee auch ausgedacht. *Wenn ich es beweise, Evi, hörst du dann auf, ins Blaue hineinzuschwatzen?* Dennoch kann ich meine Worte nicht mehr zurücknehmen. Ohne Sturheit existiere ich nicht. Dann gebe ich lieber eine lächerliche Figur ab.

Sanne ist schnell. Sie gibt Mo die Apfelsinen und wirft mir im Spiegel einen mitleidigen Blick aus ihren blauen Augen zu. Da mussten sie alle schon durch.

Mo hält die Apfelsinen neben meine Brüste und zieht mein T-Shirt, das sie losgelassen hatte, wieder straff.

»Ich sehe es«, gebe ich flüsternd zu.

»Du siehst was?«

»Sie sind kleiner.«

Sie wirft den Kopf in den Nacken und lacht aus vollem Hals.

»Kleiner? Aber Kind! Du hast nichts mehr.« Sie meint es nicht boshaft, sie sagt es, als stünde sie in der Küche und würde erstaunt feststellen, dass es kein Brot mehr gibt. Sie wischt sich eine Lachträne aus dem Augenwinkel. »Milchkuh, meine Güte. Nicht mal Ziegengröße. Setz dich wieder hin, Evi, und mach was aus dem Ton.«

Ich müsste sie hassen, aber ich fühle mich geschlagen. Mürbe. Ich knete, ohne dabei zu denken. Meine Finger krümmen sich. Nach einiger Zeit werden sie böse, aufständisch. Sie pressen mich raus, denke ich, mein Innerstes nach außen, meine Seele – oder was auch immer – in den Ton.

»Beschreib mal, was da in deiner Hand liegt«, fordert mich Mo auf.

»Es ist nicht schön.«

»Beschreiben. Ich frage dich nicht nach einem Urteil.«

»Ich weiß nicht, was du ...«

»Sag mir einfach, was du siehst.«

»Eine Kugel mit Stacheln.«

»Ist es das, was du bist, Evi? Eine Kugel mit Stacheln?«

Ich beginne zu weinen, das wird zum täglichen Ritual, bald ein stündliches. Ein Igel, denke ich. Aber meine Stacheln sind innen. Ich ziehe meine Beine hoch und verkrieche mich in meinen Armen. Wenn es jemand wagt, mich anzufassen ... Einen Augenblick lang streckt Sanne die Hand aus, aber sie sieht meinen Blick und zögert. Sie zieht ihre Hand zurück, aber vielleicht hätte ich doch nicht geschlagen. Vielleicht nicht. In meiner Faust umklammere ich einen Tonstachel, den ich abgebrochen habe, ohne es zu merken. Vielleicht hätte ich doch nicht geschlagen, denke ich wieder. Aber es ist zu spät, wahrscheinlich auch gut so.

Das erste Mal, als ich zum Psychofritzen muss, bin ich schon Stunden vorher aufgeregt. Er soll sich nicht einbilden, dass er mich ... so wie diese Ratte in dem anderen Krankenhaus, nachdem ich in den Kanal gestürzt war. Zum Glück haben sie mich nicht wieder dahin gebracht, das wollte ich nicht. Er glaubte mir nicht, verdammt. Wenn diese Knackwurst auch so einer ist, ich schwöre es, ein einziges Stirnrunzeln auf seinem aufgeblasenen Kopf, und ich bin weg.

Wie gewöhnlich bin ich zu früh, dann kann ich die Situation überblicken. Der strategischste Platz ist nicht an der Schwingtür, sondern auf der anderen Seite. Da entdecke ich ihn eher als er mich. In den paar Sekunden Aufschub kann ich mich wappnen, wenn es sein muss.

Ich nehme eine Zeitschrift auf den Schoß, lese aber nicht darin. Es ist ein alter Ikea-Katalog. Vielleicht kann ich bald allein wohnen. Noch ein paar Monate, und ich bin achtzehn. Kein Genörgel mehr von Leuten wie Patsy. Weder von meinem Vater, noch von meiner Großmutter. Es ist so, als würde ich einfach zum Studieren ausziehen. Gar nicht so selten, wenn man achtzehn ist. Das ist weniger schlimm für sie, als wenn ich bei einer Pflegefamilie wohne. Sie brauchen sich nicht mehr zu schämen oder sich Ausreden auszudenken, wenn die Nachbarn nach mir fragen. Ich habe wieder Hoffnung. Jetzt blättere ich doch. Was für ein hübscher Vitrinenschrank, und Mensch, diese Stehlampe da, klasse. Selbst die Preise sind erträglich, bis mir bewusst wird, was ich alles brauche und wie viel das alles zusammen kosten wird. Man kommt schnell auf zehn mal zehn mal zehn mal hundert oder hundertfünfzig Euro.

Ich klappe den Katalog zu und lege ihn auf den kleinen Tisch zurück. Was träume ich da herum? Ich habe ja noch nicht einmal einen Job. Wenn ich länger hier bleiben muss, schaffe ich vielleicht das Schuljahr nicht. Bald ist schon Pfingsten, und dann dauert es noch höchstens zwei Wochen bis zu den Abschlussprüfungen. In Computerkunde bin ich jetzt schon weit genug im Rückstand. Da kommt mir Chinesisch leichter vor.

Noch sechs Minuten.

Natürlich bleibe ich nicht lange hier. Ich habe keine Magersucht. Sie übertreiben. Lies und Sabrina, ja, die sind nur Haut und Knochen. Und was meine Periode betrifft: Es kann doch sein, dass ich nach meiner Mutter gerate? Sie hatte ihre Periode auch immer nur unregelmäßig, kaum zweimal im Jahr.

»Du bist ein Glückstreffer!«, sagte sie oft. »Wir wagten schon fast nicht mehr zu hoffen.«

Ich weiß, dass ich lüge. Bis vor vier Monaten hatte ich meine Periode immer sehr regelmäßig, alle achtundzwanzig Tage, regelmäßiger ging es kaum. Und schwanger kann ich nicht sein. So weit lasse ich Matthew nicht gehen. Ich bin froh, dass ich ihn nicht zu sehen brauche, solange ich hier bin. Ihn nicht und auch sonst niemanden. In den ersten drei Wochen darf ich keinen Besuch empfangen.

Aus einer der anderen Türen auf dem Flur kommt eine Krankenschwester mit einem Aktenstapel. Sie tut so, als würde sie mich nicht sehen, denn man kann hier den ganzen Tag herumlaufen und ständig grüßen, bis einem der Kopf abfällt. Sie hat dicke, milchweiße Beine mit Krampfadern. Wenn ich so dicke Beine hätte, würde ich mich nicht trauen, eine so kurze Schürze zu tragen.

Draußen ertönt die gellende Sirene eines Krankenwagens.

Vic hat mich hergebracht, bevor er in die Kaserne musste. In Feuerwehruniform. Am Schalter dachten sie für einen Moment, er sei mein Vater. Er trug mir die Tasche bis ins Zimmer und packte sie sogar aus, stapelte alles ordentlich im Schrank. Ich taumelte immer noch vor Fieber. Die Laken waren kühl, so sehr, dass die erste Berührung wehtat. Wie früher, als einem die Hand brannte, wenn man Schneebälle rollte. Vic sagte nicht viel, das tut er nie. Aber als er ging, zupfte er mich kurz am Ohrläppchen.

»Mädchen, Mädchen«, sagte er. Und als er schon in der Tür stand: »Wenn es dir besser geht ...«

Eine Krankenschwester kam herein, und er brachte seinen Satz nicht zu Ende. Ich frage mich immer noch, was er meinte.

Aber es ist gut so. Wenn nichts feststeht, kann man noch von allem träumen.

Der Psychologe ist spät dran. C. Blyweert. Er heißt bestimmt Clément. Ich stelle ihn mir mit einer Goldrandbrille vor, einer altmodischen Krawatte und einem Bauch als Resultat einer dreißigjährigen Ehe mit einer Frau, die hinter seiner Karriere steht, aber heimlich einen Liebhaber nach dem anderen verschleißt. Aber die Tür geht auf, und die Überraschung ist zu groß, um mich dagegen zu wappnen.

»Hi! Ich bin Claire. Hallo, Evelien, oder sage ich …«

»Evi.«

Der Name »Evelien« stammt noch aus meiner Milchkuhzeit.

Ich schätze sie auf etwa vierzig. Jeans. Hellblaue Hemdbluse mit kurzen Ärmeln. Dunkelgraues Rattenköpfchen. Winzige schwarze, sechseckige Brille, deren Bügel an der Unterkante der Gläser befestigt sind, sodass man erst denkt, sie sitzt verkehrt herum auf der Nase. Und ansonsten Kleidergröße 34. Sie wird nichts über mein Gewicht sagen können.

»Setz dich, Evi.«

Sie zeigt auf zwei königsblaue Sessel und setzt sich selbst in einen dritten auf der anderen Seite.

»Die sind aus dem Ikea-Katalog«, rutscht mir raus.

Claire grinst. »Und ich habe sie ganz allein zusammengebaut.«

Es liegt mir auf der Zungenspitze zu fragen, ob sie denn keinen Mann hat. Ich meine, Clément Blyweert würde für die Wahl seiner Vorhänge doch auf seine Frau zählen. Ich bin keine Befürworterin der klassischen Rollenmuster, aber manche Dinge sind schon praktisch. Auf dem Schreibtisch vor dem Fenster, steht ein Fotorahmen mit dem Rücken zu mir. Ein Bücherregal. *Healing the incest wound* neben Poesie. *Von den Dingen, die nicht vorbeigehen.* Aber es sind nicht die Dinge, denke ich, es

167

sind die Menschen, die nicht vorbeigehen. Sie leben in unserem Blut, vom kleinen Zeh bis hinter die Augen.

Pflanzen. Ein Efeu reicht bis fast zum Boden. Weil sie es nicht übers Herz bringt, ein Stück davon abzuschneiden, denke ich. Eine Pinwand mit Postkarten dankbarer Patienten, so wie man früher seine Krücken zu einer Kapelle zu bringen pflegte.

»Wenn dich der Ventilator stört, musst du es sagen.«

Er steht auf dem Schreibtisch, zwischen einer Schale mit Muscheln und einer Schachtel Papiertücher.

Ich schüttle den Kopf, obwohl mir ein bisschen kalt ist. In letzter Zeit ist mir immer kalt, manchmal eiskalt. Draußen müssen es etwa sechsundzwanzig Grad sein. Das sagte der Wetterfrosch gestern im Fernsehen. Nicole fror am Morgen auch so. Sie fing Streit an mit Mo, die das Fenster öffnen wollte.

»Iss ein bisschen mehr«, sagte Mo.

Ich will nicht sagen, dass mir kalt ist. Dann fängt Claire bestimmt mit der Anorexia an. Ich bin das Gequatsche darüber leid. Als wäre sie das Problem. Es ist prima, dass sie schweigt.

Claires Blick kreuzt den meinen, und sie lächelt. Ich schaue schnell zum Fenster. Der Himmel ist bewölkt. Für später haben sie Gewitter vorhergesagt. Ich lasse meinen Blick zum Bücherregal wandern. Einen Großteil der Titel kann ich nicht oder nicht gut lesen. Ob ich eine Brille brauche? Oder kommt das auch vom Hungern? Verdammt, ich muss jetzt nicht auch noch selbst davon anfangen. Ich habe keine Magersucht. Ich nicht. Jedenfalls nicht so wie die anderen hier. Das sind wirklich Skelette.

An der Wand gegenüber hängen zwei eingerahmte Reproduktionen. Sie stellen Masken dar, das eine, was mir am besten gefällt, ist rötlich braun in der Farbe, das andere besteht aus Pastelltönen: gelb, azurblau, rosa. Abgesehen von den Farben und ein paar Linien, einer Ecke, einem Augenbrauenbogen, sind sie fast gleich. Sie wirken unbewegt, aber das ist nur Schein, denke ich. Sie schauen nach innen, in ihre Seele. Sie können nicht in Worten darüber sprechen, obwohl ihre Münder sehr ausdrucksstark sind. Was sie fühlen, birst in Farben aus ihren Poren. Wollten sie sprechen, müssten erst ihre Augen wagen, einen anzuschauen.

»Sie sind von Jawlensky«, sagt Claire.

Sie wartet und schaut mich kurz an.

Fragt sie sich, ob ich es weiß? Dass sie die Masken aufgehängt hat, um deutlich zu machen, dass sie uns ... mich ... durchschaut, und dass sie Geduld hat. Irgendwann redet jeder.

»Ich kenne auch jemanden, der malt«, sage ich. »Sie malt meistens Landschaften. Sie ist weggelaufen. Nach Frankreich, dachten wir zuerst, aber sie ist noch weiter gereist, bis nach Spanien. Manchmal malt sie auch einfach nur Farbflächen, wenn sie Musik hört. Sie hat einen Seidenschal für mich gebatikt, da unten in Spanien.«

»Fehlt sie dir?«

»Hilft das? Man gewöhnt sich daran.«

Claire lächelt vage. »Was kannst du gut lügen«, sagt sie, so leise, dass ich glaube, nicht sie ist es, sondern ich selbst in der dunklen Beichtecke in meinem eigenen Kopf.

Vielleicht ist Margreet inzwischen schon wieder da. Wie lange ist es schon wieder her, seit ich Jasper zum letzten Mal gesehen habe? Teresa wird ihr Kind inzwischen schon zur Welt gebracht haben.

Sie haben mich nicht gesucht. Maya und Lukas wissen, wo ich bin. Auf jeden Fall haben sie die Adresse vom *Klinker*. Sie hätten auch bei meinem Vater vorbeigehen können, um sich danach zu erkundigen.

Das Summen des Ventilators irritiert mich. Ich seufze.

»Wenn das nicht klingt, als hättest du die Nase gestrichen voll von irgendetwas«, bemerkt Claire ruhig.

Ich schaue ihr voll in die Augen.

»Von irgendwas? Wenn ich ehrlich bin, von allem.«

»Für dich gibt es kein grau, was? Alles ist schwarz oder weiß.«

»Oder blond oder kastanienfarben«, werfe ich zurück.

Und dann fange ich an zu heulen, als wäre ich ein Wasserfall aus Kummer.

20

Claire ist in Ordnung. Ich erzähle ihr alles. Von Mama und meinem Vater und Rita. Nur von Jasper sage ich nichts. Ich erzähle ihr von meiner Großmutter, die wieder einen Schrottbrief geschrieben hat, um mir mitzuteilen, dass ich ihr mit meinem »kindischen Getue« Schande mache. »Kindisch« – sie tut gerade so, als sei ich zum Spaß von zu Hause weggegangen. Trotzdem will sie immer noch, dass ich zu ihr ziehe, aber ich denke nicht daran. Sie will mich einfach nur benutzen, um sich an meinem Vater zu rächen. Es ist nicht gerecht, was sie sagt. Es ist nicht seine Schuld, dass Mama tot ist. Wenn ich zu ihr ziehen würde, bekäme sie außerdem ihre Tochter genauso wenig zurück wie ich meine Mutter. Sie schreibt abscheuliche Sachen, zum Beispiel dass sie versteht, weshalb ich meinen Vater hasse.

»Aber das tue ich nicht!«, sage ich zu Claire. »Ich bin böse auf ihn, sogar wahnsinnig böse, aber ihn hassen? Nein, das nicht. Er ist mein Vater. Und ich bin böse, gerade weil ich ihn so vermisse. Verstehst du? Er ist genauso blind wie Oma. Er sieht es auch nicht.«

»Was sieht er nicht, Evi?«

»Dass ich ihn liebe, verdammt. Ich würde wirklich alles für

ihn tun, aber er will es nicht. Er will mich nicht. Er will bloß diese dämliche Rita.«

»Vielleicht muss man, wenn man jemanden wirklich liebt, dieser Person nicht nur das geben, was man selbst loswerden will, sondern sich auch mal fragen, was der andere braucht«, sagt Claire vorsichtig. »Du sagst, dass du ihn glücklich machen willst, und ich glaube dir, Evi, aber wenn er dir andeutet, wie du das am besten machen kannst …«

»Das gilt für beide Richtungen«, sage ich rau.

»Selbstverständlich.«

»Patsy pusht mich auch immer und sagt, ich müsse den ersten Schritt machen.«

»Auch? Habe ich denn etwas …«

»Wenn ich zu Hause anrufe, meckern sie mir die Hucke voll. Gestern war es nicht anders. Immer wieder dasselbe Lied. Das macht mir Angst. Und dann finden sie es lächerlich, dass man deswegen seltener anruft. Und er schimpft wieder deswegen.«

»Das habe ich schon mal gehört.«

»Was denn?«

»Dass Menschen böse werden, weil sie jemanden vermissen.«

»Ich glaube, dass er mich hasst.«

»So, bist du dir da sicher?«

»Nicht sicher, aber manchmal glaube ich es schon.«

»Frag ihn.«

Sie schiebt mir das Telefon hinüber.

»Ich habe Angst, Claire. Das traue ich mich nicht.«

»Auch gut, dann bleibst du eben auf deinem Hunger sitzen.« Solche Sätze sind typisch für Claire. Sie sagt auch, dass ich alles in mich hineinfresse, statt damit herauszurücken, was ich denke und fühle und möchte. Über meine so genannte Anorexia reden wir selten. Dafür gibt es Mo und die Gruppe.

171

Meine Hand umklammert schwitzend den Hörer.

»Du darfst ruhig Angst haben«, sagt Claire. »Wenn du Angst hast, fängt eine Art Warnlämpchen an zu brennen. Das bedeutet, dass du vorsichtig sein musst, aber nicht, dass du aufhören sollst.«

Ich tippe die Nummer ein. Ich zittere. Wenn er bloß selbst rangeht und nicht Rita oder Dominik. Aber das Telefon läutet durch. Ich bekomme noch nicht einmal den Anrufbeantworter zu hören. Ich verstehe es nicht, der Laden ist doch geöffnet? Danach stoppt der Klingelton, und ich höre nichts mehr.

Ich lege den Hörer auf und würde am liebsten weinen. Ich frage Claire, ob ich in mein Zimmer darf.

»Wenn es das ist, was du wirklich willst«, sagt sie.

Das ist es nicht, aber was ich wirklich will, traue ich mich nicht, ihr zu erzählen. Ich will ein Baby werden in ihrem Schoß.

In den nächsten Tagen weigere ich mich, zu ihr zu gehen. Ich brauche sie jetzt schon, und das bedeutet Kummer. Ich kenne diesen Weg. Bevor man um die Kurve biegt, ist er mit Scherben gepflastert. Das ist alles, was von Träumen übrig bleibt.

Ich liege auf dem Bett und lese, als es klopft. Ich stehe widerwillig auf. Ich bin müde und habe schon nächtelang schlecht geschlafen. Als ich öffne, steht Claire vor mir.

»Diesmal mache ich den ersten Schritt«, begrüßt sie mich. »Darf ich reinkommen?«

Ich lasse sie hinein, und sie setzt sich auf die Bettkante. Ich kann mich auf einen harten Holzstuhl oder neben sie setzen, ansonsten auf die Fensterbank, den Rücken ans Fenster gelehnt. Ich entscheide mich für Letzteres, es vermittelt mir das Gefühl, einen Ausweg zu haben, auch wenn das eine Illusion ist, denn wir befinden uns im fünften Stock. Das Fenster geht noch nicht einmal auf, sonst könnte man notfalls springen, jetzt kann man sich nur an der hölzernen Fensterunterteilung kreuzigen. Ich stelle mich absichtlich so hin, um sie zu provozieren. Hinter meinem Rücken regnet es.

Claire nimmt das Buch, das auf meinem Kopfkissen lag, und blättert es durch. Hier und da scheint sie einen Satz zu lesen, möglicherweise einen, den ich mit Bleistift angestrichen habe. Auf dem Nachttisch liegt noch ein Stapel. Sie klappt es zu und legt es obenauf. Sie lächelt und faltet ihre Hände um die übereinander geschlagenen Knie.

»Ich war auch so eine Leseratte«, sagt sie. »Bücher hauten jedenfalls nicht ab wie meine fünf Brüder. Selbst wenn man sie mal mit Füßen trat oder eine Zeit lang nicht sehen wollte, blieben sie geduldig stehen oder liegen. Sie waren immer da. Und flüsterten einem zu, dass man nicht verrückt war, denn manche Hauptpersonen empfanden die Dinge genau wie man selbst. Wenn sie es schafften, dann gelang es einem auch selbst. Wenn man nur durchhielt. Lesen war oft, mit dem Mut der Verzweiflung hoffen. Weißt du, Evi, in einem Buch kann man Leben lernen, aber es leben, wirklich leben, dafür muss man rauskommen, mit beiden Füßen auf der Erde.«

Ich löse mich von meinem Kreuz und schaue durch das Fenster.

»Es ist weit bis da unten«, sage ich.

»Nimm die Treppe.«

Ich antworte nicht, und Claire steht auf.

»Mein Büro ist nur eine Etage tiefer«, sagt sie, während sie zur Tür hinausgeht.

Mittags, während der Ergotherapie, male ich eine Art Pietà: wie Claire mich von meinem Kreuz am Fenster geholt und in ihren Schoß gelegt hat. Ich will es niemandem zeigen oder auch nur ein Wort darüber verlieren. Es ist nicht ganz so geworden, wie ich es im Kopf hatte, da war es viel schöner, aber das ist nicht der Grund. Ich könnte keine Spur von Kritik daran ertragen.

»Es ist zu zart«, sage ich zu Mo.

Zu meinem Erstaunen findet sie das in Ordnung.

»Dann hege es ruhig«, sagt sie und klopft mir zwischen die Schultern.

Am nächsten Tag nehme ich meine Arbeit mit zu Claire. Sie fragt mich, ob ich darüber sprechen möchte.

»Ich bin gerührt«, sagt sie, als ich fertig bin.

Danach schlägt sie vor, dass wir eine Art *tableau vivant*, ein lebendes Bild, daraus machen. Ich dachte, ich würde es albern finden und mich genieren, aber es wird ein sehr emotionaler Augenblick. Ich liege in ihrem Schoß.

»Wie fühlt sich das an?«, fragt sie nach einer Weile.

»Ich weiß es nicht. Das ist schon, wonach ich mich sehne, aber ...«

»Folg deiner Intuition, Evi. Lass deinen Körper herausfinden, was du willst.«

Ich zögere.

»Ich glaube, dass ich ... Wirst du mich auch nicht für dumm halten?«

Sie schüttelt den Kopf.

»Mach nur, was du denkst.«

»Dann würde ich mir wünschen, dass du mit mir den Platz tauschst.«

»Okay.«

Sie legt sich in meinen Schoß.

Aber ich bin groß, denke ich. Viel zu groß.

»Würdest du dich hängen lassen?«, bitte ich. »Mach dich mal so schwer es geht. Als wärst du ...«

Ich stocke, und für einen Moment ist Claire wieder die Psychologin.

»Was wolltest du sagen? Sprich deinen Satz zu Ende.«

»Es geht nicht. Ich habe solche Bauchschmerzen.«

Ich erschrecke vor meiner Stimme. Wie ein Kinderstimmchen, so dünn, so kläglich.

»Bringe ihn doch zu Ende.«

»Ich …«

»So schwer, als wäre ich … Was bin ich, Evi?«

»Tot«, flüstere ich, kaum hörbar.

»Sag es noch einmal.«

»Tot.«

»Lauter.«

»Tot!«

»Sag es immer wieder.«

»Tot! Tot! Tot! Himmel, Mama …«

Ich wiege sie, hämmere mit den Fäusten auf ihre Brust, presse mein Kinn an ihren Kopf, heule, wimmere, fluche, zittere, Himmel, Mama.

Claire lässt mich austoben. Dabei muss ich ihr doch wehtun, als ich meine Nägel in ihre Haut schlage, auf sie einhämmere, sie durchschüttle. Trotzdem bewegt sie sich nicht. Sie lässt mich gewähren. Sie hört mich nicht. Sie sieht mich nicht.

Blond oder kastanienfarben? Sie antwortet nicht. Sie ist tot. Tot. Meine Mutter ist tot.

Nachdem sich die Wut ein bisschen gelegt hat, fange ich an zu weinen. Die Tränen laufen an meinem Hals entlang und über ihr Gesicht. Ihre Bluse wird nass, sie bekommt dunkle Flecken. Sie bewegt sich nicht.

Ich bedecke ihr Gesicht mit Küssen. Sie bewegt sich nicht. Sie ist schwer, aber ich spüre es nicht. Ich warte auf Papa, der nicht kommt. Und auf einmal weiß ich es: Solange Papa nicht kommt, kann ich Mama nicht begraben.

»Willst du ihn sehen?«, fragt Claire.

Mein Vater ist gestern und vorgestern an der Tür gewesen, so-

175

bald ich Besuch haben durfte, aber da habe ich ihn weg-schicken lassen. Ich sah ihm vom Fenster meines Zimmers aus nach. Er drehte sich um und suchte die Hausfassade ab. Er sah mich nicht. Er ging zwei Schritte weiter und drehte sich erneut um, suchte mich. Er wirkte so klein. Mir brach fast das Herz, aber ich konnte es nicht. Gerade darum. Es war nicht aus Stolz oder Dickköpfigkeit, es war reine Angst.

»Evi? Hast du mich gehört?«

Ich erschrecke.

»Willst du deinen Vater sehen?«, wiederholt Claire ihre Frage. »Soll ich ihn kommen lassen?«

»Ich weiß es nicht, ich bin noch nicht bereit dazu. Ich habe Angst, dass es schief geht und dass es dann für immer vorbei ist, für den Rest unseres Lebens.«

Claire nickt. Sie denkt nach. Ich werfe einen Blick zu den Jaw-lenskys an der Wand.

»Was hält dich zurück, Evi? Was steht dazwischen? Oder wer?«

Ich versuche nachzudenken.

Rita, aber das ist vielleicht zu einfach. So war es am Anfang.

Matthew.

Heute Morgen stand er auf einmal im Zimmer, es war kaum acht Uhr, wie konnte er, durfte er! Er wischte meine Fragen zur Seite. Ein Apotheker hat Beziehungen. Er hatte einen Strauß dunkelrote Rosen bei sich, auf hohen, dicken Stängeln. Sie waren noch geschlossen. Es waren bestimmt die teuersten im ganzen Laden. Es war gemein von mir, so zu denken, aber ich war nicht froh darüber. Ich wollte, dass er ging, bevor Valerie, meine Zimmergenossin, zurückkam.

»Stellst du sie nicht in eine Vase?«, fragte er.

Er stand hinter mir und küsste meinen Hals.

»Wenn du mich loslässt.«

»Damit du wieder dumme Sachen machst? Ich lasse dich

nicht mehr los, Evi, nie mehr. Sobald du wieder gesund bist, nehme ich dich mit.«

Mir wurde warm und kalt zugleich.

»Ich hole eine Vase, die sind im Flur«, wich ich einer Antwort aus.

Ich zitterte, als ich die Rosen hineinstellte. Matthew wollte helfen, aber ich schob ihn weg. Ein Dorn schrammte seine Hand, vier Tropfen Blut quollen heraus.

Ich sehe zu Claire hinüber. Über Matthew kann ich noch nicht reden. Ich trau mich nicht. Sie wird mich verurteilen, sagen, ich sei eine Hure, wie meine Klassenkameraden es tun, obwohl sie nichts wissen, nichts wissen können, nur wegen der Fotos. Ich bin keine Hure, ich bin einsam. Das ist keine Entschuldigung, ganz tief in meinem Innersten weiß ich das. Ich suche ja auch keine Vergebung, auch wenn es schön wäre, sondern Verständnis. Einen winzigen Krümel Verständnis. Aber vielleicht muss man einmal so einsam gewesen sein wie ich, bevor man so etwas verstehen kann.

Ich bin so durcheinander. Matthew will für mich sorgen. Ich werde wieder ein Zuhause haben. Es würde meinen Vater umbringen, wenn ich das tue. Und wenn ich es nicht tue, mich selbst. Ich kann nicht mehr allein sein. Ich will es nicht mehr. Sie zwingen mich dazu.

Ich habe Claire versprochen, dass ich über ihre Frage, wie es zwischen mir und meinem Vater steht, nachdenken werde. Sogar versprochen, als ob ich noch an irgendetwas anderes denken könnte. Sie weiß nichts über Matthew. Sie weiß nicht einmal, dass es ihn gibt. Ich werde noch verrückt, ich ringe mit mir und finde keinen Ausweg. Ich gehe wieder zur Toilette, um meine Haut zu ritzen, leise, und mein Herz klopft bis zum Hals, denn Valerie schläft. Ich traue ihr nicht. Sie hat gepetzt, dass Sabrina gestern gekotzt hat. Irgendwie ist es mir egal. Alle hier sind mir egal. Bald, es dauert nicht mehr lang, gehe ich hier weg. Wie schon so oft. Menschen sind wie Schiffe auf einem endlosen Meer. Wenn man Glück hat, segelt man zu zweit oder dritt und mit dem Strom, aber wenn man Pech hat, so wie ich, dann kreuzt man einander. Vielleicht winkt man gerade noch, und sie sind schon wieder weg, verschwunden. Und doch will man sich noch umschauen, jedes Mal wieder. Ich hasse es. Man sollte besser so tun, als seien sie nicht da. Niemand ist da. Dann ist auch niemand da, von dem man Abschied nehmen muss, niemand, den man vermissen könnte. Das kann man glauben, wenn man gut lügen kann, würde Claire sagen.

Die Nacht ist still. Ich tupfe mir das Blut vom Bauch, spüle dann, um keinen Lärm zu verursachen, unter einem dünnen Wasserstrahl den Waschlappen aus, und mache das Becken sauber. Ich verstaue das Rasiermesser in einem Paar dicker blauer Socken, die ich dafür verwahre. Ich merke, dass ich wieder etwas ruhiger werde, als wäre mit dem Blut auch die Spannung abgeflossen, aber jetzt fangen die Schnitte an zu brennen. Das ist gut, denke ich. Sie werden mich daran erinnern, dass ich mich an niemanden binden darf, denn Menschen gehen weg, und dieser Schmerz ist noch tausendmal schlimmer.

Ich gehe weder zu Matthew noch zu meinem Vater. Ich werde allein wohnen. Ich muss es können. Es muss sein.

Aber ich habe nicht damit gerechnet, dass ich zum Arzt muss, zur Gewichtskontrolle. Es ist abscheulich, so in Slip und BH begutachtet zu werden. Er wird den Eiter sehen. Mein Bauch ist bis zum Nabel entzündet. Schon die kleinste Bewegung tut weh. Ich könnte ein T-Shirt anziehen und sagen, mein BH sei in der Wäsche. Er kann doch nicht von mir verlangen, dass ich ... Aber er kann.

178

»Glaubst du, dass ich darauf reinfalle?«, schnauzt er. »Dass ich
es nicht weiß? Ihr seid doch alle gleich. Aber desinfiziere es
wenigstens. Los, leg dich auf den Tisch.«
Er wühlt in seinem Schränkchen herum und kommt dann mit
einem Wattebausch zurück. Der Geruch des Desinfektionsmit-
tels auf leeren Magen verursacht mir Übelkeit. Ich habe mein
Frühstück erbrochen. Auch wenn ich es will, ich behalte
nichts mehr bei mir. Meine Speiseröhre steht in Flammen.
Der Arzt presst die Watte auf meinen Bauch. Ich beiße die
Zähne aufeinander. Von mir wird er nichts hören, keinen
Mucks. Aber dann drückt er wirklich mit voller Kraft, absicht-
lich, denke ich, auf meinen Magen, auf meine Därme. Ich
spüre seine Fingerspitzen bis zum Rückgrat.
»Selbst schuld«, sagt er, als ich doch stöhne. »Wie oft hast du
dich diese Woche schon übergeben?«
»Zweimal«, lüge ich.
»Mindestens viermal also. Abführmittel?«
»Nur gestern Abend.«
»Lüg nicht, dann bleibt dir wenigstens das als Respekt vor dir
selbst.«
Er hat Recht. Aber ich halte ihn trotzdem nicht weniger für
einen Scheißkerl.
Auf sein Kommando stelle ich mich auf die Waage. Zweiund-
vierzig Kilo und dreihundert Gramm.
»Du hast nur zweihundert Gramm zugenommen. Verabredet
war ein Kilo.«
»Es war ein Befehl. Verabredet haben wir nichts.«
»Nächste Woche ist das Kilo drauf, oder du bekommst Son-
denernährung. Und kein Ritzen und keine Brandwunden
mehr. Ein einziges Anzeichen, und ich schicke dich in die Isolierzelle. Verstanden?«
Das sind seine so genannten Absprachen. Reine Erpressung.
Ich antworte nicht und streife mein T-Shirt wieder über. Blut

dringt durch die Baumwolle. Weil er mich so brutal angefasst hat, sind die Wunden wieder aufgeplatzt. Ich ignoriere seine ausgestreckte Hand und sein »Bis nächste Woche«. Die wird es nicht mehr geben. Hier bleibe ich nicht. Ich gehe zu Matthew. Er wird für mich sorgen, das hat er versprochen.

21

Es war zu leicht gewesen, das konnte einfach nicht so bleiben. Das weiß ich doch. Ich hatte meine Reisetasche gepackt, während Valerie bei Claire war. Konnte ich sie im Schrank stehen lassen? Wenn Valerie nach dem Abendessen nicht unten blieb, saß ich fest, bis sie schlief. Ich hatte so gehofft, zwischen acht und neun aufbrechen zu können, gemeinsam mit den Besuchern. Im allgemeinen Gedränge würde ich nicht auffallen, hoffte ich. Aber wo hatte ich inzwischen meine Sachen gelassen? Die Putzfrauen kamen morgens. Mit ein bisschen Glück mussten sie danach nicht mehr in die Abstellkammer. Ich beschloss, es darauf ankommen zu lassen. Im Flur war niemand, und der Raum war nicht verschlossen, sodass ich ungesehen hineinschlüpfen konnte. So weit, so gut. Aber so ein Mist! In den Schränken war nirgends Platz. Was nun? Meine Tasche einfach hinter die Tür stellen? Oder unter den Tisch? Vielleicht fiel das noch am wenigsten auf. Und es war nicht für lange, es wäre schon ein großer Zufall, wenn jemand hierher kommen würde. In einer Viertelstunde war es schon Zeit für das Abendessen.

Natürlich brachte ich keinen Bissen runter. Wie auch, es bestand aus schwerem dunklen Brot mit geräuchertem Schinken, in dicke Scheiben geschnitten und mit einem breiten Fettrand daran, sowie zwei Töpfchen widerlich süßen Honigs.

Als Nachtisch gab es Buttermilchdessert. Allein schon von dem Geruch standen mir sämtliche Haare zu Berge. Ich kaute stundenlang auf einem Bissen Brot herum. In meinem Mund bildete sich ein Breiklumpen, den ich unmöglich runterschlucken konnte. Ich würgte und spuckte den Klumpen in meine Serviette.

»Das ist ja ekelhaft!«, schrie Valerie.

Sie tat, als sei ich ekliger als eine fette, schwarze Kreuzspinne.

Mo, die Tischdienst hatte, kam zu uns. »Kümmere dich um deinen eigenen Teller«, sagte sie zu Valerie, die ihr Brot noch nicht angerührt hatte. Zu mir sagte sie, ich sei zu groß für so eine kindische Matscherei.

Lies kicherte. »Was für ein Wort, Mo!«

Sabrina murrte, mit einem solchen Menü brächte man noch nicht einmal einen ausgehungerten Tutsi zum Essen.

Mo reagierte nicht darauf und ging weg.

»Blöde Ziege!«, flüsterte Sabrina. »Ich esse das nicht auf. Wenn ich es versuche, kotze ich noch in derselben Minute auf meinen Teller.«

»Pack den Schinken in deine Serviette«, sagte Sanne leise. »Gleich kommt mein Bruder, dann gebe ich ihm die Scheiben mit für den Hund. Aber mach es heimlich, bitte, nimm nicht alles gleichzeitig und pack es unter dem Tisch ein.«

Trocken, mit einer Messerspitze Butter darauf, war das Brot doch etwas besser genießbar. Um das Essen runterzuspülen, tranken wir literweise Kaffee, wovon wir dann die halbe Nacht wach lagen, aber Schlaftabletten bekamen wir keine. Wir könnten sie ja aufsparen und dann alle auf einmal schlucken. Lies hat Mo einmal beschuldigt, sie vertraue uns nicht. Mo machte sich noch nicht einmal die Mühe, ihr zu widersprechen.

»Warum sollte ich, meine Liebe?«

Den Honig hob ich mir für die Buttermilch auf. Während ich die Pampe löffelte, konzentrierte ich mich auf Matthew. Noch ein paar Stunden, dann war diese Folter vorbei, dachte ich. Sanne sammelte die Servietten mit dem Schinken ein und stopfte sie in ihre Handtasche, während eine von uns Mo mit einer stumpfsinnigen Geschichte ablenkte. Schade, dass ich nicht selbst auf die Idee gekommen war. Bei Matthew hatte ich dann immerhin selbst einen Hund. Freitag kannte mich inzwischen schon ganz gut. Ich lächelte und schluckte den letzten Rest Buttermilch hinunter.

»Du kommst *was*?«, fragt er.
Er macht keinen Schritt zur Seite, um mich reinzulassen. Die gesamte Türöffnung füllt er, die Hände auf die Hüften gestützt, mit aufgerollten Hemdsärmeln und dunklen Augenbrauen, bei denen mir noch nie aufgefallen ist, wie dicht sie sind. Sie hängen wie eine Sturmwolke über seinen Augen.
Ich traue meinen Ohren nicht. »Du hast doch gesagt ...«, stammle ich.
»Wenn du gesund bist, Evi. Gott, du bist wohl nicht ganz gescheit. Du bist noch nicht einmal volljährig.«
»Na und? Das Alter zählt doch nicht, sagtest du immer. Ich bräuchte mich für nichts zu schämen, wenn wir Hand in Hand ...«
»Schrei doch nicht so! Was sollen die Nachbarn ...«
»Ich schreie nicht!«
»Zum Teufel, Evi!« Er schlägt mir ins Gesicht, einmal auf jede Wange. »Sei nicht so hysterisch. Entschuldige, aber das hast du wirklich herausgefordert.«
Meine Wangen glühen. Der Rest meines Körpers ist Eis, erstarrte Wut. »Du Dreckskerl!«, sage ich. »Du elender Verräter!«

Er wirft mir die Tür vor der Nase zu, legt den Riegel vor, lässt die Lamellenjalousie des Ladens hinunter. Ich bollere mit den Fäusten gegen die Scheibe. Im Haus fängt Freitag an zu bellen.

»Geh weg, Evi.«

»Feigling.«

»Geh weg, oder ich rufe die Polizei.«

»Das traust du dich nicht.«

»Nein?«

»Ich erzähle ihnen alles.«

»Eine Patientin aus der Psychiatrie? Sie werden dir bestimmt glauben!« Er schaltet das Licht in der Apotheke aus.

Schuft, Schuft, Schuft! Ich fange an zu schluchzen, wütend, machtlos. »Ich erzähle es deiner Mutter!«

Stille. Die Nacht lacht mich aus. Eine senile Alte und eine Verrückte. In der Straße wird hier und da eine Gardine zur Seite geschoben oder ein Fenster geöffnet, Mondgesichter tauchen aus dem Dunkel. Ich lasse mein Vorhaben fallen, den Rest meines Lebens vor seiner Tür zu verbringen.

Nun kann ich nirgends mehr hin. Wohin ich auch gehe, sie werden mich immer zurückschicken. Dann muss ich in die Isolierzelle. Stunde um Stunde allein zwischen vier Betonwänden, einer Matratze und einem Toiletteneimer. Ich werde verrückt, wenn sie das tun.

Lieber sterbe ich. Das Dach der Schule wird wohl hoch genug sein. Man kann über eine Brandleiter hinaufklettern.

Aber in der Maria-Theresiastraße überlege ich es mir anders. Ich bin fast auf eine überfahrene Katze getreten. Die Fliegen schwirrten über ihren Eingeweiden.

Wenn jetzt bloß Besuch für mich da wäre. Gäbe es doch nur jemanden, der mich sehen will, obwohl ich selbst Besuche abgelehnt habe. Jemand, der um mich kämpfte.

183

Jetzt ist es zu weit, um zurückzugehen. Wenn mich niemand vermisst, gibt es nur einen Abgrund, keine Brücke.

Wo soll ich hin? Außer meiner Kleidung, dem Kaninchen Ostern, das ich auf der Kirmes zusammen mit Sung gewonnen habe, und einer Hand voll Kleingeld habe ich nichts.

Ich darf nicht in Panik geraten. Nur nicht in Panik geraten.

Ich bin müde, und die Nacht ist warm. Heute finde ich bestimmt einen Platz zum Schlafen.

Auf einer Parkbank zu schlafen ist wie kampieren unter freiem Himmel. Margreet hat das bestimmt auch oft getan am Strand, während sie auf dem Weg nach Spanien war. Das ist nichts, wovor man Angst haben müsste. Ich lege meine Sporttasche unter meinen Kopf. So liege ich weicher, und ich merke gleich, wenn jemand versucht … Aber so darf ich nicht denken. Wenn man jemanden ausrauben will oder an … Nein, nein, nicht daran denken. Ein Dieb wird sein Glück viel eher in der Stadt versuchen als in einem verlassenen Park. Um diese Uhrzeit laufen hier nur noch Leute herum, die ihren Hund Gassi führen. Und gerade eben sah ich am Weiher ein verliebtes Pärchen. Ich bin total neidisch.

Angst habe ich trotzdem. Ich wünschte, ich hätte ein Messer. Dann würde ich mich sicherer fühlen.

Nun zittere ich doch vor Kälte. Die Sonne ist ganz untergegangen. Und jetzt, wo ich ruhig liege … Vorhin, unterwegs, habe ich mich zu Tode geschwitzt mit meiner Tasche, die schwerer zu sein schien als ich selbst. Ich erschrecke vor einem Geräusch. Aber ich bin es selbst, die da mit den Zähnen klappert.

Über mir hat der Mond auf einmal Matthews Gesicht. Es geht nicht weg, nicht einmal, wenn ich die Augen schließe. Das traue ich mich auch nur kurz wegen all der Geräusche im Park.

Du kommst was?, hat er gesagt. Ich komme, dein Haus in Brand zu stecken, denke ich. Ja, ich tue es. Ich zünde es an. Der Hass verschlingt meine Angst. Ich schlafe ein.

22

Mitten in der Nacht weckt mich ein Gewitter. Es geht ein starker Wind, und in der Ferne grollt der Donner. Am Himmel leuchten gelbe und violette Blitze auf. Im ersten Moment weiß ich nicht, wo ich bin, mir ist durch und durch kalt, und ich bin steif bis in alle Knochen. Als ich mich aufrichte, schneidet der Schmerz durch die Schnittwunden an meinem Bauch. Matthew, du Scheißkerl. Die ersten Tropfen fallen, und noch bevor ich zweihundert Meter weit gelaufen bin, reißt der Himmel auf. Meine Kleider sind im Nu durchweicht. Ihr Gewicht presst meinen Brustkasten wie eine Würgeschlange gegen meinen Rücken. Ich schnappe nach Luft. Es ist so kalt. Dann fährt ganz in der Nähe ein Blitz nieder. Wenn der nicht eingeschlagen ist ... Mir wird klar, dass ich von den Bäumen wegmuss, und fange an zu rennen und kann nicht aufhören. Verrückt von jemanden, der gerade noch sterben wollte, denke ich. Ich heule und renne und heule. Jemand soll kommen und mich festhalten. Halt mich doch fest. Ich bin so müde. So müde.

Dann kommt der Schlag. Etwas ist haarscharf an meiner Tasche entlanggestreift. Ich bin gefallen. Vom Boden her dringt die Feuchtigkeit weiter durch meine Kleider, durch meine Haut, in meinen Körper. Die Kälte betäubt mich. Schmerz empfinde ich nicht. Ich will nur schlafen. Herumschwimmen in ... Leicht werden. Treiben. So ist es gut.

»Nicht sterben«, schluchzt er. »Bitte nicht.«

Zwei fast schwarze Augen unter einem Motorradhelm. Wovon spricht er? Wer ist er?

Ich rappele mich auf.

»Wir sollten lieber erst die Fahrbahn verlassen«, sagt er.

»Meine Sporttasche.«

»Dort.«

»Ja. Ja.«

»Ich muss mein Moped …«

Ich schaue in die Richtung, in die er zeigt. Dort liegt sein Moped quer über der Straße.

»Bist du wegen mir gestürzt?«

»Ich hatte dich nicht gesehen. Du bist so …«

Er fängt an zu weinen. Himmel noch mal, das auch noch. Er knickt einfach ein und fängt an zu heulen. Mit langen Schluchzern und zuckenden Schultern und den Händen am Helm, als ob sein Kopf zerspringen könnte.

Ich nehme seine Hand. »Komm«, sage ich.

Wir laufen zusammen wie Flüchtlinge durch den grauen Regen.

Ich bringe ihn zum Straßenrand und stelle ihn an die Eingangstreppe eines Wohnhauses. Er hinkt ein bisschen auf dem linken Bein. Dann gehe ich wieder zurück, um sein Moped zu holen. Es liegt auf der Seite, das Vorderrad seltsam verdreht. Ich bekomme es kaum hoch und schiebe es bis zum nächsten Laternenpfahl. Das Vorderrad steht rechtwinklig, etwas ist verbogen. Ich kehre zu dem Jungen zurück, der mit dem Kopf am Türpfosten lehnt. Sein Gesicht ist aus Papiermaché. Vor seinen Füßen liegt eine Pfütze Erbrochenes. Vielleicht hat er eine Gehirnerschütterung. Ich erkläre ihm, dass ich sein Moped an den Straßenrand gestellt habe.

»Hast du kein Schloss?«, frage ich.

Er macht eine müde Handbewegung. »Lass nur.«

186

»Und wenn es geklaut wird?«

»Es ist bloß ein Moped.«

»Das Geld wächst bei dir offensichtlich auf den Bäumen.«

»Auf denen meiner Eltern. Mir sind diese Dinge egal. Alles Nepp. Ihr Dackel, ihr Mercedes, ihr Kärtchen vom Rotary Club.«

Er muss wieder kotzen. Als es vorbei ist, nehme ich seinen Helm ab und schlucke. Auf seinem Schädel sehe ich dasselbe glänzende Kupferrot wie bei Margreet.

»Wo wohnst du?«, frage ich.

»Langedijkstraat. Aber ich stehe nicht auf Mädchen.«

»Hurra! Wenn ihr Jungs euch jetzt allesamt gegenseitig heiß macht, wird die Welt für Frauen ein Stück sicherer«, spotte ich.

»Du bist ein Kamerad«, sagt er und streckt die Hand aus, um sich hochziehen zu lassen.

Er faselt herum und hat ganz bestimmt nicht alle Tassen im Schrank, ich verstehe nicht die Bohne von dem, was er sagt. Aber es ist auf jeden Fall das Netteste, was jemand seit Ewigkeiten zu mir gesagt hat. Ich gebe ihm seinen Helm und nehme meine Sporttasche. Er läuft an meiner anderen Seite. Seit ich ihm aufgeholfen habe, hat er meine Hand nicht mehr losgelassen. Bei jedem Donner- und Blitzschlag zerquetscht er sie fast zu Mus.

»Wie heißt du?«, frage ich nach einer Weile.

Er lacht.

»Das willst du nicht wissen. Rumpelstilzchen. Und du? Nein, warte, lass mich raten: Kuckuck.«

»Wenn es nicht wahr wäre, würde ich lachen«, antworte ich. »Aber komm jetzt.«

»Mein Knie tut weh. Außerdem, Kuckuck, ist Eile die tödlichste Krankheit dieser Zeit.«

»Das mag ja sein, aber ich will mir nicht schon wieder eine Bronchitis einfangen. Bist du stoned?«

Allmählich dämmert mir etwas.

Er kichert. »*Always*. Wie in *Always Coca Cola*.«

»Oder always cocaine.«

»No, no, no. Nur ganz selten. Meistens Shit oder XTC.«

»Himmel, Rumpelstilzchen, wieso denn?«

»Himmel, Kuckuck!«, äfft er mich nach. Dann breitet er die Arme aus und singt ein paar Zeilen aus *Suzanne* von Leonard Cohen, ein Lied, das ich noch von den Platten meiner Mutter kenne, während er tut, als würde er ... *Just like Him*, aber Schrittchen für Schrittchen. *He's not that kind of a believer.*

And Jesus was a sailor
When he walked upon the water
And he spent a long time watching
From his lonely wooden tower ...

Er singt so falsch, dass es mich rührt.

Wir sind in der Langedijkstraat. Rumpelstilzchen singt nicht mehr. Er zieht jetzt an meinem Arm wie ein Drache, der in die Luft steigen möchte.

»Welche Nummer?«, muss ich dreimal fragen.

»Dreizehn.« Es ist ihm ernst. »Vierter Stock. Der Rest ist unbewohnbar.«

Er schiebt die Fensterscheibe der Haustür hoch, um so von innen an die Türklinke zu kommen.

»Ich hätte lieber ein Schloss an der Tür gehabt, aber das war zu teuer«, witzelt er. »Schiebst du das Fenster wieder zu?«

»Du hast es besetzt!«, sage ich verblüfft.

»Gesetz von Angebot und Nachfrage. Es stand leer, und ich brauchte es.«

Er schaltet das Licht ein. Im ohnehin schon schmalen Flur ste-

hen anderthalb Fahrräder: eins mit Rädern und eins ohne.
Und bestimmt fünf Kartons mit fein säuberlich aufgestapelten
leeren Toilettenpapierrollen.

»Wie kommst du an Strom«, frage ich, »wenn es offiziell
keine Mieter gibt?«

»Das ist kein Problem. Einfach ein paar Drähtchen aneinander
halten. In meinem vorigen Leben habe ich mal Elektrotechnik
studiert.«

»Wie alt bist du denn, Rumpelstilzchen?«

»Neunzehn, und du?«

»Ich fange immer wieder von vorn an«, weiche ich aus. »Jetzt
werden es so ein paar Stunden sein.«

»Du bist mutig, Kuckuck.«

»Gleich fange ich an zu heulen.«

»Gib mir mal deine Sachen. Ich würde ja lieber dich in den
Vierten tragen, aber ...«

»Ich weiß schon. Du stehst nicht auf Mädchen. Wunder-
bar.«

Wir hinterlassen eine Spur aus Regentropfen. Schon bald werden sie so unsichtbar sein wie die Brotkrümel von Hänsel und
Gretel im Wald.

»Wenn du genug Lärm machst, sind die Mäuse weg, bevor
du reinkommst«, sagt er.

Ich schüttle mich. Wie kann man nur so wohnen? Aber im
Augenblick ist alles besser als der Park. Morgen sehe ich dann
weiter.

Er drückt die Tür auf und schiebt mit dem Fuß ein paar leere
Bierdosen zur Seite. Dabei fällt eine um, ein kleiner Bierrest
rinnt über den Boden. Rumpelstilzchen macht keine Anstal-
ten, ihn aufzuwischen. Ich niese.

»Zieh die nassen Klamotten aus«, sagt er. »Da hinten ist ein
Badezimmer. Auf dem Flur, zweite Tür links. Aber ich koche

erst ein bisschen Wasser, es gibt nur kaltes. Nimm solange meinen Bademantel.«

Ich schlendere hinter ihm her in die Küche, wo er einen Kessel füllt und auf einen Campingkocher stellt. Er flucht.

»Shit! Ich hatte doch noch eine Schachtel Streichhölzer? Hier drin sind nur abgebrannte. Wenn es etwas gibt, worüber ich mich totärgern könnte ...«

Er lacht. Es ist immerhin seine Schuld, wessen sonst? Er reißt alle Schranktüren auf. Manchmal fällt etwas heraus, das er liegen lässt, wo es liegt. Ich bücke mich, um es aufzuheben. Er hält mein Handgelenk fest.

»Kuckuck?« Seine Augen sind schwarze Löcher. »Fang nicht an, mich zu bemuttern, dann kann ich nicht mehr ohne dich.«

Ich reiße mich los und versuche, nicht zu zittern. »Da liegt ein Feuerzeug«, sage ich.

Im Badezimmer ziehe ich meine nassen Kleider aus und schlüpfe in seinen Bademantel. Dann setze ich mich auf die Badematte, den Kopf auf den angewinkelten Knien und warte, bis er an die Tür klopft.

»Ich stelle den Kessel hier ab, Kuckuck. Hast du Seife und so gefunden?«

»Ich habe alles.«

»Willst du einen Joint? Hast du das schon mal probiert unter der ...«

»Du spinnst, Rumpelstilzchen.«

Als ich aus dem Badezimmer komme, hat er den größten Teil des Mülls vom Boden aufgehoben und in drei Müllsäcke gestopft. Sie lehnen an der Wand und warten darauf, irgendwann einmal mit nach unten genommen zu werden. Er selbst lehnt an der gegenüber liegenden Wand auf einer Einpersonenmatratze, die Beine ausgestreckt und die Fußknöchel übergeschlagen. Er trägt lediglich abscheuliche kanarienvogelgelbe Boxershorts mit roten und grünen Paprika darauf. Mit der Hand auf der Matratze bedeutet er mir, ich solle mich neben ihn setzen. Auf einmal wird mir ein bisschen unbehaglich. Ich habe seinen Bademantel anbehalten.

»Willst du ihn zurück? Ich kann eine trockene Jeans anziehen.«

»Lass nur. Und sei doch nicht so nervös. Setz dich.«

Es ist das Ungemütliche, was mich so nervös macht, denke ich. Teppiche gibt es nicht. Aus Boden und Wänden steigt ein unangenehm muffiger Geruch auf. Die Tapete – rote Rosen zwischen goldenen, vertikalen Streifen – hat sich in großen Lappen abgelöst und zeigt getrocknete, dunkle Schimmelflecken, Überbleibsel vom Winter. Vor die Fenster hat er mit Reißzwecken ein paar alte Laken gehängt. An der Decke baumelt eine schwache Glühbirne an einem dicken gelblichen Kabel. Es zieht. Um das Ganze ein bisschen aufzupeppen – für mich, glaube ich – hat er einen Kerzenstummel angezündet. Eine umgedrehte Bananenkiste dient als Wohnzimmertisch. Möbel sind keine vorhanden. Die Flamme flackert und spiegelt sich in einem kleinen Fernseher auf dem Boden. Mehr gibt es nicht.

Ich setze mich neben ihn, in sicherem Abstand, auch wenn er nicht auf Mädchen steht. Zwischen seine Beine, fast in den Schritt, klemmt er eine alte Kaffeedose. Heraus ragt eine Plastiktüte, aus der er etwas Bräunliches zieht, das er dann in Zigarettenpapier rollt, genau wie Zigaretten, aber dann doppelt so lang. So legt er, plötzlich absurd ordentlich, fünf Stück nebeneinander auf den improvisierten Wohnzimmertisch neben die Kerze. Als er fertig ist, schließt er die Kaffeedose sorgfältig und stellt sie neben sich auf den Boden. Er richtet sich auf.

»Jetzt noch ein paar Bierchen holen«, sagt er. »Das hier wird ein Fest.«

Wir sehen uns einen alten Film mit Louis de Funès an. Es ist eine dünne Story. Ich kann nichts Witziges daran finden, aber Rumpelstilzchen kreischt vor Lachen. Also lasse ich mich überreden.

»Nur einen einzigen Zug«, sage ich.

»Klar doch.«

Aber nach drei Zügen zünde ich selbst eine an, denn es ist doch ziemlich ... Dieser Louis de Funès ist wirklich zu komisch. Ich halte mir den Bauch. Wenn ich zu heftig lache, ziehen die Schnittwunden. Der süßliche Geruch des Joints und das Bier, das ich nicht gewohnt bin, machen mich schwindelig.

»Gleich verpasse ich noch das Ende des Films«, lispele ich.

Rumpelstilzchen gibt mir eine Pille aus einer braunen Flasche.

»Was ist das?«

»XTC.«

»Nein, oh nein.«

Aber ich gähne mir die Seele aus dem Leib und Rumpelstilzchen hat Recht, so eine Pille gibt einen ungeheuren Energiestoß. Hunger und Schlaf kenne ich nicht mehr. Er macht für jeden von uns beiden noch eine Bierdose auf. Louis de Funès hat den Nachrichten Platz gemacht.

»Das ist ernst«, sage ich. »Hierüber dürfen wir nicht lachen.«

»Nein«, pflichtet er mir bei.

Aber wir liegen flach. Er zappt durch alle Sender, und als alle Programme zu Ende sind, schauen wir uns eine Weile das Testbild an. Ich fühle mich seltsam benommen. Das Zimmer dreht sich immer schneller. Plötzlich schwimme ich in Gelb und Rosa. Als wäre ich eine von Jawlenskys Masken.

»Geht es, Kuckuck?«, fragt Rumpelstilzchen.

»Hervorragend«, schwindle ich.

»Hier, nimm das.«

Er steckt mir einen Joint an und schiebt ihn mir zwischen die Lippen.

»Der letzte«, protestiere ich schwach.

»Natürlich.«

Eine Ewigkeit später – draußen wird es hell – krieche ich auf Händen und Füßen zur Toilette, um zu kotzen. Ich bin davon überzeugt, dass ich sterbe, und schwöre mir: Das mache ich nie wieder. Einmal war genug. Ich höre damit auf.

Fröstelnd schwanke ich zurück zur Matratze. Ich kuschle mich an Rumpelstilzchen, der einen Arm um mich legt, mir einen Kuss auf die Stirn gibt und »Schlaf nur« und »Ich bin bei dir« sagt.

Ich würde gern schlafen, aber ich trau mich nicht. Jedes Mal, wenn ich die Augen schließe, kommen Monster auf mich zu. Einmal ist es Matthew, der sagt, dass es ihm Leid tut, aber sobald ich ihm glaube, verwandelt er sich in einen Ameisenfresser. Er kommt mir vor wie ein Ameisenbär, der mit seiner langen, spitzen Schnauze näher und näher an mein Gesicht kommt. Und in meinen Mund.

Diesmal bin ich zu spät. Ich übergebe mich, halb auf die Matratze. Rumpelstilzchen merkt es nicht. Er liegt mit weit aufgesperrten Augen und starrt an die Decke, auf der die Schatten der Kerze tanzen. Wenig später ist sie runtergebrannt und erlischt von allein. Ich sehne mich danach, weinen zu können.

Als ich wach werde, sind Stunden vergangen. Ich ekle mich vor meinem eigenen Gestank, aber mir ist zu schwindelig, ich kann nicht aufstehen. Im Fernseher läuft wieder was. Offensichtlich ein Kinderprogramm mit Zeichentrickfilmen. Der Lärm schmerzt in meinen Ohren. Ich stöhne, bin mir dessen aber scheinbar nicht bewusst.

»Was ist los, Kuckuck?«, fragt Rumpelstilzchen neben mir.

193

»Ich fühle mich elend.«

»Soll ich dir einen Joint bauen?«

»Nein.«

»Du wirst dich besser fühlen. Einen wenigstens.«

»Okay, dann einen.«

Er nimmt die Kaffeedose, rollt fünf Stück, legt vier nebeneinander auf den Tisch, den fünften reicht er mir zusammen mit dem Feuerzeug. Meine Hände zittern, ich schaffe es nicht.

»Macht nichts, Kuckuck, ich helfe dir.«

»Ja«, sage ich. »Ja. Du bist lieb.« Ich schließe die Augen und spüre die Tränen aufsteigen. Sie rollen unter meinen Wimpern heraus über meine Wange. »Rumpelstilzchen?«

»Ja?«

»Warum machst du das? So gut zu mir sein?«

Er antwortet nicht, sondern fängt an, mich lang und langsam zu streicheln. Draußen zwitschern die Vögel, denke ich noch. Gleich muss ich das Fenster aufmachen und frische Luft hereinlassen. Dann schlafe ich wieder ein.

Wie es weitergehen soll, mit mir, mit uns, darüber will ich nicht nachdenken. Wir leben von Stunde zu Stunde. Wir rauchen, streicheln einander, nehmen Speed, schauen fern. Manchmal reden wir, aber so, als wären wir schon lange verheiratet.

»Willst du etwas essen?«

»Brot ist in Ordnung.«

»Nimm einen Schirm mit, wenn du rausgehst.«

Rumpelstilzchen erledigt die Einkäufe. Wir haben uns immer noch nicht nach unseren wirklichen Namen gefragt. Ebenso wenig, wie ich wissen möchte, womit er bezahlt. Vielleicht bezahlt er ja gar nicht, vielleicht stiehlt er. Früher hätte mich das gestört. Aber wegen dieses einen Brots, ab und zu … Wir haben kaum Hunger. Oft ist uns sogar zu schlecht zum Essen.

Ich glaube, dass ich seit einer Woche hier bin, aber es können auch zwei sein. Ich habe nicht die geringste Ahnung. Mein Kopf dröhnt viel zu sehr, als dass ich klar denken könnte.

Eines Abends passiert es. Rumpelstilzchen ist gegangen. Er hat nicht gesagt, wohin, und ich habe auch nicht danach gefragt, er kommt schon wieder. Bestimmt besorgt er Zeug. Die Kaffeedose war fast leer. Ich liege auf der Matratze, die Hände auf dem Bauch. Ich hatte den ganzen Tag über Durchfall und fühle mich zu schwach um aufzustehen. Sonst würde ich ein bisschen Speed nehmen, das hilft.

Der Fernseher läuft, aber ich schaue nicht hin, bis ... Vor Schreck setzt mein Herz für einen Schlag aus. Das bin ich. Vermisst. Personenbeschreibung. Die Nachrichtensprecherin liest eine Nachricht von meinem Vater vor: Ich bräuchte keine Angst haben, nach Hause zu kommen.

Als Rumpelstilzchen zurückkehrt, liege ich immer noch zitternd und heulend da. Er wiegt mich in seinen Armen.

»Was ist denn los, Kuckuck?«

Aber ich bringe es nicht übers Herz, es ihm zu sagen.

Später am Abend, bei der Wiederholung im Nachtjournal, sieht er es auch. Er wird ganz bleich.

»Evi«, testet er den Namen, den die Nachrichtensprecherin sagte. »Evi, Evi.« Er schüttelt den Kopf. »Du musst nicht gehen. Das bist nicht du. Du bist Kuckuck.«

Ich beiße mir auf die Lippen. Er will mich streicheln, aber ich drücke mich gegen die Mauer.

»Willst du einen Joint?«, fragt er.

»Nein.«

»Oder Speed? Etwas anderes? Soll ich Kaffee kochen?«

»Mein Plüschkaninchen«, sage ich. »Es ist in meiner Sporttasche.«

Er holt es für mich und setzt sich mit dem Rücken zu mir. Ich

195

höre es nicht, aber ich weiß, dass er heult. Stunden später schlägt er die Küche kurz und klein. Ich bleibe mucksmäuschenstill in meiner Ecke, aber als er zurückkommt, ist er wieder ruhig. Ich ziehe ihn auf meinen Schoß und streichle seine Haarstoppeln.

»Wofür sind all diese Klopapierrollen?«, frage ich.

Das wollte ich schon lange wissen. All die Kartons mit Röllchen im Gang, fein säuberlich gestapelt.

»Für ein Modell. Wenn ich genug habe, baue ich mein Traumhaus. Wenn du willst, darfst du auch darin wohnen, bei mir.«

»Das wäre schön«, sage ich.

»Das wird werden, irgendwann, eines Tages. Du wirst schon sehen, Kuckuck.«

»Natürlich«, pflichte ich ihm bei.

»Warum weinst du dann?«

»Nur so, Rumpelstilzchen. Es ist nichts.«

Seitdem, es war vor anderthalb Tagen, habe ich nichts mehr genommen. Ich liege da und zittere am ganzen Körper, obwohl Rumpelstilzchen zwei Decken über mich gelegt hat. Manchmal klappere ich so heftig mit den Zähnen, dass ich mir auf die Zunge beiße. Erst seit einer Stunde geht es ein bisschen besser. Mein Körper tut nicht mehr weh, aber in mir nagt die Einsamkeit. Ich wünschte, ich hätte ein Rasiermesser, aber ich kann mich jetzt nicht mehr ritzen. Wenn ich wollte, könnte ich doch mit dem Feuerzeug … Aber ich bin zu weich geworden. Mir ekelt vor mir selbst. Ich bin nichts wert.

Ich will nicht, dass Rumpelstilzchen mich tröstet. Er kann es nicht. Niemand kann es. Aber wenn er, genauso trostlos wie ich, wie ein geschlagener Hund den Kopf zwischen den Armen versteckt, dann krieche ich zu ihm.

»Nicht weinen«, flehe ich neben seinem Ohr, seinen Kopf

zwischen meinen beiden Händen. »Nicht, bitte. Verzeih mir. Ich bleibe ja, ich bleibe.«

Ich gebe ihm zwei Millionen Küsse.

Er tut so, als würde er mir glauben, aber er weiß, dass ich lüge.

Stunden später. Ich liege und starre zur Decke, auf die der Fernseher seine Schatten wirft. Rumpelstilzchen sitzt aufrecht, die Arme um die Knie. Er sieht nicht gut aus, ist schon seit Tagen so stoned wie nur was. So kann ich ihn doch nicht zurücklassen. Wenn es ihm besser geht, kann ich weggehen. Erst muss er wieder runterkommen. Dann gehe ich weg. Ich tippe kurz an seine Schulter.

»Nicht hinsehen, Kuckuck«, sagt er.

Er hält das Kokain auf seinem Handrücken erst ans rechte Nasenloch, schnupft. Dann links.

»Du wolltest das nicht mehr tun«, sage ich. »Du hast es versprochen.«

Er dreht sich um und schlägt mir ins Gesicht, fängt dann an zu weinen.

»Es ist in Ordnung«, beruhige ich ihn. »Komm nur her, komm her zu mir.«

Ich werde wach, so heftig zuckt er auf meinem Schoß. Ich erschrecke. Seine Augen sind geöffnet, man sieht fast nur noch das Weiße.

»Rumpelstilzchen«, sage ich. »Gott, Rumpelstilzchen, nein ...«

Er hört mich nicht. Aus seinem Mund rinnt Speichel. Ich habe wahnsinnige Angst. Er braucht einen Arzt, aber wir haben kein Telefon. Wir haben auch seit Tagen keine frischen Kleider mehr angezogen.

Ich schäme mich, dass ich ausgerechnet jetzt daran denke,

197

während ich die Treppen hinunterrenne, kaum selbst genug Kraft habe.

Ich bin doch sein Kumpel. Schwindelig. Wie viele Wochen bin ich nicht mehr draußen, nicht mehr auf der Straße gewesen?

Als ich um Hilfe rufe, ist meine Stimme rau. Die paar Leute, die den milden Abend genießen, schrecken vor mir zurück.

Ich falle und rappele mich wieder auf, meine Nägel an einer Hausfassade.

Sie starren. Sie flüstern. Reden sogar laut.

Niemand, der mir eine Hand reicht.

An der Ecke ist eine Kneipe. Rumpelstilzchen holt dort manchmal Bier. Ich wanke dorthin.

»Bitte, einen Arzt«, flehe ich. »Bitte rufen Sie an.«

»Hast du 50 Cent?«

Ich schüttle den Kopf.

Jemand flucht, und der Wirt wählt widerwillig die Nummer.

»Die 110«, sagt dieselbe Stimme, die geflucht hat.

Ich muss wach bleiben. Wach. Bis ich alles erzählt habe.

23

Einer der Sanitäter aus dem Krankenwagen hat eine Decke um mich gelegt. Er hält meine Hand und versucht, mich zu beruhigen, sie würden ihr Bestes tun. Aber ihr Bestes reicht nicht. Sie sollen mir versprechen, dass alles in Ordnung kommt.

Rumpelstilzchen liegt im Koma. Sie haben ihm eine Infusion gelegt, aber er zeigt keine Besserung. Die Sirene zerschneidet die Nacht.

Ich wringe meine Hände ineinander. Jedes Ruckeln des Krankenwagens tut weh. Ich bin nur noch Haut und Knochen. Sie werden mich wohl auch im Krankenhaus behalten. Seltsamerweise erleichtert mich dieser Gedanke. Ich schließe die Augen, aber dann erreicht der Krankenwagen die Notaufnahme, und ich muss aussteigen, werde in einen Rollstuhl gesetzt, und dann beginnt die Fragerei aufs Neue, wieder und wieder, bis ich …

»Nein, ich kenne seinen Namen nicht.«

»Ich nannte ihn …«

»Weil das persönlich ist.«

»Ein paar Wochen. Seit ich von hier …«

»Nein, ich kann nicht sagen, warum ich damals …«

»Ich will es nicht.«

»Nur Claire.«

»Ich selbst? Nur, als ich bei ihm wohnte, davor nicht. Und nie Kokain. Seit vorgestern sogar überhaupt nichts mehr. Gar nichts.«

»Warum glauben Sie mir nicht?«

»Nein, das waren wir nicht.«

»Ich lüge nicht, und ich benehme mich auch nicht lächerlich.«

»Weil er nicht auf Mädchen … Verdammt noch mal!«

»Ich will nichts mehr sagen.«

»Er ist mein Freund, okay. Einfach ein guter Freund. Der beste, den …«

»Was? Meinen Sie, dass er …«

»Ich glaube Ihnen nicht.«

»Das kann nicht sein. Er muss …«

»Dann pumpen Sie doch seinen Magen aus.«

»Oh, Himmel.«

»Gehen Sie. Dann gehen Sie doch. Bitte, gehen Sie.«

»Sie hatten versprochen …«

»Ihr Bestes? Scheiß drauf, hören Sie? Scheiße! Ich gebe schon so lange mein Bestes. Schon so lange.«

Sie wollen mich nicht zu ihm lassen. Erst müssen sie seine Eltern ausfindig machen. Was wissen die denn von ihm? Sie haben ihn monatelang vor sich hinvegetieren lassen.

»Mein Vater ist ein Gorilla im Maßanzug und meine Mutter hat, als sie noch jung war, Modell gestanden für Barbie.« So sprach er von ihnen.

Aber ich, ich war sein Kumpel. Ich war Kuckuck. Wenn ich mich nicht beruhige, stecken sie mich in ... Ich beruhige mich nicht. Vierundzwanzig Stunden.

»Ich reiße die Isolierzelle ein«, drohe ich, aber ich bin nur ein Häuflein Knochen in einer zu weiten Haut. Ich wiege gerade mal achtunddreißig Kilo.

Als ich die Isolierzelle verlassen darf, bekomme ich gleich Sondennahrung. Sie bringen mich zu meinem Zimmer. Ich bin ein Wrack mit blutigen Fingerspitzen. Gegen Betonmauern hatte ich keine Chance. Jetzt liege ich im Bett. Wieder starre ich zur Decke. Rumpelstilzchen ist tot.

And when He knew for certain
Only drowning men could see Him
He said: All men will be sailors then
Until the sea shall free them
But He Himself was broken
Long before the sky would open
Forsaken, almost human
He sank beneath your wisdom
Like a stone ...

»Er heißt, er hieß Jamie«, sagt die Barbiepuppe.
Ihr Make-up ist dick aufgetragen, aber es kann nicht verbergen, dass sie stundenlang geheult hat. Sie erinnert mich an eine geborstene Vase. Ihr Mann ist nicht bei ihr.

»Er ist verhindert«, beschönigt sie. »Er ist wegen eines Projekts im Ausland.«

Aber ich habe den Eindruck, sie wollte zuerst etwas anderes sagen: Dass er einfach nicht kommen wollte. Vielleicht ist sie zu lange verheiratet, um ohne ihn zu leben, oder zu ängstlich. Sie spielt mit einem der Ringe an ihrem Finger. Sie dreht ihn unablässig. Sie trägt so viel Gold, dass sie toteinsam sein muss.

»Er sagte, es sei deine Schuld«, sagt sie und schüttelt den Kopf. Sie beißt sich auf die Lippen.

»Ich wollte, dass er wieder runterkam. Er hat so oft versprochen aufzuhören.«

Ich weiß nicht, ob sie mich hört. Sie sitzt kerzengerade auf dem Rand des Holzstuhls neben meinem Bett, die Beine im fuchsiafarbenen Kostüm zusammengepresst. Tadellos. Sie trägt sogar Nylonstrümpfe, trotz der Hitze. Die Sonne knallt durchs Fenster. Wir haben den dritten Juli. Das hat mich erschreckt. Dass ich schon so lange hier bin, ich wusste es nicht. Sogar das Schuljahr ist rum.

Gestern ist er gestorben. Ich hätte bei ihm bleiben müssen.

»Als Jamie klein war, sah er zu seinem Vater auf«, sagt die Frau, mehr zu sich selbst als zu mir.

Es ist schwierig, sie als seine Mutter zu sehen. Sie sind so verschieden.

»Er gab sich alle Mühe, seinem Vater ähnlich zu sein. Er strengte sich so sehr an.«

Sie schweigt eine Weile. Ich nehme an, dass sie sich an Situationen erinnert, die wie ein Film vor ihr ablaufen. Ich versuche, mir Rumpelstilzchen als kleinen Jungen vorzustellen, der versucht, ordentlich und perfekt zu sein. Zehnmal scheitelt er seine nassen Haare, sie sind widerspenstig.

»Nimm eine Zeitung, wenn du deine Schuhe putzt«, sagt er. Er spricht mit sich selbst, um seinem Vater, vor dem er Angst hat, zuvorzukommen.

»Es war selten gut«, sagt die Mutter. »Nie gut genug. Nach einiger Zeit tat er sein Bestes aus Angst, nicht mehr, weil er seinen Vater liebte und ihm einen Gefallen tun wollte, sondern aus Angst. Aber das machte ihn wütend, so wütend. Da hat er aufgehört, seinen Vater zu bewundern und sein Bestes zu tun. Er gab es auf, weil er nicht mehr daran glaubte. Es würde ihm nie gelingen.«

Sie fummelt am Saum ihres Rocks herum, aber ansonsten sitzt sie so gerade, noch immer so aufrecht, dass ich sie ... Ich stecke meine Hände unter das Laken und balle sie dort zu Fäusten, aber sie hört es wohl an meiner Stimme, als ich sage: »Aber Sie wussten es!«

»Ja.« Zum ersten Mal sieht sie mich direkt an. »Ja.«

Sie steht auf und gibt mir die Hand. Sie bedankt sich bei mir.

»Sorg dafür, dass du hier rauskommst, Evi. Tu es auch ein bisschen für Jamie. Damit er nicht umsonst gestorben ist.«

Ich nicke und erzähle ihr in einer Anwandlung von seinem Traumhaus und den Kartons voller Klopapierrollen.

»Er hatte nicht alle Hoffnung aufgegeben«, sage ich. »Er träumte noch.«

Aber als sie fragt, ob sie mich noch einmal besuchen dürfe, sage ich Nein. Ich habe schon schon meine eigenen Eltern am Hals. Ich gehe auch nicht zur Beerdigung.

Um zwei Uhr kommt mein Vater. Er hat Claire gesagt, dass er sich diesmal nicht abwimmeln lässt, zur Not würde er mich entführen. Aber es ist in Ordnung, ich will ihn sehen, aber nicht an meinem Bett, nicht in meinem Zimmer.

Ich warte auf ihn auf einer Bank im Garten des Krankenhauses. Meine Jeans ist zu weit, sogar mit Gürtel, und zu warm für dieses Wetter, aber er darf nicht sehen, wie dünn ich bin. Über meiner Hose trage ich ein langes, weites Leinenhemd von Rumpelstilzchen. Ich habe überall blaue Flecken von den

Infusionen, die ich bekommen habe, von den Stößen, vom Sitzen und Herumliegen; die Knochen ragen aus meiner Haut. Meine Haare sind stumpf geworden und die Spitzen abgebrochen. Man kann auch immer noch sehen, wo Cindy die Strähnen herausgeschnitten hat. Sie, oder vielleicht war es doch jemand anderes. Wenn ich mich besser fühle, kann ich vielleicht einmal zum Friseur gehen. Im Krankenhaus gibt es einen. Ich könnte eine Tönung gebrauchen, die vorige ist fast herausgewachsen. Für einen Augenblick spüre ich den vertrauten Stich, als ich denke: Blond oder kastanienfarben. Ich schlucke. Weinen will ich nicht. Meine Wimperntusche würde verschmieren und ich habe mich extra für ihn geschminkt, auch wenn er das unter meiner Sonnenbrille nicht sehen wird.

Der Rasen, der erst vor kurzem gemäht wurde, hat einen durchdringenden Geruch. Himmel, ich habe wochenlang in einer Höhle gelebt. Aber das Schlimmste ist, dass mir das auf die Dauer nicht mehr auffiel. Fast, als wäre ich ein Tier.

Gott, sieh nur, wie das Licht auf diesem Stein ... Und dann weine ich doch, um mich selbst, aus Dankbarkeit und um ihn, um Rumpelstilzchen. Es hätte auch für ihn Sommer werden können, wenn es nicht so dumm, so gottverdammt dumm ausgegangen wäre.

»Evi ...«

So sanft, so sanft. Ich habe ihn nicht kommen hören. Auf einmal sitzt er da vor mir, in der Hocke, kein turmhoher Riese, vor dem man Angst haben muss, und legt mir ein paar Gänseblümchen in den Schoß.

»Als du klein warst, hast du die immer für Mama und mich gepflückt«, sagt er.

Er klingt heiser und trägt den Himmel in seinen Augen. Ich lehne meine Stirn gegen seine. Ich weiß nicht, ob ich das will, es passiert einfach von ganz allein. Hoch über uns singt ein Vogel.

24

Er sagt nicht, dass ich ihm einen Schrecken eingejagt habe, aber ich spüre es, als er mir mit den Fingerspitzen über die Haare streicht, so zögernd, als wäre ich eine Seifenblase.

Oder vielleicht hat er Angst, dass ich wieder verschwinde, ohne eine Spur zu hinterlassen. Er hat Tag und Nacht gesucht.

Auch das sagt er nicht, aber ich kann es an seinen Schultern ablesen – er ist alt geworden – und seine Hand zittert, als er sich eine Zigarette anzündet. Er hat sich neben mich auf die Bank gesetzt. Ich schaue in die andere Richtung, um uns Zeit zu geben.

Wir scheuen einander, denke ich, unser Kummer ist noch zu frisch.

Er bläst eine blaue Rauchwolke aus.

»Du musst damit aufhören«, sage ich. »Sonst wirst du noch ...«

Ich spreche das Wort nicht aus.

Er nickt. »Du hast allerdings auch ...«, sagt er. »Der Arzt sagt das. Gras und XTC. Warum, Evi?«

»Bitte, fang jetzt nicht davon an.«

»Entschuldige, das war eine dumme Frage.«

»Es ist schon in Ordnung.«

Er tritt seine Zigarette mit dem Schuh aus. »Sollen wir ein Stückchen laufen? Glaubst du, dass du das schaffst?«

Er will mir einen Arm reichen, aber dafür ist es noch zu früh. Als Kind war es einfach. Wenn ich dann müde war, ritt ich auf seinen Schultern durch die ganze Welt. Jetzt weiß ich nicht einmal, ob sie mich tragen könnten.

Im Garten des Krankenhauses ist ein kleiner Weiher mit einem

Steingarten. Dort stehen auch ein paar Bänke. Wir gehen mit den Händen auf dem Rücken.

»Dieser Junge«, fragt er. »Jamie ...«

»Rumpelstilzchen.«

»Heißt er so? Das ist doch ein Name aus einem Märchen? Ein komisches, kleines Männchen, das mit dem Fuß aufstampfte, weil die Prinzessin seinen Namen erraten konnte.«

»Keine Prinzessin. Eigentlich war es eine Müllerstochter, aber ihr Vater hatte dem König gegenüber so mit ihr angegeben, dass sie Gold spinnen könne, dass der König sie in einem Zimmer voller Stroh einsperren ließ. Wenn es ihr nicht gelang, daraus Gold zu spinnen, sollte sie sterben.«

»Ja, stimmt. Und dann kam das Männchen und half ihr. Sie sollte ihm im Austausch dafür etwas geben.«

»Einen Ring oder so«, sage ich. »Und in der letzten Nacht verlangte er von ihr das erste Kind, denn wenn sie Gold spinnen könnte, sollte sie den König heiraten. Das Männchen wollte so gern etwas Lebendiges. Zu der Zeit, da das Kind kam, wollte sie es natürlich nicht weggeben. Der Kobold gab ihr noch eine Chance. Er war davon überzeugt, dass es ihr doch nicht gelingen würde. Wenn sie seinen Namen errate, dürfe sie das Kind behalten.«

»Rumpelstilzchen.«

»Er war so einsam«, sagte ich. »Er nannte mir freiwillig seinen Namen, nur damit ich blieb.«

»Habt ihr? Wart ihr ...«

Ich lache, als ich meinen Vater so nervös sehe. »Wir schliefen wie Löffelchen«, sage ich. »Das ist alles.«

Wir haben uns auf eine Bank gesetzt und schauen den Fischen zu, die unter den Blättern und Blüten im Wasser hin und herschießen. Ich denke an den Namen, den Rumpelstilzchen mir gab. Irgendwie würde ich es meinem Vater gern sagen, aber »zu Hause« ist ein Wort, an dem man sich den

Mund verbrennen kann. Schließlich fängt er selbst davon an.

»Komm heim, Evi«, sagt er.

»Du weißt, dass ich nichts lieber täte. Wenn es ginge.«

»Wir können es versuchen, Evi. Rita will es auch. Sie kann es nicht mit ansehen, wie du, wie ich … Sie und Dominik werden wieder allein wohnen. Ein paar Jahre. Vielleicht können wir später …«

»Wegen mir ist das nicht nötig. Diese Verantwortung will ich nicht. Ich gehe zurück zum Klinker.«

Ich hatte noch nicht darüber nachgedacht, aber es ist gut so. Es ist, was ich will. Bis ich meinen Schulabschluss habe, und dann werde ich mir was Eigenes suchen.

»Wenn du möchtest, komme ich aber zu Besuch«, sage ich. Mein Vater nickt und seufzt.

»Wir haben ganz schön Mist gebaut. Kannst du wirklich nicht nach Hause kommen?«

»Nein. Tut mir Leid.«

»Ich verstehe es nicht, aber wenn du es wirklich so haben willst, füge ich mich.«

»Ich will es so«, sage ich. »aber jetzt geh nach Hause. Und halte Rita zurück.«

»Es ist so vieles kaputt.«

»Wir haben alle unsere Scherben«, sage ich. »Die können wir wegwerfen oder kleben. Das sagt Claire. Dass, wenn man vergeben kann …«

»Kannst du?«

»Ich mache gerade meine ersten Schritte.« Aber nicht auf Matthew zu. Den hasse ich für den Rest meines Lebens.

Claire fängt von sich aus von ihm an, und das erschreckt mich, denn ich habe seinen Namen nie genannt.

»Wie …«

»Ja, was dachtest du? Als du vermisst warst, haben wir nicht die Hände in den Schoß gelegt. Alle haben mitgesucht. Die Leute vom Klinker, die Polizei. Alle in Plansjee sind verhört worden, ob sie vielleicht wüssten, wo du steckst. Auch deine Lehrer und Mitschüler wurden befragt.«

»Er ist ein Drecksack«, sage ich.

»Das klingt, als wärst du gewaltig sauer auf ihn.«

»Ich hasse ihn. Ich wollte sein Haus anstecken, aber dann bin ich Rumpelstilzchen begegnet.«

»Erzähl doch ein bisschen.«

Ich schüttele den Kopf und schlage die Hände vors Gesicht. »Du wirst mich ... Es ist so peinlich.«

»Ich denke, dass ich es schon weiß, Evi. Und ich verurteile dich nicht. Was du getan hast, mag dumm sein, aber was dahinter steckt, was du erlebt hast, was dich so weit gebracht hat, da sitzt der Schmerz, der nach Trost verlangt.«

»Er war lieb. Ich dachte, er würde mich verstehen.«

Und dann bricht alles aus mir heraus. Angefangen beim Abend auf dem Friedhof. Und wie oft ich mir vorgenommen hatte, damit aufzuhören, aber ...

»Er war der Letzte«, sage ich. »Der Letzte auf der Welt.«

Sie nickt und lässt mich ausheulen. Dann zeigt sie auf einen leeren Stuhl, der mir gegenüber steht. »Erzähl das auch mal deinem Vater.«

Mit ihm kommt bestimmt wieder alles in Ordnung.

Wenn ich vierzig Kilo wiege, darf ich für ein Wochenende nach Hause. Ich hatte gedacht, dass ich mich freuen würde, aber ich habe vor allem Angst. Ich habe mich in das Krankenhaus eingenistet wie in einen Kokon. So sicher wie möglich. Nachher gehe ich zu meinem Vater, aber ich muss erst zum Klinker. Else ist gestern hier gewesen. Solange ich krank bin und keine Arbeit habe, ist sie damit einverstanden, dass ich meine schmutzige Wäsche bei ihr in die Waschmaschine stecke. Dann kann ich auch saubere Kleidung einpacken für Montag.

Sie sitzt auf der Terrasse zwischen Unmengen von Gemüse: Bohnen, Karotten, Tomaten, alles zum Einfrieren.
»Du kommst wie gerufen«, begrüßt sie mich.
Sie benimmt sich normal, das macht es leichter.
Ich setze mich zu ihr an den Tisch und schlage eine Zeitung auf. »Womit soll ich anfangen?«
»Schnittbohnen putzen, wenn du es nicht schlimm findest. Ich hasse es.«
»Okay. Mir ist es egal.«
»Willst du Kaffee? In der Thermoskanne steht welcher.«
»Du auch noch eine Tasse?«
»Hm ... Nein, lieber nicht. Dann mault Vic wieder, ich hätte so einen Kaffeeatem.«
»Und das lässt du dir sagen? Das sollte er mal bei mir ...«
»Ach, Evi.«
»Er soll dich so lieben, wie du bist!«
»Nun, und ich will geküsst werden, ohne dass er sich schüttelt.«
Sie reicht mir den Sack mit Schnittbohnen, mindestens fünf Kilo. Anderes Thema.
»Wenn sie gleich blanchiert sind, nimmst du dir ein paar Päckchen mit für die Tiefkühltruhe«, sagt sie. »Wann kommst du nach Hause? Ich meine, endgültig.«
»Wenn ich keinen Rückfall erleide, Anfang August.«
»Und die Schule, was wirst du damit machen?«
»Ich darf meine Prüfungen nachholen, aber ich will nicht zurück in diese Scheißklasse, Else.«
»Das verstehe ich, es ist bloß schade, dass sie triumphieren werden. Das verlorene Jahr, ach, auf ein ganzes Menschenleben gesehen ...«

»Du versuchst, mich wütend zu machen«, sage ich und grinse. »Ich habe dich durchschaut.«

»Ich würde es ihnen nicht gönnen.«

»Nein, aber du hast ja auch einen schlechten Charakter.«

Sie wirft eine Karotte nach mir. Als ich sie abwehre, platscht sie in den Eimer mit den Schnittbohnen. Das Wasser spritzt auf.

»Ich werde wirklich drum kämpfen«, sage ich. »Aber ich werde jemanden für Nachhilfe in Computerkunde finden müssen.«

»Frag Jens danach.«

»Hm.«

»Was, hm?«

»Wenn du wüsstest, was für eine Stümperin ich bin.«

»Evi? Wenn du willst, dass er dich wirklich für dumm hält, brauchst du ihn nicht zu fragen, dann kriegst du eben eine Sechs.«

»Ja, Mama!«

Ich schlucke kurz, weil es mir so rausrutscht, aber es macht nichts. Die Wäsche ist fertig, aber ich putze noch die restlichen Bohnen, während Else mir die jüngsten Neuigkeiten erzählt.

»Nicht um zu tratschen«, sagt sie, »aber so gehörst du gleich wieder ganz dazu.«

Sung hat endlich eine Freundin, die von seinen tausendundein Postkarten, Anrufen und Mails nicht verrückt wird. Es hält schon anderthalb Wochen. Jens trainiert für die *ten miles* von Antwerpen im Frühjahr. Er versucht, Beth zum Mitmachen zu bewegen, aber die hat zu viel zu tun, seit sie in der Redaktion einer Tierschutzzeitschrift sitzt. Vielleicht läuft Vic mit, aber dazu muss erst seine Achillessehne wieder ganz in Ordnung sein. Er hat sie sich gezerrt, als er die unterste Stufe der Treppe verpasste, weil er es so eilig hatte, zum Telefon zu kommen.

209

Ein Anruf um halb fünf morgens konnte nur heißen, dass er Opa geworden war. Wenn ich kurz warten würde ...

Wenig später klingelt es wirklich, und Gitte steht mit dem Baby vor der Haustür. Also tatsächlich ein Junge. Jonas. Er liegt da mit großen, blauen Augen, sodass man schwören würde, er könnte schon etwas sehen. Später steckt er fast die ganze Faust in den Mund vor Hunger. Ich darf ihm das Fläschchen geben und ihn wickeln. Als ich glaube, dass mich niemand beobachtet, gebe ich ihm einen Kuss auf den Bauch.

Es kann lange dauern, bevor ich meine Periode wieder bekomme, hat mir der Arzt gesagt. Das ist das Letzte, was wieder in Ordnung kommt. Aber irgendwann werde ich auch ein Kind haben.

Du wirst es sehen, Rumpelstilzchen, denke ich. Wo du auch bist, du wirst es sehen. Mein Traum geht in Erfüllung. Meiner schon.

Es ist ein merkwürdiges Gefühl, mein Zimmer wieder zu betreten. Jemand hat meine Post auf den Tisch gelegt. Ich finde es nicht so angenehm, dass jemand hier drin gewesen ist, aber andererseits: Wer es auch war, er hat meine Pflanzen gegossen und sogar eine Sonnenblume in einer leeren Flasche auf meinen Tisch gestellt. Es gibt eine Riesenkarte von allen Leuten aus Plansjee. Und einen Brief. Ein Brief von Jasper, den ich immer wieder lese. Es vergeht kein Tag, an dem er nicht an mich denkt, aber anders als an ...

»Lass mich dein Freund sein, Evi, dein großer Bruder. Gib mir ein Zeichen, wenn du dazu bereit bist.«

Ich weiß nicht, ob ich lachen oder weinen soll. Darunter stehen auch ein paar Zeilen von Margreet. Nach Hause kommen ist das Allerwichtigste, schreibt sie. Manchmal muss man dafür einen langen Umweg machen. Es kann so aussehen, als würde man weglaufen, aber eigentlich ist man die ganze Zeit unterwegs. Noch während man sucht, ist man dabei zurück-zukommen. Wir warten, Evi, wir halten Ausschau.

Sie hatte eine witzige Zeichnung dazu gemacht, von ihr und Jasper, wie sie mit der Hand über den Augen den Horizont ab-spähen und einen Textballon über ihrem Kopf in Form einer Wolke, in der steht: ›Gib uns ein Rauchzeichen‹.

Bald, denke ich. Ich stecke die Karten und den Brief in meine Sporttasche zu meinen sauberen Sachen. Nach langem Zö-gern packe ich auch die gelben Schuhe ein. Ich weiß nicht warum, irgendetwas sagt mir, dass es sein muss.

Ich bin fertig. Jetzt muss ich nur noch auf meinen Vater war-ten. Er holt mich ab. Er hat gefragt, ob er gegen Mittag kom-men solle, aber wenn ich lieber nicht mit ihnen essen wolle, könne er das auch gut verstehen.

»Zum Mittagessen ist schon in Ordnung«, sagte ich, zwar mit einem Stein im Magen, aber ich will ja gesund werden.

Und Rita? Sie ist letzten Endes doch geblieben. Weil er darum gebettelt hat, und sie liebt ihn. Sie will nur, dass er glücklich ist. Vielleicht habe ich sie doch falsch eingeschätzt, denke ich.

Wenn ich möchte, ginge sie ein paar Stunden zu ihrer Mutter, sagte mein Vater, damit er und ich dieses erste Mal allein mit-einander sind. Dominik übernachtet an diesem Wochenende bei einem Freund.

»Wegen mir braucht sie nicht wegzugehen. Aber wenn sie es möchte …«

»Sie will gern bleiben. Sie hoffte, wir könnten vielleicht einen Weg finden zwischen ›miteinander kämpfen‹ und ›voreinan-der flüchten‹.«

Das ist schön gesagt. Aber warum jetzt? Weshalb so spät? Ich stehe vor dem Spiegel und bürste mir die Haare. Ich denke an Rumpelstilzchen. Zwischen »so spät« und »zu spät« liegt eine Welt voll verpasster Chancen.

211

Ich weiß nicht genau, was ich noch machen soll, während ich auf meinen Vater warte. Ich habe noch eine Viertelstunde. Ich wünschte, jemand von den anderen wäre da, aber ich habe schon einmal an die Türen ihrer Zimmer geklopft, und niemand öffnete. Die Küche und das Badezimmer sahen aus wie ein verlassenes Schlachtfeld, als wären alle nach dem Frühstück Hals über Kopf aufgebrochen. Irgendwohin. Ich will auch wieder ein Ziel haben. Muss nachher bei meinem Vater doch mal wieder einen Blick in die Zeitung werfen für einen Job. Und vielleicht gilt das Angebot von Jens noch, dass ich mit ihm laufen kann. Aber nicht *ten miles*. Ich werde ihm bestimmt ein Klotz am Bein sein. Erst der Computer. Dann mal sehen.

Ich räume den Tisch ab und habe gerade Spülwasser in das Becken laufen lassen, als es klingelt. Jetzt schlägt mir das Herz doch bis zum Hals. Ich trockne mir die Hände ab und versuche, ruhiger zu werden, während ich nach unten gehe.

Es ist doch bloß dein Vater. Er hat mir damals Talkumpuder auf die nackten Pobacken gestäubt.

Aber es ist Jens, der seinen Schlüssel vergessen hat. Er glänzt vor Schweiß, aber seine Augen strahlen.

»Ich habe mich beeilt, um dich noch zu treffen«, keucht er. »Ich wusste von Else und Vic, dass du kommen würdest.«

»Diese Klatschbasen«, sage ich und lache. »Nein, im Ernst, ich freue mich, dich zu sehen.« Ich bin plötzlich verlegen.

»Ich habe deine Pflanzen gegossen. Ich hoffe, das war okay.«

»Und die Sonnenblume?«

»Dann hatte ich wenigstens eine Sonne, aber ich hoffe ... Himmel, Evi, du verstehst es schon.«

»Ja«, sage ich. »Ja, ich glaube, so allmählich scheint sie wieder.«

Ein Auto hält an. Es ist mein Vater. Er hupt. Ich winke ihm zu und bitte ihn, noch einen Augenblick zu warten.

Der Ausdruck in Jens' Gesicht wird plötzlich abweisend.

»Ist das dieser Freund von dir?«, fragt er. »Ich habe euch schon einmal zusammen gesehen. Entschuldige, es geht mich nichts an.«

Er will weglaufen, aber ich halte ihn am Handgelenk fest.

»He«, sage ich. »Das ist mein Vater. Und den anderen Mann habe ich zur Hölle geschickt.«

»Shit! Dann warst du schneller als ich!«

»Wenn du willst, kannst du es mit Nachhilfe in Computerkunde wieder gutmachen.«

25

Claires Tür ist noch kaum geöffnet, da lege ich auch schon los.

»Es war ein phantastisches Wochenende. Ich will nach Hause. Hier habe ich nichts mehr …«

Sie lacht, aber nicht so begeistert, wie ich gehofft hatte.

»Du freust dich ja gar nicht für mich«, schmolle ich.

»Setz dich und sei nicht albern. Du weißt, dass das nicht stimmt. So. Und jetzt erzähl mal.«

»Von Anfang an?«

»Das ist mir egal.«

»Das dauert zu lang für eine Stunde.«

»Oh, und ich dachte, du sagtest gerade, dass du hier nichts mehr zu suchen hast.«

»Ich kann doch auch so noch zu dir kommen, Claire, zu Hause wohnen und ein paarmal pro Woche in die Therapie kommen.«

»Das werden wir später sehen. Jetzt erzähl erst mal.«

Aber ich habe keine große Lust mehr, und als sie das zum Anlass nimmt zu sagen, ich sei noch viel zu labil, um wieder auf eigenen Beinen zu stehen, kriegen wir eine Riesenkrach.

»Dann erzähle ich es eben meinem Tagebuch«, schreie ich. Oder Jens. Der würde sich bestimmt für mich freuen. Der glaubt an mich.

Sie will mich noch zurückhalten, aber ich werfe schon die Tür hinter mir ins Schloss. In meinem Zimmer heule ich vor Wut und Ohnmacht. Und dann kratze ich doch wieder, ohne es zu wollen. Valerie kommt dahinter und reagiert mit vielen Ahs und Ohs.

»Wehe, wenn du petzt«, drohe ich.

»Ich schweige, wenn du was für mich hast.«

»Wenn ich *was*?«

»Speed. Du hattest doch diesen Freund da. Du kennst bestimmt jemanden, der …«

»Du bist nicht ganz dicht, Valerie! Willst du daran krepieren so wie er?«

»Und wenn schon? Was geht dich das an? Wenn ich nicht dünn sein darf …«

Jetzt ist sie diejenige, die heult, vollkommen aus der Fassung.

»Ben hat Schluss gemacht, Ich bin ihm lästig.«

»Himmel, Valerie!«

Ich nehme sie in die Arme, bis sie sich beruhigt. Dann bringe ich sie ins Bett, stopfe ihr die Daunendecke in den Rücken und mein Kaninchen Ostern in den Arm. Als sie schläft, gehe ich zu Claires Büro. Ich klopfe, und sie lässt mich herein.

»Es tut mir Leid wegen eben«, sage ich. »Hast du einen Augenblick Zeit?«

»Setz dich.«

»Ich habe mich wieder geschnitten. Ich nehme an, dass du Recht hast, dass ich noch nicht so weit bin. Ich werde bleiben, Claire, aber bitte steck mich nicht mehr in die Isolierzelle.«

214

»Das ist eine gute Vereinbarung. Hast du deinen Arm desinfiziert? Nein? Nicht weglaufen. Moment.«

Sie lässt die Tür einen Spalt offen. Zwei Minuten später ist sie mit dem notwendigen Material zurück. Vorsichtig säubert sie die Wunden. Sie sagt nicht, dass ich dumm bin. Sie weiß, dass ich das weiß.

»Ich wünschte, du wärst meine Mutter«, sage ich ein bisschen verlegen.

Sie lächelt. »Ich fühle mich geehrt. Ich werde Kyra zu dir schicken, wenn sie wieder mal auf mich schimpft.« Kyra ist ihre Tochter.

Wir setzen uns wieder. Es ist still. Ich werfe einen Blick auf die Jawlenskys. Ich weiß nicht, was ich sonst noch …

»Vielleicht habe ich mich auch irgendwie falsch verhalten«, sagt sie. »Ich habe darüber nachgedacht, als du weg warst. Ich bekam das Gefühl, als hätte ich dir etwas weggenommen. Möglicherweise war meine Besorgtheit größer als meine Freude. Das tut mir Leid. Und ich fände es gut, wenn du doch noch erzählen würdest.«

Sie sieht nicht auf ihre Uhr auf dem Schreibtisch, obwohl die Stunde längst vorbei ist und ich bislang nur über Else gesprochen habe, über die Bohnen, über Jonas und sehr ausführlich über Jens.

Sie lächelt und gibt keinen Kommentar. Sie hört zu, wie ich erzähle und was ich ihr zwischen den Zeilen mitteile.

»Du sagst nicht, wie es bei deinem Vater war«, meint sie dann.

»Es war gut. Normal, eigentlich. Komisch, was? Ich hatte gedacht … Ich habe mir sogar in den Arm gekniffen, um sicher zu sein, dass ich wach bin und nicht träume. Wirklich.«

»Kneifen ist in Ordnung, Evi. Träumen übrigens auch. Dann bis morgen?«

215

Es war wirklich normal. Alles ging drunter und drüber. Vielleicht war es Zufall, aber vielleicht hatten sie es ja auch absichtlich inszeniert, damit keine Zeit war, Blödsinn zu reden. Ich meine, der Tisch war nicht extra schön gedeckt oder so, nichts Spezielles, sodass es schien, als käme ich ganz normal nach Hause und wäre nicht auf Besuch.

Es war ein Hexenkessel. Sie hatten verschlafen. Am Tag davor hatte Rita beim Staubwischen aus Versehen den Lautstärkeknopf des Radioweckers zurückgedreht. Es war nach halb neun, als Papa und Rita wach wurden, und das an einem Samstag; zum Glück hatten die Kunden an der Tür gerüttelt. Mein Vater wird eine Stinklaune gehabt haben, aber niemand redete darüber. Rita brauchte zum Glück nicht zu arbeiten, und Dominik konnte noch eine Stunde im Bett liegen bleiben, bevor er wegmusste, statt einmal abzuwaschen oder Staub zu saugen.

»Manchmal ist er so stinkfaul, dass ich ihn bis nach Lourdes kicken könnte«, sagte Rita. »Für ihn beten reicht schon lange nicht mehr.«

Na, dachte ich, na. Sie gab sogar meinem Vater Recht, der äußerte, dass eine Strafe möglicherweise ja auch schon helfen könnte. Das war das einzig Ungewöhnliche, aber weil es nicht künstlich freundlich klang, hätte es in jeder normalen Familie gesagt werden können. Vielleicht schwatzten sie eine Spur zu viel und zu schnell, um Pausen zu vermeiden, aber na ja.

Sie hatten wirklich ihren Pechtag. Kommt zum Beispiel so ein kleiner Junge in den Laden, der quengelt, weil er einen Comic haben möchte. Er quengelt immer weiter, denn meistens kriegt er seinen Willen, aber heute hat seine Mutter furchtbar schlechte Laune. Nein bleibt Nein. Da bekommt der Junge vielleicht einen Wutanfall! Er lässt sich auf den Boden fallen, schreit und trampelt alles zusammen und stößt das Regal mit den Süßigkeiten um. Die Mutter, die sich zu Tode schämt, schleift das Kind hinter sich aus dem Laden. Aber mein Vater und Rita können auf Händen und Knien mit dem Aufräumen anfangen. Hier und dort ist eine Tüte aufgeplatzt, der Zucker klebt am Boden und im Laden drängen sich die Leute, denn beim Lotto ist ein Supergewinn zu erwarten.

Ich sah es vor mir. Rita, die den Putzlappen holte und zwischendurch die Karotten aufsetzte, aber nicht mit Frau Vandewalle rechnete, der Klatschbase des Viertels. Das ganze Wasser in dem Topf mit den Karotten war verdampft, die Karotten und der Topf schwarz wie Holzkohle. Rita war dem Weinen näher als dem Lachen. »Evi wird denken, dass ich das absichtlich gemacht habe.«

»Aber nein«, beruhigte ich sie.

Sie sah zu erhitzt und erledigt aus, um zu lügen.

»Das habe ich ihr auch gesagt«, meinte mein Vater und klopfte ihr auf die Schulter.

Sie schnäuzte sich die Nase und strich sich eine Strähne aus der Stirn. Sie sah absolut nicht so aus wie das Fräulein aus der Parfümerie, dachte ich. Einfach wie eine Mutter in Krisenzeiten.

»Wir könnten was beim Chinesen holen«, schlug sie vor.

»Oder einen Salat essen«, sagte mein Vater. »Ich habe keine richtige Lust auf Chinesisch.«

Er schwindelte. Er isst für sein Leben gern Chinesisch, aber er wird wohl befürchtet haben, ich fände, dass das zu viele Kalorien haben könnte, und das stimmt auch. Ich fand es total lieb von ihm. Also zog ich ab in den Laden, um Salat und Tomaten zu holen, während Rita dem angebrannten Kochtopf und ihren strähnigen Haaren zu Leibe rückte. Als ich zurückkam, hatte sie sich ein bisschen frisch gemacht und wirkte munter. Sie hatte meinen Vater auch für eine Flasche Wein in den Keller geschickt. Während er den Tisch deckte, bereiteten sie und ich den Salat vor.

»Sag mir, wie«, sagte sie. »Du bist auf der Hotelfachschule.«

»Dann schneide ich das Hähnchenfilet in Streifen und brate

sie in der Pfanne mit Zwiebeln, Ananas und ein bisschen Curry. Darf auch Knoblauch dran?«

»Die Kunden …«

»Okay!«

Das Radio spielte die Top 30. Irgendwann sangen wir ganz von allein beide mit. Mein Vater lauschte an der Tür. Ich sah ihn durch den Spalt. Dann entdeckte auch Rita ihn. Sie drehte sich schnell um, mit feuchten Augen, und ich dachte: Sie liebt ihn. Plötzlich schien es ganz natürlich.

»Ich denke, dass sich meine Mutter für ihn freuen würde«, sagte ich später in dieser Woche zu Claire.

Ich habe die gelben Schuhe mitgenommen. Sie liegen in ihrem Karton auf meinem Schoß. Es wird Zeit, dass ich sie entsorge, habe ich mir heute Nacht überlegt. Aber nicht mit dem Müllauto, ich will sie begraben.

Ich werfe Claire einen Blick zu und frage, ob sie das für verrückt hält, aber sie lehnt sich zurück und lächelt.

»Endlich.«

»Willst du dabei sein?«, frage ich.

»Was erwartest du denn von mir?«

Unterstützung, aber konkret?

»Dass du mich davon abhältst, wenn ich sie doch wieder mitnehmen will«, sage ich.

»Hast du denn Zweifel, Evi?«

»Ich habe sie schon so lange aufgehoben. Es ist, als müsste ich dann wirklich aus den Kinderschuhen treten und erwachsen werden. Dann ist es wirklich einsam, weißt du, wenn man die Sehnsucht nach Geborgenheit aufgibt.«

»Du kannst lernen, zu jemandem zu gehören.«

»Dann muss man etwas geben können, Claire. Was habe ich schon zu geben?«

»Das solltest du bis zum nächsten Mal herausfinden.«

Dann fragte sie auch noch, ob ich nicht die Gruppe in das Schuhritual einbeziehen wollte.

Für einen Moment hatte ich auch daran gedacht, aber würde ich mich damit nicht an andere binden? Dann passierte etwas Unerwartetes. Es war Valerie. Sie hatte von einer Freundin gehört, dass Ben schon eine andere hatte. Ich fand es dumm von dieser Freundin, dass sie es Valerie erzählte. Was sollte das noch, wenn es sowieso schon aus war, und Valerie hatte es doch schon schwer genug. Aber Marie meinte, Ehrlichkeit sei eine Bedingung für wahre Freundschaft, das hatte sie irgendwo gelesen. Und Sanne dachte, dass diese Freundin vielleicht versucht hatte, Valerie wütend zu machen. Wenn dieser Ben so schnell jemand anderes hatte, war er doch sowieso nur ein Dreckskerl.

Ich denke, wir hatten alle ein bisschen Recht. In der Nacht ist Valerie in die Krankenhausapotheke gegangen, wie auch immer sie da hineingekommen ist. Ich könnte mich ohrfeigen, dass ich nichts gehört habe, auch wenn alle sagen, es sei nicht meine Schuld. Aber trotzdem. Na ja, dann hat sie einen Haufen Tabletten geschluckt, und wenn sie nicht von selbst nach einer Weile zu Brechen angefangen hätte, dann ... Davon bin ich natürlich wach geworden, aber sie sagte und ich dachte: Wir mit unserer Magersucht, ich meine, wir brechen alle mal.

Erst tat es ihr Leid, dass es nicht geklappt hatte, das sagte sie heute Morgen in der Gruppe. Später meinte sie, wirklich froh, dass sie noch lebe, sei sie zwar auch noch nicht. Aber sie wollte doch neu geboren werden und sehen, ob es dann besser wird.

Mo ließ uns einen ganz engen Kreis bilden. Valerie sollte sich in die Höhle unseres Schoßes legen, und danach sollten wir sie mit unserem Oberkörper zudecken. Als läge sie zusammengerollt in einer Gebärmutter. Sie durfte dort so lange Baby bleiben, wie sie wollte. »Es war so sicher dort«, sagte sie, und draußen habe sie so große Angst. Das verstanden wir alle, aber trotzdem erwarteten wir sie draußen, wir wären froh, wenn sie herauskäme.

»Wirklich?«, fragte sie.

»Natürlich«, sagte jede von uns, und Sanne fügte hinzu: »Blöde Ziege, weißt du das denn nicht?« Es klang wie: »Dann komm und sieh selbst, wenn du uns nicht glaubst«, und Valerie begann sich herauszuarbeiten.

Mo befahl uns, erst dagegen zu halten und dann, am Schluss, zu pressen, sodass es wirklich einer Geburt ähnelte. Valerie musste kämpfen. Sie musste wirklich rauskommen wollen. Mit einem Schrei. Sie lachte und weinte. Und wir bildeten zwei Reihen, ein Schoß aus Armen, auf die sie sich legte, und wir hoben sie in die Luft und schaukelten sie, während Sanne zu summen anfing und alle anderen einstimmten.

Ich werde für immer mit ihnen verbunden bleiben. Irgendwo war ich auch ein bisschen neidisch, aber ich wollte auch erwachsen werden. Auf eigenen Füßen stehen, statt in zu klein gewordenen Schuhen. Sie passten mir nicht mehr, das hatte ich gespürt, als ich Rita hatte schlucken sehen, weil mein Vater glücklich war.

Natürlich wollte ich auch noch, dass sie mich liebten, aber etwas hatte sich verändert; ich konnte jetzt auch selbst jemanden lieben. Aber dann wirklich um des anderen willen.

Ich habe lange darüber nachgedacht, wo ich die Schuhe begraben möchte. Erst dachte ich an den Friedhof, bei Mama. Es lag doch kein Stein auf ihrem Grab, wenn also der Wärter nicht hinschaute ... Ich würde so tun, als pflanzte ich einen Strauch ein. Aber das fühlte sich nicht gut an, auch wenn ich nicht sagen konnte, weshalb.

»Ich will sie nicht wecken«, sagte ich zu Claire. »So wirkt es. Ich muss das allein machen, ohne sie.«

Dann dachte ich an die Stelle an der Gracht, wo Jasper und ich an dem Abend gesessen hatten, bevor er sich auf die Suche nach Margreet gemacht hatte. Damals ließ ich ihn gehen, weil ich musste.

Das hat auch etwas damit zu tun. Nicht, dass ich ihn jetzt weniger lieben würde. Vielleicht sogar mehr. Aufrichtiger.

Sie stehen im Halbkreis um mich herum. Die Gruppe, Mo, Claire. Es ist kein Beerdigungswetter. Der Himmel sieht aus wie blaue Farbe aus der Tube, und die Sonne scheint. Ich denke an Jens und die Sonnenblume, die er mir ins Zimmer gestellt hat, als ich nach Hause kam. Die Bäume flüstern mit tausend grünen Zungen in die Ohrmuschel des Wassers. An der gegenüberliegenden Seite schaukelt eine Ente mit ihren Jungen. Sie sind schon groß geworden in den paar Wochen und haben jetzt richtige Federn anstelle von Daunen.

»Schau mal ins Wasser«, sagt Mo.

Wenn es irgendwo mal keinen Spiegel gibt, erfindet sie bestimmt einen.

Ich habe zwei Kilo zugenommen. Meine Wangen sind nicht mehr so hohl, und ich bin beim Friseur gewesen. Ich habe die Haare nur schneiden lassen. Vorläufig möchte ich meine eigene Haarfarbe noch behalten.

Ich nehme die Schippe und fange an, die Kuhle zwischen zwei herausstehenden Wurzeln einer Trauerweide auszuheben. Ich werde diese Stelle immer wiederfinden. Nicht, um die Schuhe irgendwann wieder auszugraben, sondern … Vielleicht will ich ab und zu doch noch zurückkommen. So wie man auch in einem Fotoalbum blättert und lächelt. Ist das schon so lange her? Aber man weiß es noch. So war man. Da kommt man her.

Claire sagt: »Wenn du weißt, von wie weit her du kommst, scheint der Weg vor dir, den du noch gehen musst, weniger lang.«

Ich hole die Schuhe aus dem Karton. Meine alten, ramponierten und doch nie getragenen, gelben Schuhe. Sie waren so teuer. Ich streiche kurz mit dem Fingerrücken über das Leder, dann lege ich sie in die Kuhle, auf ein Bett aus Gras und Blättern. Ich streue ein paar Gänseblümchen darüber und dann einen Klumpen Erde.

Ich reiche die Schaufel an Claire weiter, die eine Hand voll Erde über meine Schuhe wirft. Dann Mo. Dann Sanne, Lies, Valerie. Ich als Letzte.

Danach klopfe ich die Erde fest und lege die getrocknete Sonnenblume von Jens darauf und einen einzigen weißen Kiesel von Mamas Grab.

26

Bevor ich endgültig nach Hause kann, muss ich noch ein paar Dinge erledigen. Niemand hat sie mir aufgetragen, ich habe es für mich entschieden. Ich muss Jasper und Margreet besuchen und Rumpelstilzchens Grab. Einen Job suchen, aber das ist noch die geringste meiner Sorgen. Und Matthew. Den würde ich am liebsten für immer und ewig in eine Tiefkühltruhe sperren und vergessen.

Damit es ganz klar ist: Ich gehe nach Hause zum Klinker.

Ich gehe jeden Freitag hin, um den Anschluss nicht zu verpassen. Wir essen dann alle zusammen bei Else und Vic. Manchmal ist es noch schwierig, eine Kartoffel zu essen oder einen Zentimeter von Beths üblichem Brotpudding. Sung vergisst noch immer, den Brotsack zu schließen, und für die Krusten braucht man ein Pferdegebiss. Man sollte den Tieren auch etwas gönnen, meint er. Sie kabbeln sich immer noch, aber wenn Plakate geklebt werden müssen, so wie neulich, gegen Tierversuche für die Kosmetikindustrie, ist es Sung, der mitten in der Nacht den Wecker klingeln lässt. Mit seiner Freundin ist er übrigens immer noch zusammen. Gestern fragte er sich, womit er das verdiente.

»Jetzt hört aber auf«, sagte Else. »Jemand, der sich so viele Beine ausreißt wie du. Du würdest noch ein Taschentuch unter ihre Nase halten, wenn du nur glaubst, dass sie sich schnäuzen muss.«

Alle lachten, aber dann meinte Vic, der sonst fast nie etwas sagt, es mache uns sehr unfrei, ständig zu fragen, ob man Zuneigung »verdiene«. Als ob es sich dabei um eine Belohnung handele. Es wurde still wie nach einem Gewitter. Man hörte nur wie Sungs Messer gegen seinen Tellerrand klapperte, so sehr zitterte er.

»So denkst du aber, wenn du immer nur gehört hast, was für eine große Enttäuschung du doch bist«, sagte er. Er warf sein Messer hin.

Vic griff von der anderen Seite des Tisches aus nach seinem Handgelenk. »Komm morgen mit zum Angeln«, sagte er. »Fünf Uhr.«

Wenn es mir schwer fällt mit dem Essen – noch ziemlich oft, wenn ich ehrlich bin –, denke ich an Jonas. Oder besser gesagt, an das Baby, das ich irgendwann mal haben möchte. Dann klappt es meistens. Der Vater des Kindes ist ein anderes Kapitel. Ich denke noch fast jeden Tag an Jasper, aber ich bin nicht mehr traurig wegen ihm. Er wird mehr und mehr zu einer Erinnerung statt zu einer Sehnsucht. Und trotzdem. Claire sagt, dass ich niemanden im Stich lassen will. Dass ich treuer sein will als die anderen.

»So zeigst du deine Wut«, sagt sie. »Indem du ihnen ein Schuldgefühl vermittelst, weil du nicht aufhörst, sie zu lieben und zu trauern.«

223

Vielleicht stimmt es. Ich weiß, dass ich Abschied nehmen muss. Erst dann ist meine Hand frei, um die eines anderen darin zuzulassen.

Ab und zu denke ich an Jens. Ich wage es kaum.

Er ist sehr geduldig bei der Nachhilfe mit dem Computer. Die machen wir freitags. Von elf bis eins. Zumindest haben wir so angefangen. Allmählich blicke ich ein bisschen durch. Jedenfalls wenn er langsam vorgeht. Manchmal ist er zu schnell, weil es für ihn kinderleicht ist. Dann huschen meine Augen verzweifelt zwischen seinen Fingern und dem Bildschirm hin und her.

»Hups!«, sagt er dann, was so viel heißen soll wie: »Entschuldigung«. Er wird nie böse.

Wenn wir fertig sind, gehe ich in mein Zimmer oder wasche bei Else, oder mache Windowshopping, denn viel Geld habe ich immer noch nicht. Aber immer öfter hängen wir noch ein bisschen herum und plaudern. Er vermisst seine Mutter auch.

»Ich weiß, wo sie ist, aber ich kann nicht zu ihr.«

Sie ist in dieser Sekte lebendig begraben. Vielleicht ist das schlimmer, als tot sein. Auch für Jens. Es könnte anders sein, wenn sie nur wollte.

Aber als ich das sage, schüttelt er den Kopf und sagt, dass sie schon sehr lange keinen eigenen Willen mehr hat.

Er springt auf. »Ich war heute noch gar nicht Laufen. Kommst du mit?«

»Ich würde dich nur aufhalten.«

Er lacht. »Darum bin ich gestern und vorgestern ein bisschen länger gelaufen. Hast du Turnschuhe?« Er begutachtet sie. »Für den Anfang reichen sie. Aber wenn wir öfter laufen, brauchst du bessere.«

Letzteres versuche ich zu überhören. Erst mal sehen, ob ich es überhaupt kann. Und er meiner nicht überdrüssig wird.

Er schubst mich gegen den Ellenbogen. »He, Evi! Du machst ein Gesicht, als würde ich dich nach Sibirien schicken.«
Ich lache. »Schlimmer! Ich dachte, ich müsste schwitzen.«
»Wir werden langsam anfangen.«

Beim ersten Mal laufe ich drei Minuten, beim zweiten Mal vier, beim dritten Mal entdecke ich, dass man, wenn man eine Viertelstunde die Zähne zusammenbeißt, wieder genug Puste hat.
Wir laufen nebeneinander. Er passt seinen Rhythmus meinem an und redet mich über die Müdigkeit hinweg. Ich habe den Verdacht, dass er sich die Geschichten ausdenkt.
Er gibt es zu und wird rot bis hinter die Ohren. »Aber das mache ich, um dich lachen zu hören, Evi. Es klingt so, du weißt schon.«
Und dann wachsen mir Flügel an den Füßen, lange bevor ich neue Sportschuhe habe.
Die bekomme ich von meinem Vater und Rita zum Geburtstag. Fast fange ich im Laden an zu heulen, was dumm ist, denn ich war doch schon öfter mit meinem Vater Schuhe kaufen. Und auf dem Weg zurück nach Hause halte ich mit hundert, nein mit tausend Augen Ausschau, ob auch kein Lastwagen von links, von rechts und sonst wo kommt.
Später an diesem Tag erzähle ich es meiner Mutter auf dem Friedhof. Der Wind legt ihre Hand auf meine Haare. Plötzlich ist es, als würde sie mir einen Schubs geben. Geh nur. Du brauchst keine Angst zu haben. Er wartet auf dich.
»Was soll ich ihm sagen?«, frage ich.
Alles Evi. Oder nichts. Vielleicht einfach: »Hallo, Rumpelstilzchen.«

Er liegt in der linken Ecke der vorletzten Reihe. Fast laufe ich daran vorbei, noch immer nicht an seinen richtigen Namen gewöhnt. Schwarze Buchstaben auf weißem Kreuz. Auf dem Hügel gelblicher Erde liegt eine frische weiße Lilie.

Ich gehe neben ihm in die Hocke.

»Die Blume ist bestimmt von deiner Mutter«, sage ich. »Ein tägliches Schuldbekenntnis.«

Du bist sauer auf sie.

»Du denn nicht?«

Ach, Kuckuck.

»Verdammt, Rumpelstilzchen! Du Idiot. Warum?«

Manchmal stellt man sich die Frage einmal zu viel.

»Du hättest sie fragen müssen! Sie hätte zugehört.«

Jetzt, Kuckuck, jetzt.

»Und wenn schon? Der Himmel ist kein Traumhaus!«

Und was ist mit dir im Klinker? Ein Kuckucksnest.

»Nein, Rumpelstilzchen. Mein Nest. Ich baue daran. Jeden Tag ein Stück. Ein Ast, eine Feder. Es ist noch Stroh, ich lerne das Spinnen gerade erst, aber irgendwann wird es zu Gold.«

Darauf gibt er keine Antwort mehr. Die Wut ist weg. Nur die Trauer bleibt. Ich weine ein bisschen, und dann stehe ich auf.

»Tschüss, Jamie«, sage ich. »Leb wohl.«

Es ist mein bester Geburtstag seit Jahren. Ich bekomme jede Menge Karten, die erste einen Tag zu früh, sie ist von Jasper und Margreet. Gemacht aus handgeschöpftem Papier, und innen drin, zwischen zwei Zigarettenpapierchen, liegt ein getrocknetes vierblättriges Kleeblatt.

Ein Blättchen für die Hoffnung
Eins für den Glauben
Eins für die Liebe
Und eins für deinen Herzenswunsch
Möge alles in Erfüllung gehen
PS: Der unsere ist, dich bald wiederzusehen

Die Drillinge hatten Kreuzchen daruntergemalt.

An meinem Geburtstag selbst quoll der Briefkasten über. Eine Karte von Papa, Rita und Dominik, von den Leuten aus Plansjee mit einer Einladung zu Chucks Geburtstagsfete am 23. August mit Livemusik von Dave und seinen *Black Stars*. Eine von Patsy, die mich in Ruhe gelassen hatte, solange ich im Krankenhaus lag, aber anlässlich meiner Rückkehr zum *Klinker* demnächst mit ihrem Ellenbogen mal wieder die Temperatur meines Badewassers messen will. Von Else und Vic, Gitte, Peter und Jonas. Von meinen drei Mitbewohnern und noch eine zusätzliche Karte von Jens: *Evi, willst du für immer mit mir und nicht vor mir weglaufen?*

Ich schickte ihm eine Mail. Das hatte er mir beigebracht.

Aber nicht zu schnell und von Zeit zu Zeit mit einer Bank unterwegs.

Wenn wir allein sind, sitzen wir Hand in Hand. Es braucht noch niemand zu wissen. Nur Jasper sage ich es. Jasper und Margreet.

Eine Stunde habe ich vor dem Kleiderschrank gestanden, aber alles, was ich anprobierte, ist noch zu weit, obwohl ich inzwischen fast wieder dreiundvierzig Kilo wiege. Schließlich entscheide ich mich für meine leichte Kniehose, die ich in der Taille mit einem Gürtel zusammenziehen kann, und eine Jacke in demselben flattrigen Stoff. Dazu eine weiße Bluse, die im Rücken geknöpft wird. Margreets Schal trage ich zum ersten Mal, zusammen mit den silbernen Ohrringen, die ich von Jens bekommen habe. Meine Nägel lackiere ich zartlila, Lippenstift in derselben Farbe. Pröbchen, die ich von Rita bekommen habe. Plötzlich geht es also wieder. Aber ich will nicht zynisch sein. Das Mädchen im Spiegel lacht. Vielleicht ist sie nicht superhübsch und eine Spur nervös, aber bestimmt glücklich.

Wir haben uns in *De Watermolen* verabredet. Das Mühlrad am

227

Bach ist noch da, es dreht sich sogar, aber die Mühle wurde schon vor einigen Jahren zu einem Gasthaus umgebaut. Es liegt sehr ruhig, zehn Minuten mit dem Fahrrad von der Stadt entfernt.

Getreu meiner Gewohnheit bin ich als Erste da. Auf der Terrasse ist sogar noch ein Tisch beim Mühlrad frei, halb in der Sonne, halb im Schatten. Ich lasse mir die Sonne ins Gesicht scheinen, schließe die Augen unter meiner Sonnenbrille. Rund um und über meiner Cola light habe ich einen Bunker aus Bierdeckeln gebaut, damit sie kühl bleibt und keine Wespen hineinfliegen können. Wie wird es sein?, frage ich mich. Was werde ich ihnen sagen?

Möglicherweise hat Jens Recht, und sie sind genauso nervös wie ich.

Und genauso froh. Wir sind doch Freunde, das bleibt doch, selbst, wenn man sich eine Zeit lang nicht sieht. Für mich jedenfalls. Aber ein, zwei, drei Sekunden lang doch das Misstrauen, wenn er …

»Ich fand schon immer, dass du Ähnlichkeit hast mit einer Katze.«

Wenn es Dominik wäre oder Chuck oder Dave. *Die Katze muss man mit Handschuhen anfassen.*

Aber er lacht von einem Ohr zum anderen, seine Nase ist übersät mit Sommersprossen, und Margreet, die nach Geißblatt riecht, umarmt mich fest.

»Du trägst ja meinen Schal.«

»Zum ersten Mal. Ich habe ihn für heute aufgehoben.«

»Es tut gut, dich zu sehen, Evi.«

»Ich brauchte Zeit, aber jetzt bin ich froh. Wirklich froh … Du hast deine Haare wachsen lassen, Jasper sagte es schon. – Und dein Bart ist ab, jetzt erkenne ich dich wieder.«

»Es pikste so«, kichert Margreet.

Sie setzen sich und bestellen etwas zu trinken. Und dann kab-

beln wir uns ein bisschen, wer mit dem Erzählen anfangen
soll. Du, nein, du.

»Du«, meint Margreet. »Wir haben uns zu Tode erschrocken,
als du vermisst warst. Wir wussten zwar, dass du im Krankenhaus liegst – Jasper ist ein paarmal bei Lukas und Maya gewesen – und dass du so mager warst.«

»Das musst du gerade sagen! Wer war denn mein Spiegel?
Wer verschwand denn ohne ein Wort nach Spanien?«

»Aber Zeichnungen habe ich dagelassen!«

Wir lachen und sind nicht wirklich böse. Und wir haben alle
Zeit der Welt. Auf der Terrasse lebt es sich gut. Wir stoßen auf
die Freundschaft an.

»Und auf die Liebe«, sage ich.

Ich zeige ein Foto von Jens und mir, das wir in einem Pass-
fotoautomaten auf dem Bahnhof gemacht haben.

»Dann verabreden wir uns beim nächsten Mal zu viert«, sagt
Jasper. »Oder auf der Fete von Chuck?«

»Oder bei mir«, schlägt Margreet vor. »Teresa hat mir das
Kochen beigebracht. Muscheln mit Safran.«

»Wir telefonieren noch«, sage ich.

Nicht zu schnell, nicht zu schnell.

Jetzt ist Margreet dran mit dem Erzählen. Teresa hat einen
Sohn auf die Welt gebracht, Sebastian, und Margreet ist
Patentante. Ihre Eltern sind geschieden. Sie wollte nicht,
dass ihr Vater ins Gefängnis musste und seine Arbeit verlor,
aber sie will ihn auch nicht mehr sehen, nie mehr, ihr ganzes Leben nicht. Aber jetzt hörte sie in der vergangenen
Woche, dass er mit seinem Sattelschlepper einen Unfall gehabt
hat irgendwo in der Nähe von Berlin, nichts Schlimmes. Aber
es hätte sein können, eines Tages könnte es passieren, und
dann? Seither fragte sie sich, wie es wäre, wenn er sterben
würde und sie einander nie wiedersähen, wenn nichts bere-
det würde. Aber jetzt kann sie noch nicht reden. Sie ist vor

allem sauer auf sich selbst, dass er sie noch so verwirren kann.

»Er bleibt dein Vater«, sagen Jasper und ich fast gleichzeitig. Seiner wurde vor etwa drei Wochen aus der Psychiatrie entlassen, aber wie lange wird es diesmal dauern?

»Dann habe ich es ja noch gut getroffen«, denke ich laut.

»Wir haben unsere Mütter noch. Sie haben zwar ihre Eigenheiten, aber sie geben sich Mühe. Und Rita?«

»Eigentlich dito. Sie wird nie meine Mutter werden, noch nicht einmal Stiefmutter, denke ich, und ich weiß auch noch nicht einmal, wie sich das anfühlt. Aber sie hat dafür gesorgt, dass ich am Mittwoch probeweise in der Parfümerie arbeiten darf. Wenn ich es gut mache, darf ich dort als Aushilfe anfangen. Aber erst nach meiner Abschlussprüfung.«

Ich will es schaffen, will die anderen in der Klasse in Erstaunen versetzen. Mein Entschluss steht fest.

»Sie müssen mir eine zweite Chance geben«, habe ich zu Claire gesagt. »Mich sehen, wie ich bin.«

Es wird nicht leicht sein, mein Etikett loszuwerden. Davor hat sie mich gewarnt.

»Etiketten gehören auf Marmeladengläser«, habe ich ihr geantwortet. »Die klebt man nicht auf Menschen. Ich werde es schaffen.«

Daraufhin sagte sie, sie könne mir nichts mehr beibringen, was ich nicht selbst entdecken könnte, einfach, indem ich das Leben lebte. Eins fragte sie allerdings doch noch: Warum ich nie meine Sätze …

»… zu Ende bringe«, sagte ich. Sie lachte, und ich sagte: »Das fragt inzwischen jeder.«

»Und?«

»Ich weiß es nicht. Vielleicht, weil es zu viele sind. Sie kommen mir nicht einer nach dem anderen in den Kopf, sondern gleichzeitig und von allen Seiten. Ich renne ihnen manchmal hinterher wie ein Hirtenhund seinen Schafen. Ich habe Angst, einen von ihnen zu verlieren.«

Claire nickte.

»Also nicht, weil du etwas Unwiderrufliches getan hast, wenn es ganz ausgesprochen ist?«

»Ich werde mal darauf achten«, antwortete ich.

Morgen werde ich noch Abschied von Mo und der Gruppe nehmen, dann gehe ich nach Hause. Zu mir nach Hause.

Wir sind still geworden. Jasper streichelt Margreets Arm. »Bestellen wir noch etwas?«, fragt er.

»Für mich dasselbe.«

»Für mich auch.«

»Dreimal Cola light, bitte.«

Wir plaudern noch ein bisschen über dies und jenes. Vor allem über unsere Erlebnisse in Plansjee.

»Wie geht es eigentlich Dominik?«, will Jasper wissen.

»Ich sehe ihn nicht mehr oft. Ich glaube, er hat eine Freundin. Er versucht, weniger zu naschen.«

»Ärgert er dich immer noch so oft?«

»Nein. Ich glaube, er hatte genauso viel Angst wie ich, seine Position zu verlieren. Wisst ihr noch, wie aggressiv die anderen reagiert haben, wenn jemand Neues nach Plansjee kam?«

Jasper schlägt nach einer Wespe, die ständig über dem Tisch summt.

»Ich soll dich von meiner Oma grüßen«, sagt er. »Sie sagte, du seist immer willkommen, wenn du noch keinen Platz gefunden hättest. Seit ich Margreet habe, braucht sie sich um mich keine Sorgen mehr zu machen.«

»Das ist lieb. Aber ich habe einen Platz gefunden. Und ich habe Jens. Sag ihr, dass ich sie bald einmal besuchen werde.«

In der Ferne schlägt eine Turmuhr. Ich schaue auf meine Uhr. Es ist fünf.

»Ich muss jetzt gehen. In einer Stunde sind die Läden zu und wenn ich morgen aus dem Krankenhaus entlassen werde, brauche ich noch Brot und so.«

»Wir brechen auch auf«, sagt Jasper. »Dann kann ich mich ein bisschen um Dries kümmern, bevor er meine Mutter in den Wahnsinn treibt.«

»Und ich habe Mama versprochen, heute Abend die Frittenbude zu übernehmen. Dann kann sie mal mit einer Freundin ins Kino.«

Jasper ruft den Ober und nimmt seinen Geldbeutel.

»Oma lädt ein«, sagt er.

Ich nehme mir vor, wirklich bei ihr vorbeizugehen. Und nach Plansjee. Ich habe mich nie richtig von Maya und Lukas verabschiedet. Und von Tinne, die schwanger ist. Sie muss mir außerdem noch das Rezept für die Schokoladenmousse geben.

Wir steigen auf unsere Fahrräder. Jasper und Margreet fahren in eine Richtung, ich in die andere. Von den Muscheln haben wir nicht mehr geredet, aber wir treffen uns am 23. August auf der Fete von Chuck.

Dann sehen wir weiter.

Mir fällt ein, dass ich ihnen auch nichts von Rumpelstilzchen erzählt habe, aber selbst Jens kennt die Geschichte nur in groben Zügen.

Später vielleicht. Jetzt will ich die Vergangenheit hinter mir lassen und nach vorne schauen. Ich werde Brot und Käse und Gemüse kaufen. Gleich werden wir laufen, Jens und ich. Im Park. Und im Frühjahr die *ten miles* von Antwerpen.

Er sagt, dass ich es schaffe.